de Gruyter Lehrbuch

Siebert · Höhere FORTRAN-Programmierung

Harald Siebert

# Höhere FORTRAN-Programmierung

Eine Anleitung zum optimalen Programmieren

2., bearbeitete Auflage

W DE G

Walter de Gruyter · Berlin · New York 1980

*CIP-Kurztitelaufnahme der Deutschen Bibliothek*

**Siebert, Harald:**
Höhere FORTRAN-Programmierung : e. Anleitung zum optimalen Programmieren / Harald Siebert. – 2., bearb. Aufl. – Berlin, New York : de Gruyter, 1980.
(De-Gruyter-Lehrbuch)
ISBN 3-11-008226-8

 – Satz: Fotosatz Prill, Berlin. – Druck: F. Spiller, Berlin – Printed in Germany

# Vorwort

In der Programmier-Praxis häufen sich vielfältige Fragen vor allem auch seitens der jüngeren Mitarbeiter, die nicht nur wissen wollen, wie etwas in FORTRAN zu formulieren ist, sondern auch warum. Die Erfahrungen zeigen, daß nur wenige Eigenschaften maschinenabhängig sind, die meisten dagegen von dem Aufbau und der Struktur der Sprache her erklärt werden können.

Dieses Buch soll solche Erfahrungen einem breiten Kreis vermitteln. Es wendet sich bewußt an Programmierer, die bereits FORTRAN-Erfahrungen haben. Es will kein Lehrbuch zum Erlernen von FORTRAN sein, sondern setzt diese Kenntnisse voraus.

Die Intentionen sind folgende:

- Die Elemente der Sprache FORTRAN werden vorgestellt. Es werden Möglichkeiten der Realisierung gezeigt. Hierbei wird deutlich, warum die Sprache bestimmte Möglichkeiten nicht gestattet.
- Bei der Benutzung der FORTRAN-Statements gibt es eine Vielfalt von Möglichkeiten. Es wird gezeigt, worin diese sich unterscheiden und wann welcher der Vorzug zu geben ist.
- Anhand der Kenntnis der Realisierung werden Empfehlungen zum optimalen Programmieren abgeleitet.
- Bei maschinenabhängigen Lösungen wird hierauf besonders hingewiesen, um den Programmierer zu veranlassen, sich diesen Tatbestand bei „seiner" Anlage anzusehen.
- Die Beherrschung der Programmiersprache allein genügt nicht, um ein guter Programmierer zu sein; es gehört auch das Verständnis für die Umwelt dazu. Deshalb wird auf die Vorgänge beim Übersetzen, Montieren und Laden eingegangen.
- Um größere Programmkomplexe aufzubauen, ist eine systematische Vorgehensweise notwendig. Auf die hiermit verbundenen Probleme wird im letzten Kapitel eingegangen, und es werden Lösungsmöglichkeiten aufgezeigt.

*Harald Siebert*

# Inhaltsverzeichnis

# 1. Von der Quellsprache zum Objektcode

Während der Besichtigung eines Rechenzentrums fragt ein Besucher den Leiter der Führung: „Und welches dieser Geräte ist der Compiler?" Diese Frage, so naiv sie dem Eingeweihten erscheint, zeigt, daß der Gedanke, Programme durch Programme bearbeiten zu lassen, gar nicht so trivial ist. Der FORTRAN-Programmierer hat sich daran gewöhnt, daß sein Quellprogramm zunächst übersetzt und anschließend zusammenmontiert wird, so daß er die Frage nach dem Sinn nicht mehr stellt. Etwas über die Wirkungsweise von Compiler und Montierer zu erfahren, ist der Wunsch eines jeden Programmierers, und wenn auch eine genaue Beschreibung dieser Vorgänge anderen Publikationen vorbehalten sein muß, so soll doch kurz auf das Prinzip eingegangen werden.

## 1.1. Der allgemeine Übersetzungsvorgang

Beim allgemeinen Übersetzungsvorgang wird ein Programm aus einer Quellsprache in eine Objektsprache umgewandelt. Diese Aufgabe wird von Übersetzungsprogrammen vorgenommen, die man je nach der Art der Übersetzung „ASSEMBLER" oder „COMPILER" nennt. Da die englischen Fachausdrücke sich bereits unter Programmierern soweit durchgesetzt haben, daß sie auch im Umgangsdeutsch benutzt werden, wollen wir sie auch hier verwenden.

"ASSEMBLER" übertragen eine Anweisung der Quellsprache in eine Anweisung der Objektsprache. Die Anweisungen der beiden Sprachen stehen in einem 1:1-Verhältnis. "COMPILER" übertragen eine Anweisung der Quellsprache in mehrere Anweisungen der Objektsprache. Die Anweisungen der beiden Sprachen stehen in einem 1:n-Verhältnis.

Wir wollen uns im folgenden nur mit den Compilern beschäftigen. Die Quellsprache ist hierbei eine problemorientierte Sprache, und den Vorgang des Übersetzens nennt man „compilieren".

Steht bei einem Übersetzungsvorgang die gesamte Information über das Programm zur Verfügung, so kann der Compiler das Programm direkt aus der Quellsprache in die Maschinensprache überführen. Man spricht dann von einem einstufigen Vorgang, wie ihn Abb. 1.1 zeigt.

Als in ALGOL noch keine Codeprozeduren zugelassen waren, gab es diesen Tatbestand hier. Das Hauptprogramm schloß durch seine Blockstruktur alle untergeordneten Prozeduren mit ein, und zwischen dem ersten 'BEGIN' und dem letzten 'END' stand die gesamte Information des Programms. Hier reichte ein einstufiger Übersetzungsvorgang aus. Inzwischen hat man erkannt, daß die unabhängige Übersetzung von Prozeduren die Programmierung wesentlich erleichtert. Da in diesen Fällen beim Compilieren nicht die gesamte Information vorliegt, kann die Übersetzung nicht als einstufiger Vorgang vor sich gehen. Wir erkennen also, daß die Übersetzung von ALGOL-Programmen prinzipiell gesehen ein einstufiger Vorgang ist, aus praktischen Gründen aber zweistufig abläuft.

Ein FORTRAN-Programm besteht aus einem Hauptprogramm und einer Reihe von Unterprogrammen, die getrennt voneinander übersetzt werden können. Infolgedessen wird bei einem solchen Übersetzungsvorgang das Programm zunächst aus der Quellsprache in eine Zwischensprache umgewandelt. Stehen alle Teile des Programms in dieser Zwischensprache zur Verfügung, so schließt sich ein weiterer Vorgang an, der die Einzelteile zusammenbaut. Das Programm, das diese Aufgabe löst, wollen wir „MONTIERER" ("linkage editor") nennen. Am Ende des zweiten Vorgangs steht das übersetzte Programm in der internen Maschinensprache zur Verfügung. Einen solchen zweistufigen Übersetzungsvorgang zeigt die Abb. 1.2.

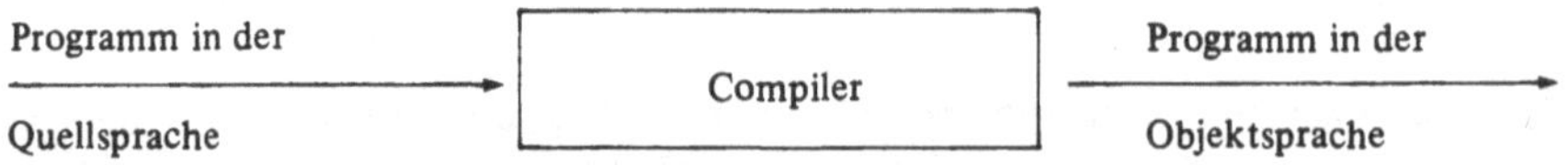


Abb. 1.1 Einstufiger Übersetzungsvorgang

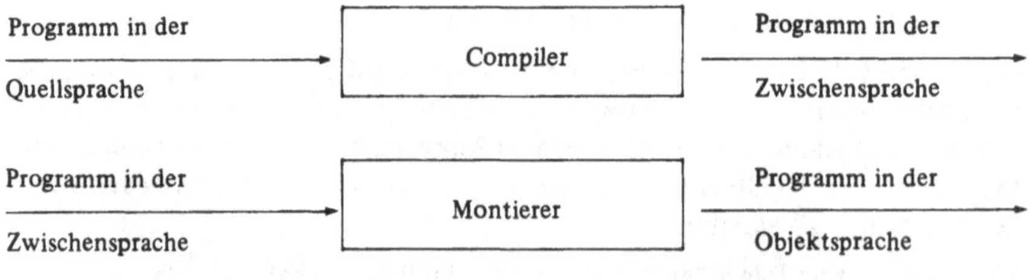


Abb. 1.2 Zweistufiger Übersetzungsvorgang

Im Gegensatz zu ALGOL ist die Übersetzung von FORTRAN-Programmen nicht aus Nützlichkeitsgründen zweistufig, sondern prinzipiell, da die Sprache es gar nicht anders zuläßt.

Das Wesentliche beim zweistufigen Übersetzungsvorgang ist, daß das Programm nach dem Compilieren in einer Zwischensprache zur Verfügung steht. Die einzelnen Rechnerhersteller haben für diese Darstellungsform verschiedene Begriffe. Man spricht von „Binärform", „Compilat", „Montagecode" usw. Der englische Fachausdruck ist "target language". Die übersetzten Haupt- und Unterprogramme können in dieser Form auf Band oder Lochkarten ausgegeben werden, um bei einer späteren Verwendung nicht erneut übersetzt werden zu müssen.

Die Benutzung von Programmen im Montagecode (man spricht dann von einem Montageobjekt) spart Übersetzungszeit. Ist der Montagecode unabhängig von der Quellsprache, so besteht die Möglichkeit, in einem Programm Unterprogramme verschiedener Quellsprachen zu verwenden. Die Anschlußbedingungen müssen jedoch identisch sein.

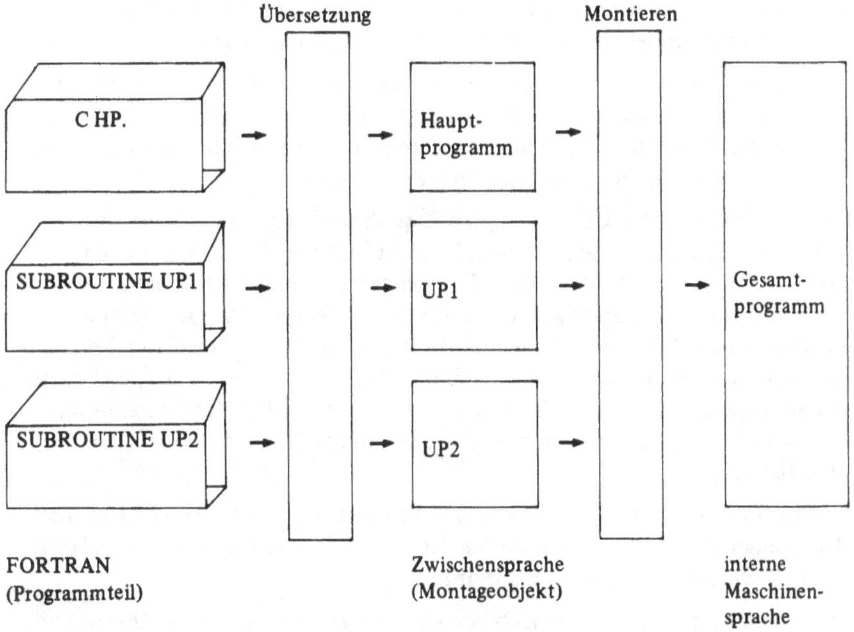


Abb. 1.3 Zweistufiger Übersetzungsvorgang bei FORTRAN-Programmen

Die Abb. 1.3 zeigt den zweistufigen Übersetzungsprozeß bei FORTRAN-Programmen (Schema).

## 1.2. Der Aufbau eines Montageobjekts

Bevor jedoch auf die beiden Vorgänge des „Übersetzens" und des „Montierens" näher eingegangen wird, wollen wir uns mit dem Montagecode und dem Aufbau eines Montageobjekts befassen.

Ein Montageobjekt besteht aus Anweisungen an den Montierer, die angeben, mit welchem Inhalt eine Speicherzelle zu besetzen ist. Die Sprache, in der die einzelne Anweisung formuliert ist, ist der Montagecode. Die Anweisungen eines Montageobjektes werden bei der Übersetzung eines Haupt- oder Unterprogramms (Programmteil) vom Compiler generiert. Das Montageobjekt (MO) erhält den Namen des Programmteils.

Der Montagecode kennt eine ganze Reihe von Anweisungstypen, von denen wir nur die zwei wesentlichen Typen betrachten wollen. Im ersten Fall soll ein Zahlenwert in eine bestimmte Speicherzelle abgelegt werden. Dieser Anweisungstyp wird bei der Übersetzung eines DATA-Statements generiert.

Im zweiten Fall soll ein Maschinenbefehl, bestehend aus Befehlscode und Adreßteil, in eine Speicherzelle abgelegt werden. Dieser Anweisungstyp wird immer dann generiert, wenn ein ausführbares Statement vom Compiler bearbeitet wird. Hier gibt es nun verschiedene Schwierigkeiten.

Da zum Zeitpunkt der Übersetzung die Lage dieses Programmteils im Speicher während der Ausführungsphase nicht bekannt ist, kann der Compiler auch nicht die endgültigen Adressen einsetzen. Er erzeugt eine relative Adresse mit einer Zusatzinformation, worauf sich diese relative Adresse bezieht. Bei dieser Zusatzinformation kann es sich um den Anfang dieses oder eines anderen Programmteils bzw. um den Anfang eines Datenblocks handeln. Wir sehen also, daß die in der Montageanweisung enthaltene Information eventuell beim Montieren verändert werden muß. Infolgedessen ist eine Steuerinformation notwendig, die die Modifizierung steuert.

Es gibt aber auch Befehle, bei denen der Adreßteil keine Adresse, sondern direkt den Operanden enthält. In diesem Fall ist der Adreßteil unverändert vom Montierer in die vorgesehene Speicherzelle abzulegen.

Ob in der Montageanweisung auch noch angegeben wird, wohin die Information gelegt wird, hängt vom Hersteller ab. Es gibt verschiedene Möglichkeiten. Wenn in der Anweisung keine Zielangabe vorhanden ist, dann werden die Inhalte in aufeinanderfolgenden Speicherzellen abgelegt. Ist dagegen eine Zielangabe vorhanden, dann kann dies nur eine relative Angabe innerhalb eines Blockes sein. Auf den Begriff „Block" wird im Kapitel 2.5 „Die Blockstruktur in FORTRAN" näher eingegangen. Eine Zielangabe ist z.B. sinnvoll, wenn Größen innerhalb eines COMMON-Blockes mit einem Wert besetzt werden sollen. Wo dieser Block innerhalb des gesamten Programmes liegt, bestimmt der Montierer.

Fassen wir das bisher Gesagte zusammen, so sehen wir, daß die Montageanweisung folgende Elemente enthält:

- Eine Zielangabe, wohin Information gelegt werden soll.
- Eine Steuerinformation, ob die Information modifiziert wird.
- Die Information selbst, die abgelegt werden soll.

Außer den hier besprochenen Anweisungen gibt es noch weitere, mit denen es z.B. möglich ist, Speicherplätze freizuhalten.

Alle diese Montageanweisungen, die bei der Übersetzung eines FORTRAN-Programms entstehen, bilden zusammen das Montageobjekt.

**Beispiel 1**: Übersetzung einer Sprunganweisung

Im FORTRAN-Unterprogramm SUCH steht die Anweisung

```
      .
      .
      .
GO TO 100
      .
      .
      .
```

Bei der Übersetzung entsteht ein Sprungbefehl, der z.B. die 20. Zeile dieses Blockes belegt und die 38. Stelle anspringen soll. Die Zahlen sind willkürlich gewählt.

Die Montageanweisung:

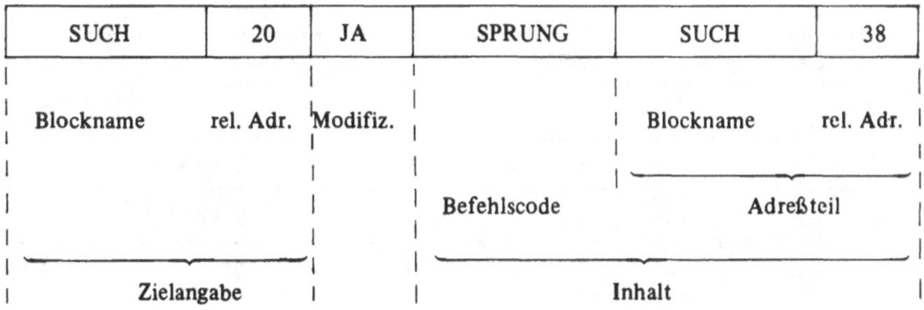


Abb. 1.4

Die Zielangabe gibt an, daß die 20. Zelle des Programmblocks SUCH jetzt gefüllt werden soll. Die abgelegte Information ist zu modifizieren.

Beginnt das Unterprogramm SUCH auf der Adresse 5400, so wird durch diese Montageanweisung die Zelle 5420 mit

| | |
|---|---|
| SPR | 5438 |

gefüllt.

**Beispiel 2**: Rechnen mit globalen Größen

Im FORTRAN-Unterprogramm UP stehen die Anweisungen:

```
INTEGER X
COMMON/BLOCK/I, J, K
DATA J/1/
      .
      .
      .
X = I + J
      .
      .
      .
```

Bei der Übersetzung entstehen zwei Blöcke, einer, der den Programmteil UP und die dazugehörigen lokalen Daten enthält und ein Block BLOCK, der die globalen Daten beinhaltet. Die relative Adressierung beginne bei 0.

Die Montageanweisungen:

1. die COMMON-Größe J mit „1" besetzen
2. den Befehl: HOLE I
3. den Befehl: ADDiere J
4. den Befehl: SPEIchere nach X

(zu 2.–4.:) Die Adressen dieser Befehle seien willkürlich mit rel. 43–45 angenommen. Die Adresse von X sei rel. 178

| | Zielangabe | | | Inhalt | | |
|---|---|---|---|---|---|---|
| | | | | | Adreßteil | |
| | Blockname | rel. Adr. | Modifiz. | Befehl | Blockname | rel. Adr. |
| 1 | BLOCK | 1 | NEIN | | | 1 |
| 2 | UP | 43 | JA | HOLE | BLOCK | 0 |
| 3 | UP | 44 | JA | ADD | BLOCK | 1 |
| 4 | UP | 45 | JA | SPEI | UP | 178 |

Abb. 1.5

## 1.3. Die Wirkungsweise eines Compilers

Ein Compiler wandelt ein FORTRAN-Programm in ein Montageobjekt um. Diese Aufgabe besteht aus zwei Teilaufgaben.

1. Die Analyse des FORTRAN-Programms
2. Die Generierung der Montageanweisungen.

Zur Analyse gehören:

- Einlesen der Quellkarten
- Untersuchen der Statements auf syntaktische Richtigkeit, evtl. Fehlermeldung.

Zur Generierung gehören:

- Aufbau der Datenstruktur
- Erzeugung des Befehlscodes
- Umwandlung der symbolischen Namen in relative Adressen
- Sichern des erzeugten Montageobjektes auf einem externen Speicher und Eintrag in die Benutzerbibliothek.

Die Abb. 1.6 zeigt die prinzipielle Funktionsweise eines Compilers. Es sei jedoch darauf hingewiesen, daß dies nur eine schematische Darstellung ist, die das Prinzip verdeutlichen soll.

Der Eingabeteil liest jeweils ein Statement ein und protokolliert es. Kommentarkarten werden nicht weiter bearbeitet.

Am END-Statement wird das physikalische Ende eines Programms erkannt.

Das eingelesene Statement wird auf seine syntaktische Richtigkeit untersucht. Hierzu gibt es viele Verfahren, die zu erläutern hier zu weit führen würde. Der interessierte Leser sei auf die entsprechende Literatur verwiesen.

Wird bei der Syntaxprüfung ein Fehler entdeckt, so wird eine entsprechende Meldung ausgegeben und der Eingabeteil wieder angesprungen. Ist das Statement fehlerfrei, so folgt die Verarbeitung.

Die Vereinbarungen werden gesondert behandelt. Sie legen fest:

- ob es sich um eine lokale oder eine globale Größe handelt,
- den Speicherbedarf,
- den Typ,
- die Vorbesetzung mit Werten.

Die beiden ersten Angaben steuern den Aufbau der Daten und die Ablage als lokale oder globale Größe. Durch den Typ wird der Compiler darüber informiert, welche Befehle er beim Arbeiten mit diesen Größen zu generieren hat. Zum Beispiel erkennt er am Typ, ob er bei einer Addition zweier Größen eine Gleitpunkt- oder eine Festpunktaddition zu generieren hat.

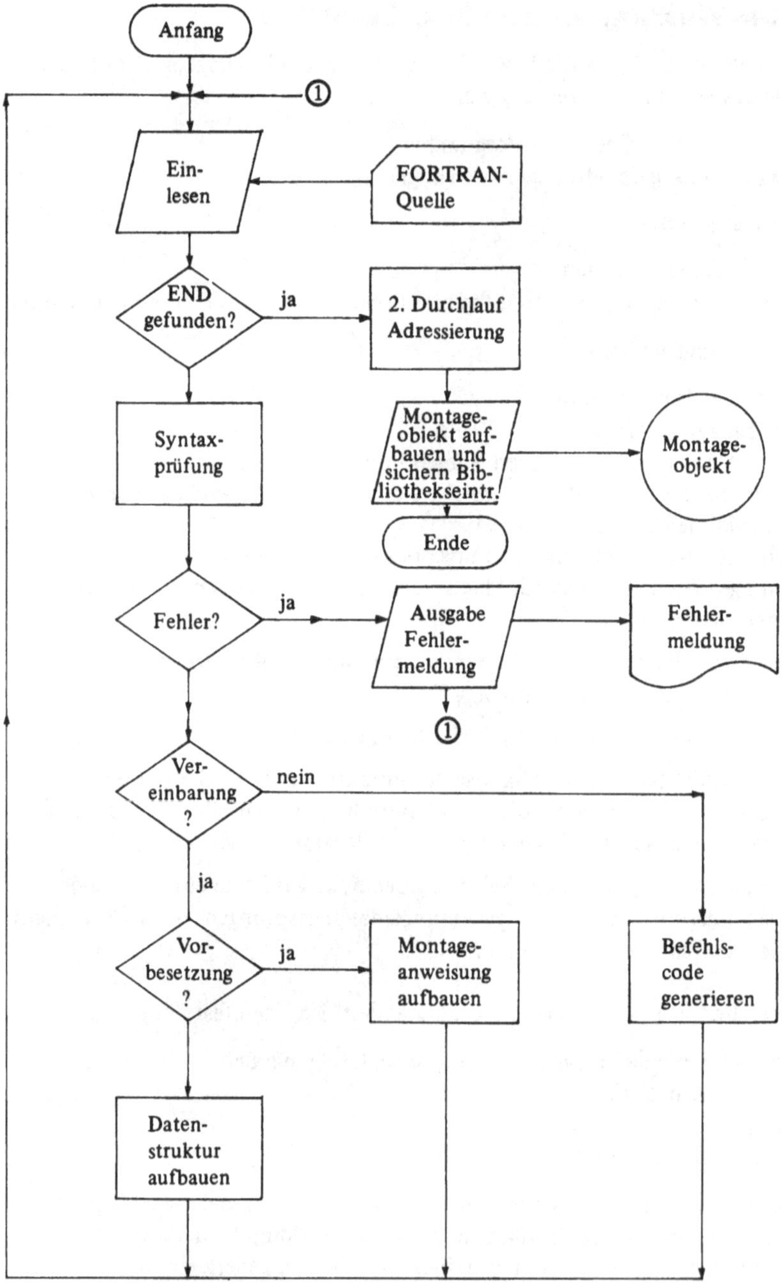


Abb 1.6 Wirkungsweise eines Compilers

Wie schon beim Montageobjekt besprochen, wird beim Auftreten einer Vorbesetzung eine Anweisung an den Montierer erzeugt, die diese Vorbesetzung beinhaltet.

Handelt es sich bei dem bearbeiteten Statement um eine ausführbare Anweisung, so wird der entsprechende Befehlscode generiert. Da die Adresse zu diesem Zeitpunkt nicht unbedingt bekannt ist, erfolgt die Adressierung in einem späteren Durchlauf.

Lautet z.B. die Anweisungsfolge:

```
        .
        .
        .
    GO TO 250
        .
        .
        .
250 CONTINUE
        .
        .
        .
```

so kann man zwar aus dem GO TO einen Sprungbefehl generieren, aber es steht zu diesem Zeitpunkt noch nicht fest, auf welche Zelle gesprungen werden soll.

Ist die END-Anweisung gefunden, hat der Compiler alle Befehle dieses Programmteils erzeugt und kann nun in einem zweiten Durchlauf die Adressierung vornehmen. Erst zu diesem Zeitpunkt erfolgt die Prüfung, ob alle Statementnummern definiert sind.

Danach werden die Montageanweisungen aufgebaut, und das gesamte Montageobjekt wird auf einen externen Speicher abgelegt.

Während des Übersetzungsvorganges werden vom Compiler mehrere Listen und Tabellen angelegt, die u.a. enthalten:

- Variablen- und Feldnamen
- Funktions- und Commonblocknamen
- Statementnummern
- Do-Schleifen-Keller
- Erzeugten Code

Bei größeren Compilern wird sehr viel Aufwand für die Objektoptimierung betrieben. Dazu gehören:

- Aufbau der Schleifen mit Indexregistern
- Entfernung schleifenunabhängiger Anweisungen aus einer Schleife
- Entflechtung von verschachtelten booleschen Ausdrücken
- Berechnung mathematischer Ausdrücke unter Vermeidung des Abspeicherns von Zwischenwerten.

Diese Optimierungen erschweren den Aufbau eines Compilers sehr.

Um die Ablage der MO zu verstehen, müssen wir uns ansehen, wie eine Bibliothek aufgebaut ist. Jedes Betriebssystem enthält eine System- und eine Benutzerbibliothek. Die Systembibliothek enthält Montageobjekte und Programme, die von jedem Benutzer aufgerufen werden können. Hierzu gehören zum einen allgemeine mathematische Hilfsroutinen, wie Sinus, Exponentiation, Logarithmus usw., als aber auch Programme, wie der Compiler, der Montierer, allgemeine Datenwandelprogramme u.a.m. Die Benutzerbibliothek ist zunächst leer und wird vom Benutzer mit den vom Compiler übersetzten Programmteilen gefüllt. Hier werden also alle Montageobjekte und Programme, die vom Compiler und Montierer aufgebaut wurden, abgelegt.

Die Bibliothek selber besteht zum einen aus einer Liste des Betriebssystems, die wie ein Inhaltsverzeichnis angibt, was in der Bibliothek steht und wo auf einem externen Speicher das Montageobjekt bzw. Programm abgelegt ist, zum anderen aus dem MO bzw. Programm selbst.

## 1.4. Die Wirkungsweise des Montierers

### Allgemeines

Um die Wirkungsweise des Montierers zu verstehen, sollte man sich zunächst überlegen, was nach der Montage zur Verfügung steht. Es heißt zwar, das Ergebnis sei das fertig zusammenmontierte Programm, aber wie sieht dieses Programm aus? Es gibt zwei Möglichkeiten:

a) das Programm befindet sich nach dem Montieren im Kernspeicher zur Ausführung bereit und wird vom Betriebssystem gestartet.

b) das Programm steht zusammenmontiert auf einem externen Speicher und muß vor der Ausführung erst noch geladen werden. Infolgedessen existieren Anweisungen an den Lader, wohin er das Programm zu laden hat. Der Lader ist ein Programm, das Information von einem externen Gerät, z.B. Platte, an eine definierte Stelle im Kernspeicher bringt.

Im Fall a) legt der Montierer die in den Montageanweisungen enthaltene Information ab und erzeugt dabei für die Befehle die echten Adressen. Der Adressenbereich, in dem das Programm liegt, und der Bereich, der vom Programm angesprochen wird, decken sich. Während des Montierens wird der Platz für das gesamte zu montierende Programm und der Platz, den der Montierer selbst benötigt, belegt.

Im Fall b) legt der Montierer ebenfalls die in den Montageanweisungen enthaltene Information ab, allerdings brauchen der Adressenbereich in den der Montierer die Information ablegt und der Adressenbereich, der im Programm selbst angesprochen wird, nicht deckungsgleich zu sein, da das montierte Programm zunächst auf ein externes Gerät gebracht wird und danach der Lader es erst an seinen richtigen Platz bringt. Der Montierer baut also das Programm so auf, wie es zur Ausführungszeit im Rechner steht und transportiert das Programm als geschlossenen Block auf einen externen Speicher. Zusätzlich wird noch eine Anweisung an den Lader mit abgelegt, die angibt, ab welcher Adresse dieses Programm zu laden ist. Steht während des Montierens nicht genügend Speicherplatz zur Verfügung, um das ganze Programm zu montieren, dann kann der Montierer das Programm in Einzelblöcke unterteilen, die einzeln für sich montiert und mit entsprechenden Ladeanweisungen abgespeichert werden.

Die Vorgehensweise des Montierers hängt vom Aufbau der Bibliothekslisten ab. Da hier nur die prinzipielle Wirkung interessiert, greifen wir uns eine Möglichkeit heraus und beschreiben diese, ohne darauf einzugehen, wie andere Rechnerhersteller es machen. Es sei also betont, daß das im folgenden Beschriebene maschinenabhängig ist.

Die Montageobjekte, die zusammenmontiert werden sollen, befinden sich in der System- und Benutzerbibliothek. Eine Bibliothek besteht aus mehreren Dateien. Eine Datei ist in Form einer Liste aufgebaut und enthält die Namen aller in dieser Bibliothek vorhandenen Montageobjekte mit einem Verweis auf die Information in den anderen Dateien.

Eine zweite Datei enthält für jedes Montageobjekt Kenndaten, z.B. wieviel Speicherplatz dieses Montageobjekt benötigt, welche COMMON-Blöcke benutzt werden und welche Externbezüge in diesem MO auftreten. Unter Externbezüge versteht man den Aufruf weiterer Unterprogramme. Diese Liste wollen wir Montageliste nennen. In einer weiteren Datei befinden sich dann die zu jedem Montageobjekt gehörenden Montageanweisungen.

Außerdem enthält die Bibliothek eine Datei mit den Kenndaten (z.B. Speicherbedarf, Ablageadresse für den Lader, Startadresse des Programms) der in dieser Bibliothek vorhandenen Programme und in einer weiteren Datei die montierten Programme selbst.

Die Abb. 1.7 zeigt die Wirkungsweise des Montierers. Auf der Steuerkarte, mit der der Montierer aufgerufen wird, steht als Spezifikationswert der Name des Montageobjektes, das als Hauptprogramm mit den dazugehörigen Unterprogrammen montiert werden soll. Die Namen der betroffenen Unterprogramme werden nicht mit angegeben, da sie in den Externbezügen aufgeführt sind. Ausgehend vom angegebenen Montageobjekt wird der in der Montageliste hierfür benötigte Speicherplatz belegt, und die Anfangsadresse dieses Bereichs wird in einer Adressenliste diesem Blocknamen zugeordnet.

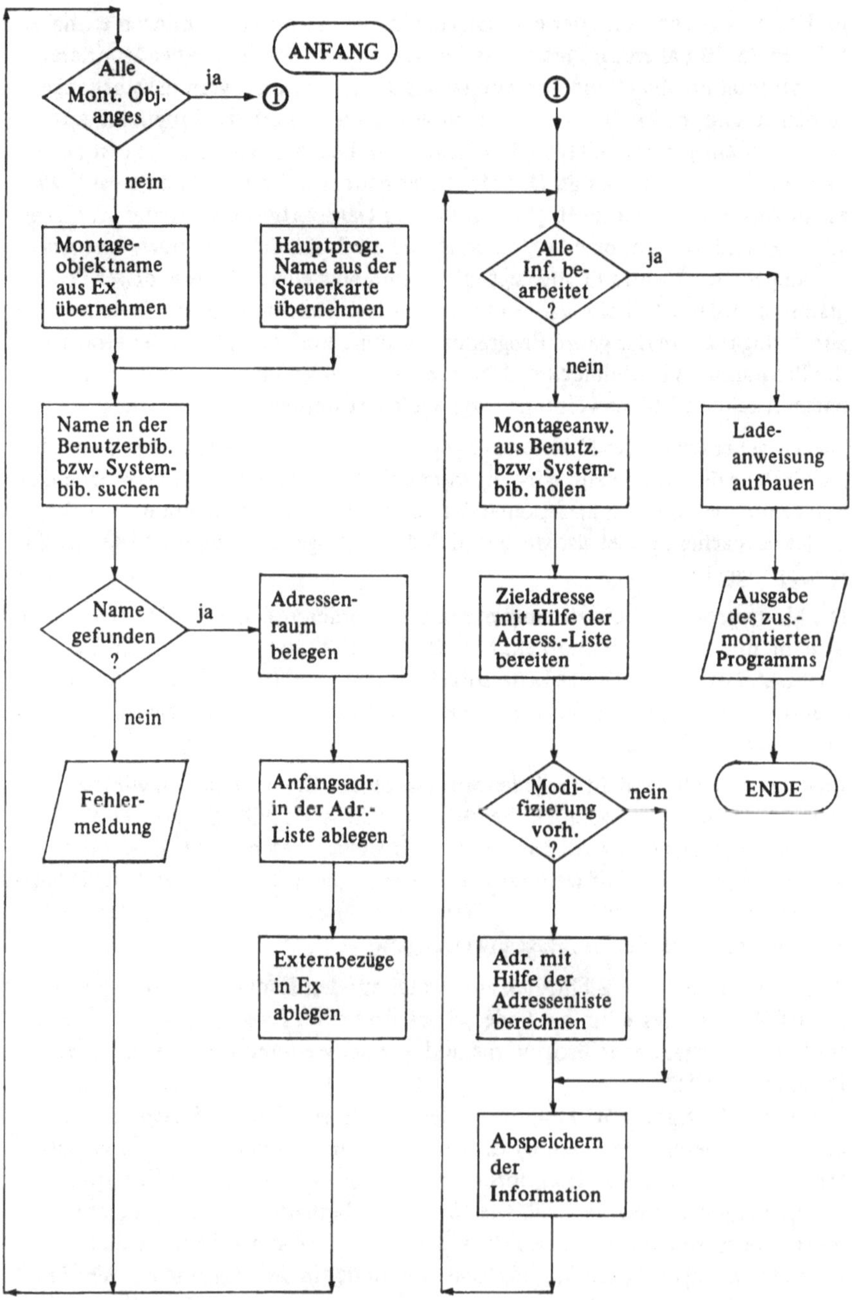


Abb. 1.7 Wirkungsweise eines Montierers

Die Montageliste enthält außerdem die anzuschließenden Datenblöcke und die Externbezüge dieses Objektes. Diese Externbezüge beinhalten die Namen der anzuschließenden Montageobjekte. Diese Namen werden in eine weitere Liste EX eingetragen und nacheinander abgearbeitet, wobei aus der Montageliste der Speicherbedarf zu ersehen ist, ein entsprechend großer Speicherbereich vom Montierer angelegt wird und in der Adressenliste der Anfang dieses Bereiches eingetragen wird. Die jeweils neu auftretenden Externbezüge werden wieder in die Liste EX eingetragen. Wenn ein Montageobjekt in der Montageliste gesucht wird, dann wird erst die Liste der Benutzerbibliothek durchsucht und anschließend die Liste der Systembibliothek. Demzufolge ist es möglich, daß ein Benutzer eine eigene Funktion SIN schreibt und beim Aufruf seine Funktion anmontiert wird und nicht die der Systembibliothek. Ist ein gewünschtes Montageobjekt weder in der Benutzerbibliothek noch in der Systembibliothek, schreibt der Montierer eine Warnung aus.

Wenn die Liste EX abgearbeitet ist, hat der Montierer einen Adressenbereich für das gesamte Programm reserviert, und in der Adressentabelle stehen die Anfangsadressen der einzelnen Blöcke.

Hiermit steht nun das Gerüst für das montierte Programm, und es werden nun aus der Benutzer- und Systembibliothek die Montageanweisungen der einzelnen Montageobjekte geholt. Die Zielangabe der Anweisungen wird ausgewertet, und anhand der Adressentabelle wird die echte Zieladresse berechnet.

Ist keine Modifizierung des Inhalts vorzunehmen, wird der Inhalt dort abgelegt. Ist aber eine Modifizierung gefordert, so wird mit Hilfe der Adressentabelle die echte Adresse errechnet und abgelegt.

Zum Abschluß erzeugt der Montierer die Ladeanweisung, die angibt, wohin der Lader das Programm zu laden hat. Auf diese Adresse beziehen sich alle Adressen innerhalb des montierten Programms. Diese Ladeanweisung und das vom Montierer aufgebaute Programm werden auf den Externspeicher geschrieben, und eine entsprechende Information wird in der Benutzerbibliothek abgelegt. Damit hat der Montierer seine Arbeit beendet.

## 1.5. Bearbeitung eines FORTRAN-Programms

An einem Beispiel soll jetzt gezeigt werden, aus welchen Elementen sich ein Auftrag zur Verarbeitung eines FORTRAN-Programms zusammensetzt und wie er von einer DV-Anlage ausgeführt wird. Natürlich sehen die Steuerkarten bei jedem Rechnertyp anders aus; im Prinzip aber besteht ein solcher Auftrag immer aus den gleichen Elementen.

**Der Auftrag**

Ein FORTRAN-Programm, bestehend aus Haupt- und Unterprogramm, soll übersetzt, zusammenmontiert und gestartet werden.

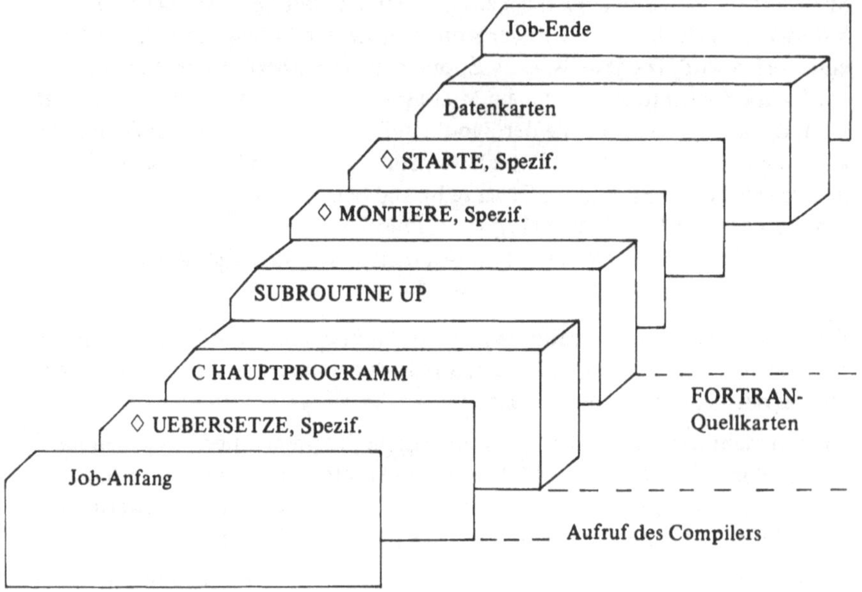


Abb. 1.8 FORTRAN-Programm mit Steuerkarten

Der Auftrag enthält

- Steuerkarten, damit das Betriebssystem weiß, welche Leistungen gefordert werden
- die FORTRAN-Quelle
- Datenkarten für das Programm

Die Steuerkarten haben ein besonderes Steuerzeichen, damit sie sich von den Programm- und Datenkarten unterscheiden. Sie enthalten ein Tätigkeitskommando und eine Reihe von Spezifikationen zu diesem Kommando, mit denen die spezielle Aufgabe gesteuert werden kann. Wie die Steuerkarten genau auszusehen haben und wie sie anzuordnen sind, ist dem Handbuch der jeweiligen Rechenanlage zu entnehmen.

**Auswertung der Steuerkarten**

Der vom Benutzer definierte Auftrag wird vom Betriebssystem (BS) angenommen. Da das BS nur verwaltende Funktionen hat, erledigt es die einzelnen Aufgaben nicht selbst, sondern bedient sich dazu spezieller Programme, die in ihren Leistungen aufeinander abgestimmt sind. Diese Programme sind unter anderem:

– der Steuerkartenentschlüßler, der die Steuerkarten entschlüsselt, sie auf syntaktische Richtigkeit prüft und feststellt, welche Leistung als nächstes gefordert wird.
– der FORTRAN-Compiler
– der Montierer
– der Systemlader, der Programme von einem externen Datenträger (z.B. Band oder Platte) in den Kernspeicher lädt.

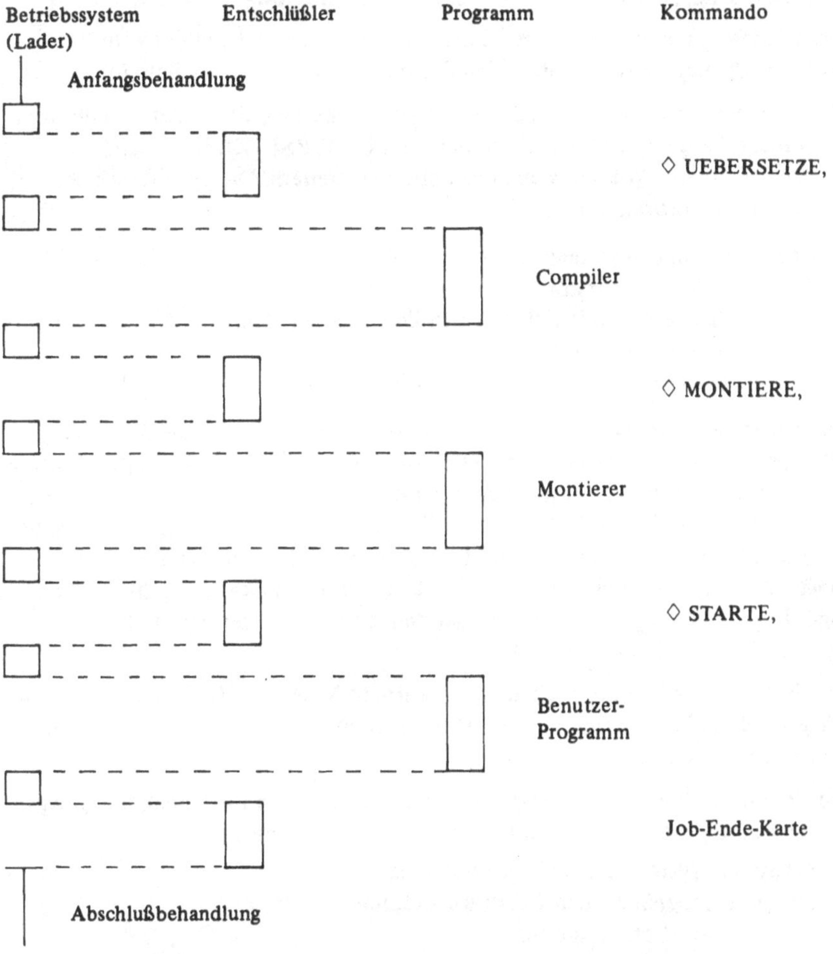


Abb. 1.9 Bearbeitung eines Auftrages

Abb. 1.9 zeigt das Zusammenspiel dieser Programme bei der Bearbeitung eines FORTRAN-Programmes.

Das Betriebssystem macht eine Anfangsbehandlung, indem es die Job-Anfangskarte auswertet und die auftragsspezifischen Kennwerte setzt. Diese Kennwerte sind u.a. Benutzeridentifikation, Laufzeit, Speicherbedarf, Druckseitenschranke.

Dann wird der Systemlader gestartet, der den Steuerkartenentschlüßler zum Starten in den Kernspeicher lädt.

Der Entschlüßler liest die erste Steuerkarte (◇ UEBERSETZE. . . . ) ein und interpretiert sie. Die gefundene Information wird in einem Speicherbereich, der dem BS bekannt ist, abgelegt, und damit hat er seine Aufgabe beendet.

Das Betriebssystem startet darauf den Systemlader, der anhand der vom Entschlüßler abgelegten Information den Compiler in den Kernspeicher lädt.

Der Compiler wird gestartet und beginnt seine Arbeit damit, daß er sich die vom Entschlüßler abgelegten Spezifikationen zum UEBERSETZE-Kommando holt, da diese Werte die Wirkungsweise des Compilers steuern. Die Spezifikationen enthalten u.a. Information über:

- Protokollierung der Quelle
- Name des Hauptprogramms
- Ob eine Testversion mit vielen Kontrollen oder eine schnelle Version ohne Kontrolle aufgebaut werden soll.
- Ob eine Druckerausgabe des erzeugten Interncodes gewünscht wird.

Dann liest der Compiler die FORTRAN-Quellkarten ein, bis er die Anweisung END gefunden hat, übersetzt diesen Programmteil und legt das erzeugte Montageobjekt in der Benutzerbibliothek ab. Sind noch weitere Quellkarten vorhanden, so setzt der Compiler seine Arbeit fort, liest das nächste Unterprogramm ein, bearbeitet es und legt es ebenfalls als Montageobjekt auf einem externen Datenträger ab. Das wiederholt sich so oft, bis keine Programmkarten mehr vorhanden sind. Er gibt die Regie an das Betriebssystem zurück, das den Systemlader startet, der den Entschlüßler einliest.

Der Entschlüßler liest die nächste Steuerkarte (◇ MONTIERE . . . ) und übergibt die gefundene Information an das Betriebssystem, das durch den Systemlader den Montierer einliest und ihn dann startet.

Der Montierer übernimmt die Spezifikation aus dem vom Entschlüßler abgelegten MONTIERE-Kommando mit folgender möglicher Information:
- Montageobjektname des Hauptprogramms
- Name des zu erstellenden Gesamtprogramms
- Angaben zur Protokollierung
- Angaben zur Segmentierung
- Angaben zum Fehlverhalten, wenn Unterprogramme fehlen.

Der Montierer baut dann aus den Montageobjekten das fertige Programm auf und legt es wieder auf einem externen Datenträger ab. Damit ist seine Arbeit beendet.

Nun wiederholt sich der Ablauf zur Auswertung einer Steuerkarte. Das BS startet den Systemlader, der den Entschlüßler lädt und der dann gestartet wird. Dieser liest das STARTE-Kommando und legt die gefundene Information ab. Die Spezifikationen dieses Kommandos enthalten Informationen über:

- Name des Gesamtprogramms
- Zuordnung von Dateien zu logischen Gerätenummern
- Umdefinitionen von logischen Gerätenummern
- Angabe, wo die Daten stehen.

Das Betriebssystem startet wiederum den Systemlader, der das bezeichnete Programm lädt und startet.

Das Benutzerprogramm liest seine Datenkarten ein und druckt die Ergebnisse aus.

Nach Beendigung des Programms startet das BS wiederum den Systemlader, um den Entschlüßler einzulesen. Der Entschlüßler findet die Job-Ende-Karte, teilt dies dem BS mit und gibt die Regie zurück an das Betriebssystem, das eine Endebehandlung durchführt.

# 2. FORTRAN als Programmiersprache

### Übersicht

Fortran ist eine Programmiersprache zur Formulierung von Algorithmen. Es wird gezeigt, welche Möglichkeiten die Sprache bietet, wie Daten und Anweisungen gekennzeichnet werden und welche Bezüge auftreten können. Da die zu beschreibenden Algorithmen sehr umfangreich sein können, ist es sinnvoll, sie in Teile zu zerlegen. In dem Abschnitt über die Blockstruktur wird gezeigt, wie die einzelnen Blöcke zusammen arbeiten.

## 2.1. Formulierung eines Algorithmus in FORTRAN

### Die Aufgabe des Programmierers

Die Aufgabe des Programmierers besteht darin, für ein gegebenes Problem ein Programm zu schreiben. Sehen wir uns diesen Vorgang einmal etwas genauer an.

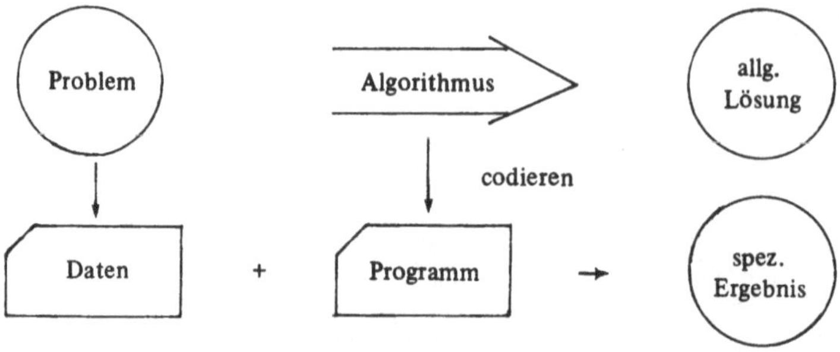


Abb. 2.1 Die Aufgabe des Programmierers

Da existiert zunächst die Problemstellung, die der Programmierer vor sich auf dem Schreibtisch liegen hat. Woher sie kommt und wie sie aussieht, sei hier nicht weiter untersucht. Zunächst muß sich der Programmierer mit dieser Aufgabe vertraut machen, denn von der Problemstellung hängt die Wahl der Programmiersprache ab. Die meisten Rechenanlagen bieten die Möglichkeit, mit mehreren Programmiersprachen wahlweise zu arbeiten. ALGOL und FORTRAN sind für mathematisch-naturwissenschaftliche Probleme geeignet und COBOL für kaufmännische. Es wäre töricht, würde man die Lösung eines Differentialgleichungssystems in COBOL programmieren und andererseits Lohn/Gehalt in FORTRAN.

Hat sich der Programmierer für eine Sprache, z.B. FORTRAN, entschieden, so beginnt die Suche nach einem geeigneten Algorithmus. Ein Algorithmus ist eine Vorschrift, die angibt, wie man vom Anfangszustand zur Lösung kommt. Der Algorithmus gibt also nicht das Ergebnis an, sondern den Weg. Es hängt vom Problem ab, wie kompliziert dieser Weg ist. Erfahrungsgemäß gibt es für ein Problem mehr als einen Algorithmus, und die Erfahrung und das Können des Programmierers entscheiden, ob er einen eleganten Weg findet oder nicht. Bei der Wahl des Algorithmus muß die Programmiersprache, für die er sich entschieden hat, berücksichtigt werden, damit in den Algorithmus keine Elemente aufgenommen werden, die in der gewählten Sprache nicht möglich sind.

Hat sich der Programmierer einen Algorithmus überlegt, so muß er ihn formulieren. Zunächst wird er ihn nur grob skizzieren und sich nicht allzusehr bei den Feinheiten aufhalten. Hierzu benutzt er eine verbale Beschreibung und ein grobes Flußdiagramm.

Damit ist die Konstruktion abgeschlossen, und es folgt nun die Codierung. In dieser Phase wird der Algorithmus in FORTRAN bzw. in einer anderen gewählten Programmiersprache formuliert. Hier ist eine grobe Angabe nicht mehr möglich. Bei der Codierung werden alle Feinheiten mitberücksichtigt und ausgearbeitet. Als Ergebnis steht das Programm zur Verfügung, das einen detaillierten Algorithmus darstellt.

**Möglichkeiten von FORTRAN**

Welche Möglichkeiten bietet FORTRAN, einen Algorithmus zu formulieren?

Die ausführbaren Anweisungen (executable statements) beschreiben die Fähigkeiten. FORTRAN kennt folgende Arten:

- Berechnung eines arithmetischen Ausdrucks
- Zuweisung an eine Größe
- Abfragen
- Bedingte und unbedingte Sprünge
- Schleifen
- Ein/Ausgabe-Anweisungen
- Steueranweisungen.

Ein Unterprogrammaufruf ist kein spezieller Anweisungstyp, sondern ein Sprung, der eine Anweisungsfolge anspringt.

Diese Anweisungen beziehen sich auf Größen, die man Daten nennt. Als Daten kommen in Betracht:

- Konstanten
- einfache Variable
- indizierte Variable

Der FORTRAN-kundige wird hier die Angabe des Feldes vermissen. Es gibt aber keine Anweisung, die ein ganzes Feld anspricht. Es werden immer nur einzelne Feldkomponenten (Feldelemente) gekennzeichnet. Die Angabe eines Feldes in der E/A-Anweisung ist eine Ausnahme.

Den zeitlichen Ablauf der Anweisungen, den wir Kontrollfluß nennen wollen, steuert man in FORTRAN durch die Reihenfolge. Die Sprunganweisungen bewirken eine Steuerung des Kontrollflusses.

Der Begriff Datenfluß tritt hauptsächlich im kaufmännsischen Bereich auf, da hier in erster Linie Daten bewegt werden, ohne daß ihre Struktur geändert wird. Der Datenfluß gibt an, von welchen Geräten Daten eingelesen werden und auf welche sie auszugeben sind. Bei mathematisch-naturwissenschaftlichen Problemen treten nun zum einen nicht solche Datenmengen auf, wie in kaufmännischen Bereichen, und zum anderen wird mit diesen Daten sehr viel mehr manipuliert; sie werden ausgewertet, verändert, zerpflückt und in andere Speicherbereiche geschrieben. Man kann also innerhalb des Kernspeichers nicht von einem Datenfluß sprechen, sondern höchstens bei der Ein-Ausgabe von einem externen Gerät zum Kernspeicher und umgekehrt.

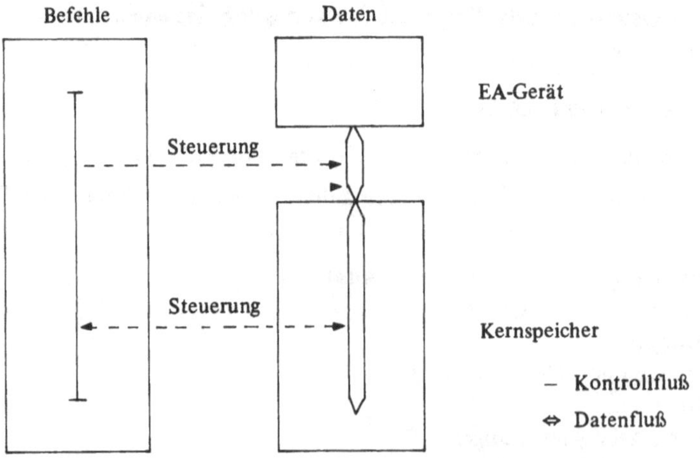


Abb. 2.2 Kontrollfluß und Datenfluß

Die Abb. 2.2 soll zeigen, daß die Anweisungen einen Datenfluß bewirken können und andererseits die Daten den Kontrollfluß steuern.

## 2.2. Kennzeichnung der Daten und Anweisungen

Die Anweisungen eines Programms beziehen sich auf Daten und andere Anweisungen, die deshalb gekennzeichnet sein müssen. Kennzeichnen bedeutet, etwas mit einem Namen versehen. In unserem Fall soll ein Datum (Singular von Daten) oder eine Anweisung mit einem symbolischen Namen versehen werden. Die Kennzeichnung einer Anweisung nennen wir eine Marke.

**Auftreten der Namen**

In einer Programmeinheit kennzeichnet ein symbolischer Name, der ggf. indiziert ist, ein Element (und gewöhnlich nur eins) der folgenden Klassen:

| Klasse | Bezeichnung |
|---|---|
| 1 | Ein Feld bzw. ein Element dieses Feldes |
| 2 | Eine Variable |
| 3 | Eine Formelfunktion |
| 4 | Eine eingebaute Funktion (Intrinsic Function) |
| 5 | Eine externe Funktion (Bibliotheksfunktion oder Benutzerfunktion) |
| 6 | Eine Subroutine |
| 7 | Ein externes Unterprogramm, das in dem betroffenen Programmteil weder als Subroutine noch als externe Funktion klassifiziert werden kann. |
| 8 | Ein Blockname |

**Einschränkungen**

Ein symbolischer Name der Klasse 8 kann im gleichen Programmteil in einer der Klassen 1, 2 oder 3 erscheinen. Es ist aber nicht ratsam, für verschiedene Größen gleiche Namen zu benutzen.

In dem Programmteil, in dem ein symbolischer Name der Klasse 5 unmittelbar dem Wort FUNCTION in einer FUNCTION-Anweisung folgt, muß dieser Name auch in der Klasse 2 sein.

Ein Name der Klasse 7 kann nur lokal in einem Programmteil existieren. Es handelt sich hier um einen Namen, der in der Parameterliste eines Unterprogramms auftritt, in dieser Funktionseinheit unter EXTERNAL vereinbart ist und beim Aufruf einer weiteren Funktionseinheit als aktueller Parameter auftritt.

FORTRAN-spezifische Bezeichnungen, wie READ, GO TO, FORMAT usw. dürfen als symbolische Namen auftreten, da die Bedeutung aus der Stellung ersichtlich ist. Es sollte aber einer besseren Übersicht wegen vermieden werden.

**Name und Inhalt bei Variablen**

Wenn in einer Programmiersprache von der Variablen „X" die Rede ist, dann ist damit eine Variable mit dem Namen „X" gemeint, genauer gesagt ein Datum, das durch den Namen „X" gekennzeichnet ist und dessen Inhalt (⟨X⟩, lies: Inhalt von X) ein beliebiger Wert sein kann. Die Variable X hat also den Wert ⟨X⟩. Eine Variable, der noch kein Wert zugewiesen wurde, hat den Wert „undefiniert", d.h. über den Inhalt dieses Datums kann keine Aussage gemacht werden.

**Name und Inhalt bei Konstanten**

Eine Sonderstellung nehmen die Konstanten ein. Hier hat der Name eine Doppelfunktion. Wenn von der Konstanten „5" die Rede ist, dann ist damit ein Datum gemeint, das den Namen „5" hat und das mit dem Zahlenwert 5 besetzt ist. Der Name und der Inhalt dieses Datums stehen somit in einem Zusammenhang.

Da der Wert einer Konstanten auch gleichzeitig ihr Name ist, werden diese Namen in der Namenstabelle des Compilers mit abgelegt. Tritt in der gleichen Programmeinheit diese Konstante nochmal auf, so wird der Name in der Namenstabelle gefunden und so erkannt, daß diese Konstante bereits in einer Speicherzelle abgelegt ist. Das hat zur Folge, daß gleiche Konstanten innerhalb eines Programmteils nur eine Speicherzelle belegen.

**Kennzeichnung einer Anweisung**

Aber nicht nur Daten werden durch eine FORTRAN-Anweisung angesprochen, sondern auch andere Anweisungen. Also müssen auch Anweisungen gekennzeichnet sein. Dies geschieht durch die Anweisungsnummer (Statementnummer). Eine solche Anweisungsnummer ist also keine Zahl, sondern ein Name. Durch die Stellung innerhalb der Struktur der Anweisung ist eine Verwechselung mit den Konstanten, die das gleiche Aussehen haben, ausgeschlossen.

**Das Auftreten von Bezügen**

Bezieht sich eine Anweisung auf ein Datum oder eine Statementnummer, so hat dieser Bezug eine der folgenden Aufgaben:

| | | |
|---|---|---|
| bei Daten: | Ein-Ausgabe des Datums<br>Setzen und Verändern: einem Datum wird ein Wert zugewiesen.<br>Abfragen: Daten werden miteinander verglichen<br>Auftreten als Operand in arithmetischen Ausdrücken. | |
| bei Statement-Nr.: | Markieren: | Eines Sprungziels innerhalb der Anweisungen<br>Ende einer Schleife<br>Zusatzinformation bei Ein-Ausgabe. |

Man sieht hier, daß Anweisungen nicht verändert oder gesetzt werden können. Somit ist es nicht möglich, eine Anweisungsfolge dynamisch während des Programmablaufs zu verändern. Auch ist es nicht möglich, im Datenbereich sich eine Befehlsfolge aufzubauen und dann anzuspringen, da ein Sprung nur auf eine Anweisung, nicht aber auf ein Datum möglich ist.

Mit den durch FORTRAN angebotenen Möglichkeiten kann ein Algorithmus formuliert werden, der nur seine Daten, nicht aber sich selbst verändert.

## 2.3. Die Blockstruktur in FORTRAN

Umfangreiche Programme werden leicht unübersichtlich, und deshalb lohnt es sich, kleine Funktionseinheiten zu bilden, die dann zu einem Gesamtprogramm zusammengefaßt werden können. Diese Einheiten sind selbständig und können einzeln übersetzt werden.

Die Unterteilung, wie sie der Programmierer vornimmt, ist eine logische Unterteilung, die nicht exakt mit der physikalischen Unterteilung, wie sie im Maschinenprogramm auftritt, übereinzustimmen braucht.

Sehen wir uns zunächst die logische Unterteilung näher an.

**Logische Unterteilung**

Hierbei wird ein Programm in ein Hauptprogramm (abgekürzt: HP) und viele Unterprogramme (UP) aufgeteilt. Jeder Teil ist als eine Funktionseinheit zu betrachten. Eine Einheit ruft eine andere auf und gibt auf diese Weise den Kontrollfluß weiter.

Die Daten, die während des ganzen Programmlaufs greifbar sein müssen, liegen in COMMON-Blöcken und sind damit für das HP und die UP's ansprechbar, wenn eine entsprechende COMMON-Anweisung vorhanden ist. Auf die COMMON-Anweisung wird in Kap. 3 näher eingegangen.

**Beispiel:**

Ein Hauptprogramm benutzt die Daten A und B und ruft die Unterprogramme UP 1 und UP 2 auf.

Das Unterprogramm UP 1 benutzt die Daten A und ruft kein weiteres UP auf.

Das Unterprogramm UP 2 benutzt die Daten B und C und ruft das Unterprogramm UP 3 auf.

Das Unterprogramm UP 3 benutzt die Daten C und ruft kein weiteres UP auf.

```
C HAUPTPROGRAMM
  COMMON/B1/A
```

```
COMMON/B2/B
   .
   .
   .
CALL UP1
   .
   .
   .
CALL UP2
   .
   .
   .
END
SUBROUTINE UP1
COMMON/B1/A
   .
   .
   .
END
SUBROUTINE UP2
COMMON/B2/B
COMMON/B3/C
   .
   .
   .
CALL UP3
   .
   .
   .
END
SUBROUTINE UP3
COMMON/B3/C
   .
   .
   .
END
```

Die Abb. 2.3 verdeutlicht die Einteilung

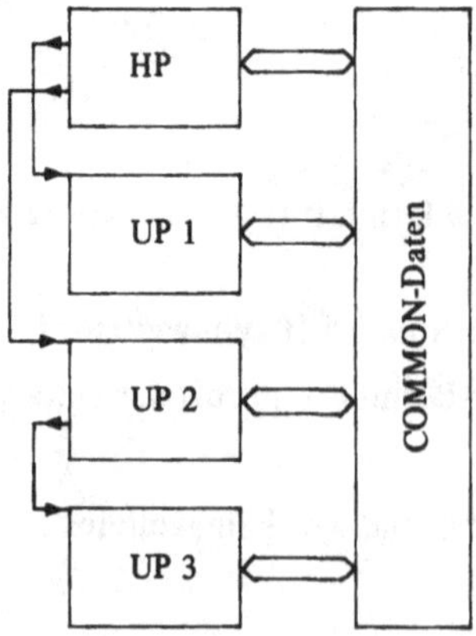


Abb. 2.3 Die logische Unterteilung eines Programms

Der Fall der Parameterübergabe an Unterprogramme sei hier nicht weiter betrachtet; auf ihn wird später noch eingegangen.

**Lokale und globale Namen**

Als Folge der Unterteilung in Funktionseinheiten treten nun neue Fragen auf.

- Sind zwei Größen in zwei verschiedenen UP's gleich, wenn sie den gleichen Namen haben?
- Darf eine Größe, in in zwei verschiedenen UP's auftritt, in jedem dieser UP's einen anderen Namen haben?

Dies sind die Fragen nach
dem Geltungsbereich von Namen
und
dem Gültigkeitsbereich von Größen.

**Der Geltungsbereich von Namen**

Der Geltungsbereich eines Namens ist der Bereich, innerhalb dessen ein Name prinzipiell ein und dasselbe kennzeichnet.

Dieser Bereich umfaßt entweder genau eine Funktionseinheit (HP oder UP), dann spricht man von einem **lokalen Namen**, oder aber er umfaßt mehrere Funktionseinheiten, dann bezeichnet man ihn als einen **globalen Namen**.

Man beachte aber, daß diese Sprechweise unsauber ist, denn nicht der Name an sich hat einen lokalen bzw. globalen Charakter, sondern der Begriff, den dieser Name kennzeichnet.

Namen mit lokalem Geltungsbereich sind:

1. Namen von Daten
   - Namen von Konstanten
   - Namen von Variablen
   - Namen von Feldern
2. Namen von Anweisungen
   (Statementnummern)
3. Namen von Formelfunktionen.

Namen mit globalem Geltungsbereich sind:

1. Namen von Daten- (COMMON)Blöcken
2. Unterprogrammnamen
3. Namen von zusätzlichen Unterprogrammeinsprüngen (ENTRY)

Lokale Namen verlieren außerhalb ihrer Funktionseinheit ihre Gültigkeit. Werden in zwei verschiedenen Einheiten die gleichen Namen, z.B. zur Kennzeichnung von Variablen benutzt, so bezeichnet der Name in jeder Funktionseinheit eine andere Variable. Bei der Verwendung von Namen mit lokalem Geltungsbereich brauchen also keine Rücksichten auf Namen in anderen Funktionseinheiten genommen zu werden.

**Lokale und globale Größen**

Eine Größe ist in mehreren UP's gültig, wenn sie, ganz gleich unter welchem Namen, in diesen UP's angesprochen werden kann.

Eine Größe ist **lokal**, wenn sie nur in **einer** Funktionseinheit, sie ist **global**, wenn sie in **mehreren** Funktionseinheiten benutzt wird. Unter Benutzung ist hier ein möglicher lesender oder schreibender Zugriff gemeint.

Lokale Größen sind normalerweise Hilfsgrößen zur Speicherung von Zwischenwerten, während die Hauptinformation als globale Größe abgelegt ist. Der Fall des Parameters sei hier noch ausgeklammert.

Daten werden durch eine COMMON-Anweisung als globale Größen gekennzeichnet. Alle Größen, die nicht in einer solchen Anweisung stehen, sind lokal.

Ein Datum, das sich in einem COMMON-Block befindet, ist nur für die Funktionseinheiten global, in denen dieser COMMON-Block auftritt.

Der Name des Datums spielt dabei keine Rolle, sondern nur seine Stellung innerhalb des Blockes. Der Name des Blockes dagegen ist ein globaler Name und kennzeichnet im ganzen Programm immer ein und denselben Block.

**Physikalische Unterteilung**

Betrachtet man ein Programm, das sich zur Zeit der Ausführung im Rechner befindet, so stellt man fest, daß seine Struktur durch eine Folge von Blöcken beschrieben werden kann. Man unterscheidet dabei zwei Arten von Blöcken:

1. Programmblock
2. Datenblock

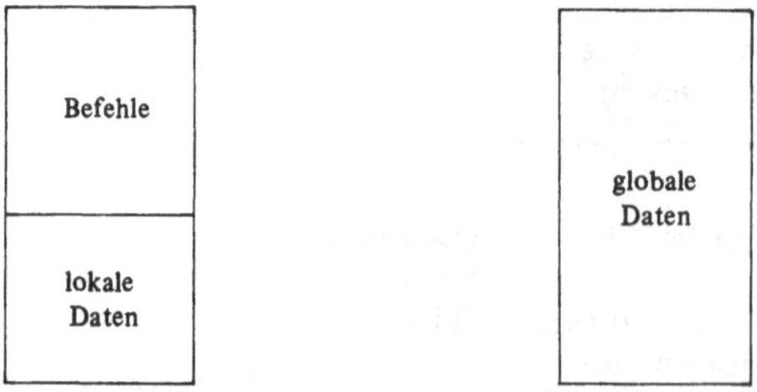


Abb. 2.4 Struktur eines Programm- und eines Datenblocks

Der Programmblock besteht aus einem Befehls- und einem Datenteil. Der Datenblock enthält nur Daten.

Ein Block ist eine physikalische Einheit, denn er belegt im Rechner aufeinanderfolgende Speicherzellen, während eine Funktionseinheit (HP oder UP) eine logische Einheit bildet.

Bei der Übersetzung einer Funktionseinheit entsteht ein Programmblock. Dabei werden die Anweisungen als Befehle im Befehlsteil und die lokalen Daten im Datenteil abgelegt. Dieser Programmblock erhält den Namen der Funktionseinheit.

Außerdem wird für jeden COMMON-Block ein Datenblock angelegt, der den Namen des COMMON-Blocks erhält. Existiert bereits ein Datenblock mit diesem Namen, so wird kein zweiter mehr eingerichtet. Der Datenblock selbst enthält alle globalen Größen, die in der COMMON-Anweisung diesem COMMON-Block zugewiesen wurden.

Die globalen Daten einer Funktionseinheit liegen also physikalisch nicht mit den lokalen Daten zusammen.

Wir betrachten zur Verdeutlichung wieder das Beispiel 1. Die Abb. 2.5 zeigt die Unterteilung in Blöcke.

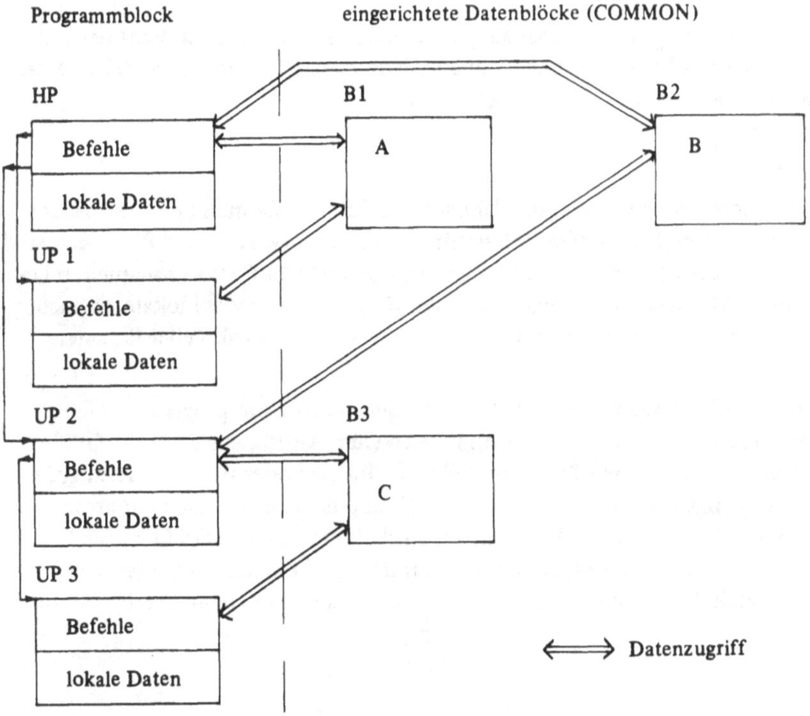


Abb. 2.5 Aufteilung in Blöcke

Wieviel Speicherplatz diese Blöcke bei der Ausführung des Programms belegen, wird bereits beim Übersetzen der Funktionseinheiten festgelegt. Zwar wird zu diesem Zeitpunkt noch nicht der Platz im Speicher genau bestimmt, auf dem das Programm bei der Ausführung liegen wird, aber es wird die Anzahl an Speicherzellen, die der Block belegen wird, festgesetzt. Daraus folgt, daß die Menge aller anfallenden Daten und damit die Größe der auftretenden Felder bei der Übersetzung bekannt sein muß. Dynamische Feldvereinbarungen sind also nicht möglich.

Die Aufteilung des Programmblocks in Befehle und lokale Daten ist eine erste grobe Unterteilung. Der Befehlsbereich, bzw. der Bereich lokale Daten kann in weitere Zonen unterteilt werden, die z.B. enthalten:

| | |
|---|---|
| Parameterübergabe<br>Befehle<br>Zusatzinformation (z.B. FORMAT) | } Befehlsbereich |
| einfache Variable<br>Felder<br>Indexzellen<br>Hilfsgrößen | } lokale Daten |

Diese Unterteilung ist anlagenabhängig. In einem solchen Fall ist nicht der ganze Block eine physikalische Einheit, sondern jede Zone, d.h. eine Zone belegt einen Bereich zusammenhängender Speicherzellen.

**Parameter**

Eine Sonderstellung nehmen die Parameter ein, denn hier muß zwischen aktuellen und formalen Parametern unterschieden werden. Die aktuellen Parameter sind die Größen, die beim Aufruf des Programms, sei es beim Funktionsnamen, sei es in einem CALL-Statement, angeführt sind. Hier können sowohl lokale als auch globale Größen auftreten. Eine COMMON-Größe darf also aktueller Parameter sein.

Der formale Parameter ist innerhalb des aufgerufenen Unterprogramms eine Platzhaltegröße. Der Name hat einen lokalen Gültigkeitsbereich. Ob die Größe selber im übergeordneten Programmteil einen lokalen oder globalen Geltungsbereich hat, hängt vom aktuellen Parameter ab und ist dem formalen Parameter nicht anzusehen. Der formale Parameter wird als eine globale Größe angesehen, da sie in mehr als einem Programm greifbar ist. Ein formaler Parameter darf nicht zusätzlich in einem COMMON-Block auftreten, da er dann überbestimmt wäre.

# 3. Die Organisation der Daten

**Allgemein**

Im folgenden soll nun auf den Inhalt einer Funktionseinheit näher eingegangen werden. Eine Funktionseinheit besteht aus nichtausführbaren Anweisungen, auch Vereinbarungen genannt, und ausführbaren Anweisungen. Die Vereinbarungen steuern die Organisation der Daten, während die ausführbaren Anweisungen angeben, was mit diesen Daten geschieht.

Sehen wir uns zunächst die Organisation der Daten an. Was ist da zu organisieren?

1. der Typ
2. der Speicherbedarf
3. der Platz
4. die Vorbesetzung

Durch den **Typ** wird festgelegt, wie der Inhalt einer Speicherzelle zu interpretieren ist.

Der **Speicherbedarf** gibt an, wie groß die auftretenden Felder sind und ob sie ein-, zwei- oder dreidimensional sind.

Durch die Vorgabe des **Platzes** innerhalb eines Datenblocks wird es möglich, daß verschiedene Funktionseinheiten auf die gleiche Größe zugreifen können.

Durch die **Vorbesetzung** wird einer Speicherzelle ein Wert zugewiesen, so daß sie beim Start des Programms definiert besetzt ist.

Innerhalb einer Funktionseinheit stehen die Vereinbarungen vor den ausführbaren Anweisungen. Es gibt Rechenanlagen, bei denen die Reihenfolge der Vereinbarungen vorgeschrieben ist.

## 3.1. Die Typ-Vereinbarung

In FORTRAN gibt es 5 verschiedene Typen von Variablen.

INTEGER
REAL
DOUBLE PRECISION
COMPLEX
LOGICAL

INTEGER-Größen sind Festpunktzahlen. Da hierbei der Dezimalpunkt am Ende der Zahl angenommen wird, stellen sie prinzipiell ganze Zahlen dar.

REAL-Größen sind Gleitpunktzahlen, die aus einer Mantisse und einem Exponent bestehen.

DOUBLE PRECISION-Größen sind Gleitpunktzahlen, bei denen die Mantisse doppelt so lang ist wie bei den REAL-Größen.

COMPLEX-Größen sind Zahlenpaare, die aus zwei REAL-Größen bestehen. Die erste REAL-Größe gibt den Realteil und die zweite den Imaginärteil an. Diese beiden REAL-Größen werden unter einem Namen als komplexe Zahl angesprochen.

LOGICAL-Größen können nur einen der beiden logischen Werte „Wahr" oder „Falsch" annehmen.

Die am häufigsten auftretenden Typen sind INTEGER und REAL. Damit der Programmierer nun nicht die Verpflichtung hat, jede auftretende Variable durch eine Typvereinbarung zu vereinbaren, besitzt FORTRAN eine **implizite Typendeklaration**. Diese besagt:

> Eine Variable, deren Name mit I, J, K, L, M oder N anfängt, ist vom Typ INTEGER, wenn keine anderslautende Typenvereinbarung für diese Variable vorliegt. Eine Variable, deren Name mit einem anderen Buchstaben beginnt, ist vom Typ REAL.

Die Festlegung des Typs einer Variablen durch eine Vereinbarung nennt man **explizite Typdeklaration**.

Eine Typvereinbarung gilt nur für die Funktionseinheit, in der diese Vereinbarung auftritt, da ja auch die Namen der Größen, für die der Typ festgelegt wird, nur innerhalb dieser Einheit gültig sind.

**Die IMPLICIT-Vereinbarung**

Diese Vereinbarung gehört nicht zum Standard-FORTRAN und kann deshalb auch nicht auf allen Rechenanlagen verwendet werden. Die IMPLICIT-Vereinbarung ermöglicht es, die implizite Typendeklaration zu verändern.

Die Anweisung lautet:

| IMPLICIT Typ (Buchstabenbereichsliste), Typ (Buchstabenbereichsliste) |
|---|

Typ ist eine der fünf Typenvereinbarungen
INTEGER, REAL, DOUBLE PRECISION, COMPLEX, LOGICAL

Der Buchstabenbereich ist entweder ein Buchstabe oder zwei Buchstaben durch - (Minuszeichen) getrennt.
Mehrere Buchstabenbereiche, durch Komma getrennt, ergeben die Buchstabenbereichsliste.

Die Wirkung: Durch die Anweisung

```
IMPLICIT INTEGER (A, B, E-K, M-Q, S-Z), REAL (R),
DOUBLE PRECISION (D), COMPLEX (C), LOGICAL (L)
```

wird festgelegt, daß alle Namen, die mit

| | |
|---|---|
| D anfangen vom Typ | DOUBLE PRECISION |
| C anfangen vom Typ | COMPLEX |
| L anfangen vom Typ | LOGICAL |
| R anfangen vom Typ | REAL sind und |
| alle anderen vom Typ | INTEGER. |

Die Vorrangfolge ist:

1. explizite Typendeklaration
2. IMPLICIT-Anweisung
3. implizite (Standard-) Typendeklaration.

1 hebt 2 auf, 2 hebt 3 auf.

Im folgenden wird auf die einzelnen Typen genauer eingegangen und dabei auch die interne Darstellung aufgezeigt. Es sei hier aber ausdrücklich darauf hingewiesen, daß nur auf die prinzipiellen Unterschiede eingegangen werden kann, denn der interne Aufbau ist bei jedem Rechner anders. Genaue Angaben sind deshalb dem Handbuch der jeweiligen Anlage zu entnehmen.

### 3.1.1. INTEGER-Größen

Die Typenvereinbarung lautet:

| INTEGER $n_1, n_2, n_3, \ldots, n_k$ |
|---|

$n_i$ ist der Name einer Variablen, eines Feldes oder einer Funktion.

Man braucht nicht alle Integer-Größen in einer einzigen Typenvereinbarung zusammenzufassen, sondern kann beliebig viele solcher Vereinbarungen definieren. Ein Name darf aber nur einmal insgesamt auftreten.

Durch diese Vereinbarung wird festgelegt, daß die angeführten Größen als Wert nur ganze Zahlen besitzen.

Die INTEGER-Konstante ist eine Größe, deren Wert eine ganze Zahl ist und unveränderbar bleibt.

Die INTEGER-Konstante besteht aus einer Ziffernfolge, die mit einem Vorzeichen behaftet sein kann.

**Beispiele:** 0, 15, + 19758, - 18

**Die interne Darstellung**

Intern sind INTEGER-Größen als Binärzahlen abgelegt. Eine Binärzahl besteht aus den beiden Zeichen „0" und „1" (statt „1" sieht man auch häufig „L"), die man Binärzeichen oder auch Bits nennt. Mit einem Bit kann man zwei Zustände darstellen, mit zwei Bits ist eine Unterscheidung von vier Zuständen möglich und mit n Bits können $2^n$ verschiedene Zustände aufgezeigt werden. Die einzelnen Bits einer Binärzahl haben, von rechts beginnend, die Wertigkeit $2^0$, $2^1$, $2^2$ usw. n Bits bilden ein **Wort.**

**Beispiel:** Um die 10 Dezimalziffern darzustellen, braucht man 4 Bits. Im Prinzip kann man mit 4 Bits 16 Zustände darstellen.

| Dezimalzahl | Binärzahl |
|---|---|
| 0 | 0 0 0 0 |
| 1 | 0 0 0 1 |
| 2 | 0 0 1 0 |
| 3 | 0 0 1 1 |
| 4 | 0 1 0 0 |
| 5 | 0 1 0 1 |
| 6 | 0 1 1 0 |
| 7 | 0 1 1 1 |
| 8 | 1 0 0 0 |
| 9 | 1 0 0 1 |

Aus wieviel Bits ein Wort aufgebaut wird, ist von Rechner zu Rechner unterschiedlich und dem Handbuch zu entnehmen.

**Negative Werte**

Für die Darstellung negativer Zahlen gibt es die Möglichkeit des Einer- oder des Zweier-Komplements.

Beim Einer-Komplement werden alls Bits invertiert.

```
0 0 0   1 0 0   0 0 1  =  33
1 1 1   0 1 1   1 1 0  = - 33
```

In diesem Fall gibt es für die Null zwei verschiedene Darstellungen.

```
0 0 0   0 0 0   0 0 0  = + 0
1 1 1   1 1 1   1 1 1  = - 0
```

Das Ergebnis + 33 + (- 33) ist - 0!

Das Zweier-Komplement wird durch die Invertierung aller Bits und einer anschließenden Addition einer binären „1" gebildet.

| | | | |
|---|---|---|---|
| 0 0 0 | 1 0 0 | 0 0 1 | = + 33 |
| 1 1 1 | 0 1 1 | 1 1 0 | Invertierung |
| 1 1 1 | 0 1 1 | 1 1 1 | = - 33 |

Das Ergebnis + 33 + (- 33) ist + 0!

Ob ein Rechner mit dem Einer- oder dem Zweier-Komplement rechnet, ist dem Handbuch des entsprechenden Rechners zu entnehmen.

**Vorzeichen und Vorzeichenangleichung**

Positive Zahlen werden durch ein „0"-Bit in der am weitesten links liegenden Stelle des Wortes, das sogenannte Vorzeichenbit, dargestellt. Bei negativen Zahlen ist das Vorzeichenbit „1". Alle Bits zwischen dem Vorzeichenbit und dem höchsten geltenden Bit sind mit dem Vorzeichenbit identisch. Diese „Vorzeichenausdehnung" ermöglicht eine einfache Schaltung für die arithmetischen Operationen.

Stehen für die Zahlendarstellung (ohne Vorzeichen) m Bits zu Verfügung, so ist

$$2^{(m-1)} + 2^{(m-2)} + \ldots + 2^2 + 2^1 + 2^0 = 2^m - 1$$

die größte darstellbare Zahl.

Es gibt Compiler, die auftretende INTEGER-Konstante auf ihre Größe überprüfen und sie, wenn es möglich ist, direkt im Adreßteil des Befehlswortes als Operanden ablegen. Diese Konstanten belegen im Datenteil des Programmblocks keinen Speicherplatz.

### 3.1.2. REAL-Größen

Die Typvereinbarung lautet:

| |
|---|
| REAL $n_1, n_2, n_3, \ldots, n_k$ |

$n_i$ ist der Name einer Variablen, eines Feldes oder einer Funktion.

Durch diese Vereinbarung wird festgelegt, daß die angeführten Größen als Wert eine Gleitpunktzahl besitzen. Eine Gleitpunktzahl besteht aus einer Mantisse und einem Exponenten.

**REAL-Konstanten**

Intern werden REAL-Konstanten als Gleitpunktzahlen abgelegt, extern können sie unterschiedlich geschrieben sein.

a) mit Dezimalpunkt
   α) mit Dezimalexponent
   β) ohne Dezimalexponent

b) ohne Dezimalpunkt
   α) mit Dezimalexponent

**Beispiele:** 1.27E27, - 0.0253,
1E-3,

**Die interne Darstellung**

Die interne Darstellung einer REAL-Zahl spiegelt die Aufteilung in Mantisse und Exponent wieder. Das Maschinenwort von n Bits ist in m Bits für die Mantisse und (n - m) Bits für den Exponenten unterteilt. Die Anordnung innerhalb des Maschinenwortes ist unterschiedlich.

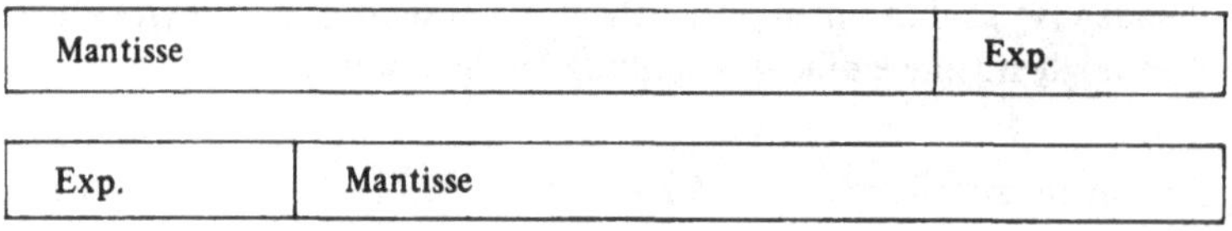


Abb. 3.1 Aufteilung des Maschinenwortes in Mantisse und Exponent

Je nach Rechnertyp kann der Exponent rechts oder links von der Mantisse stehen.

**Die Mantisse**

Die Mantisse gibt die signifikanten Ziffern an. Das erste Bit wird zur Darstellung des Vorzeichens verwendet, und die dann folgenden Bits haben von links nach rechts die Wertigkeiten

$$2^{-1}, 2^{-2}, 2^{-3}, \ldots 2^{-(m-1)},$$

wenn m die Anzahl der Bits für die Mantisse angibt. Je mehr Bits für die Mantisse zur Verfügung stehen, um so mehr signifkante Ziffern können dargestellt werden.

**Der Exponent**

Es gibt zwei verschiedene Darstellungsformen für den Exponenten.

a) Als ganze Zahl, die positive und negative Werte annehmen kann. Der Wert des Exponenten ist gleich dem Zahlenwert.

b) Als ganze Zahl, die nur positive Werte annehmen kann (Charakteristik). Der Wert des Exponenten ist gleich dem Zahlenwert, vermindert um einen konstanten Betrag.

**Beispiel:** 8 Bits stehen für den Exponenten zur Verfügung. Bei der Methode a) wird zur Darstellung des negativen Zahlenwertes die Bildung des Einer-Komplements mit Vorzeichenausdehnung angenommen.

| Binärzahl | Dezimalzahl | Exponentenwert a) | Exponentenwert b) |
|---|---|---|---|
| 00000000 | 0 | 0 | - 128 |
| 00000001 | 1 | 1 | - 127 |
| 00000010 | 2 | 2 | - 126 |
| 01111110 | 126 | 126 | - 2 |
| 01111111 | 127 | 127 | - 1 |
| 10000000 | 128 | - 127 | 0 |
| 10000001 | 129 | - 126 | 1 |
| 10000010 | 130 | - 125 | 2 |
| 11111110 | 254 | - 1 | 126 |
| 11111111 | 255 | 0 | 127 |

**Der Wert einer REAL-Zahl**

Der Zahlenwert errechnet sich zu

$$\text{Wert} = \text{Mantisse} * \text{Basis}^{\text{Exponent}}$$

Bei der externen Darstellung einer REAL-Konstanten (z.B. 0.725 E3) hat die Basis den Wert 10. Da diese Zahl aber keine Zweierpotenz ist, ist die 10 als Basiswert für die interne Darstellung ungeeignet. Es wird vielmehr einer der Werte 2, 4, 8 oder 16 verwendet. Der Compiler wandelt jede REAL-Konstante aus der Dezimaldarstellung in eine entsprechende interne Form um, wobei die Basis sich ändert. Deshalb hat die Konstante 0.725E3 intern nicht die Mantisse 0.725 und auch nicht den Exponenten 3.

Hinweis: Wenn eine Größe nur ganze Zahlenwerte annimmt, sollte man den Typ INTEGER vorziehen.

### 3.1.3. DOUBLE PRECISION-Größen

Die Typenvereinbarung lautet:

DOUBLE PRECISION $n_1, n_2, n_3, \ldots, n_k$

$n_i$ ist der Name einer Variablen, eines Feldes oder einer Funktion.

DOUBLE PRECISION-Größen stellen Gleitpunktzahlen doppelter Genauigkeit dar.

### DOUBLE PRECISION-Konstante

Eine DOUBLE PRECISION-Konstante wird extern mit Dezimalpunkt und Dezimalexponent geschrieben, der Exponent ist aber durch ein D von der Mantisse getrennt im Gegensatz zum E bei der REAL-Konstanten.

**Beispiel:** 45.D0, -12345678901234567890123 45.D - 25

Bei DOUBLE PRECISION-Größen wird gegenüber den REAL-Größen die Anzahl der signifikanten Stellen erweitert, nicht aber die Stellenzahl des Exponenten. Damit wird es möglich, die Zahlen genauer darzustellen; man erweitert aber nicht den Zahlenbereich.

### Interne Darstellung

Um eine doppelte Genauigkeit zu erreichen, müssen mehr Bits für die Mantisse zur Verfügung stehen. Man erreicht das, indem man zwei Speicherzellen zur Darstellung einer Zahl benutzt.
Abgesehen von der Reihenfolge der Mantisse und des Exponenten in einem Wort gibt es folgende Darstellungsmöglichkeiten:

| | | | | |
|---|---|---|---|---|
| 1. | Mantisse 1 | Exp | Mantisse 2 | |
| | Zelle: 1 | | Zelle: 2 | |
| 2. | Mantisse 1 | Exp1 | Mantisse 2 | Exp2 |

Bei der 1. Darstellungsart wird der Zahlenwert auf folgende Weise ermittelt:
Die Mantisse 1 und die Mantisse 2 ergeben hintereinander die Gesamtmantisse. Aus dieser und dem Exponenten errechnet sich der Zahlenwert.

**Beispiel:** in Dezimalschreibweise mit der Basis 10.

| | | |
|---|---|---|
| 3 5 1 7 2 4 6 | 0 0 3 | 9 8 7 0 1 5 3 9 2 1 |

entspricht: $0.35172468970153921 \cdot 10^3$

Bei der 2. Darstellung wird die doppeltlange Zahl durch die Addition der beiden Zellen erhalten.

**Beispiel** in Dezimalschreibweise mit der Basis 10.

| | | | |
|---|---|---|---|
| 3 5 1 7 2 4 6 | 0 0 3 | 8 9 7 0 1 5 3 | -0 0 4 |

entspricht: $0.3517246 \cdot 10^3 + 0.8970153 \cdot 10^{-4}$

$= 0.3517246 \cdot 10^3$

$+ 0.000000008970153 \cdot 10^3$

$= 0.35172468970153 \cdot 10^3$

Da der Exponent der zweiten Zelle vom Exponenten der ersten Zelle abhängt, ist hier keine zusätzliche Information vorhanden.

Hinweis: Wegen des größeren Speicherbedarfs und der wesentlich größeren Rechenzeit bei arithmetischen Operationen sollte man die Verwendung von DOUBLE PRECISION-Größen auf die Fälle beschränken, wo es unbedingt erforderlich ist und lieber mit REAL-Größen rechnen.

### 3.1.4. COMPLEX-Größen

Die Typenvereinbarung lautet:

| |
|---|
| COMPLEX $n_1, n_2, n_3, \ldots, n_k$ |

$n_i$ ist der Name einer Variablen, eines Feldes oder einer Funktion.

Durch eine solche Vereinbarung wird festgelegt, daß die angeführten Größen komplexe Zahlen sind, die aus Real- und Imaginärteil bestehen.

**COMPLEX-Konstanten**

Eine COMPLEX-Konstante wird durch zwei REAL-Konstanten dargestellt, die in Klammern eingeschlossen und durch ein Komma getrennt sind. Die erste Konstante gibt den Realteil und die zweite den Imaginärteil an.

**Beispiele:** (3.15, 7.2) ≙ 3, 15 + 7,2i
(0. , 1. ) ≙ i
(2. , 0. ) ≙ 2

Intern werden die beiden REAL-Größen in zwei Speicherzellen abgelegt. Für sie gilt die bei den REAL-Größen angegebene Darstellung.

### 3.1.5. LOGICAL-Größen

Die Typenvereinbarung lautet:

| LOGICAL $n_1, n_2, n_3, \ldots, n_k$ |
|---|

$n_i$ ist der Name einer Variablen, eines Feldes oder einer Funktion.

Durch eine solche Vereinbarung wird festgelegt, daß die angeführten Größen nur die logischen Werte „Wahr" oder „Falsch" annehmen können.

**LOGICAL-Konstante**

Es gibt nur zwei logische Konstante, nämlich „Wahr" und „Falsch". Die externe Schreibweise ist

. TRUE . für „Wahr"
. FALSE . für „Falsch"

**Interne Darstellung**

Bei der internen Darstellung braucht man nur zwischen zwei Zuständen zu unterscheiden.

Mögliche Darstellungsformen sind:

| | . TRUE . | . FALSE . |
|---|---|---|
| 1. | 1 1 — 1 1 | 0 0 — 0 0 |
| 2. | 0 0 — 0 1 | 0 0 — 0 0 |

Die Verwendung von n Bits – obwohl nur eines gebraucht wird – ist eine Verschwendung, die leider nicht zu umgehen ist, denn ein einzelnes Bit ist nicht adressierbar.

Hinweis: Logische Größen sollten nur da verwendet werden, wo mit den logischen Operatoren .AND., .OR. und .NOT. logische Berechnungen ausgeführt werden. Wenn man sich nur Kennwerte setzen will, die dann anschließend abgefragt werden, sollte man hierfür INTEGER-Variable verwenden. Das hat den Vorteil, daß eine solche Kenngröße dann nicht nur zwei, sondern beliebig viele Zustände unterscheiden kann. Dies ermöglicht ggf. eine leichtere Änderung des Programms, wenn z.B. ein Verfahren, das zunächst nur zwei Möglichkeiten aufwies, so geändert wird, daß jetzt drei oder mehr Wege möglich sind. Die Werte dieser Kenngrößen sollten nicht „0" oder „1" sein, die dann abgefragt werden, sondern „1", „2", „3" usw., mit denen dann ein berechneter Sprung (computed GO TO) ausgeführt wird.

### 3.1.6. Hollerith-Größen

Eine Typenvereinbarung gibt es nicht.

**Hollerith-Konstante**

Die Hollerith-Konstante hat folgendes Aussehen:

| nH ⟨Zeichenfolge bestehend aus n Zeichen⟩ |
|---|

**Beispiel:** 1 H * , 4 HENDE,
17 HANTON ␣ SCHLAUMEIER,

Da das Abzählen recht mühselig ist, erlaubt eine ganze Reihe von Compilern noch eine andere Form, die jedoch nicht standardisiert ist. Bei dieser Darstellung wird die Zeichenfolge in spezielle Sonderzeichen eingeschlossen, wie z.B. in ' (Apostroph) oder * (Stern).

**Beispiel:** 'ENDE'
*ANTON ␣ SCHLAUMEIER*

Eine Variable oder ein Feld kann durch eine Vorbesetzung eine solche Konstante zugewiesen bekommen. Eine direkte Wertzuweisung ist im Standard-FORTRAN nicht erlaubt; es gibt aber Rechenanlagen, auf denen dies möglich ist. Die Variable bzw. das Feld dürfen von beliebigem Typ sein. Es ist aber darauf zu achten, daß keine Hollerith-Werte zueinander in Beziehung gebracht werden, die in Variablen unterschiedlichen Typs abgelegt sind. Auf die interne Darstellung und das Arbeiten mit Hollerith-Größen wird im Kapitel Textverarbeitung näher eingegangen.

## 3.2. Der Speicherbedarf

**Allgemeines**

In den Vereinbarungen wird festgelegt, wieviel Speicherplatz jede FORTRAN-Größe belegt. Der Speicher kann je nach Anlagentyp unterschiedlich organisiert sein. Es gibt Byte- und Wort-Anlagen. Zunächst wird auf den Aufbau des Speichers eingegangen und dann gezeigt, wie die Größen im Speicher dargestellt werden.

**Aufteilung des Speichers**

Das Bit: Bei der internen Darstellung der Zahlen haben wir bereits das Bit kennengelernt. Es ist die kleinste Informationseinheit.

Das Byte: Mehrere Bits bilden ein Byte. Die Anzahl liegt zwischen 6 und 12. Byte-Anlagen erlauben die Adressierung eines jeden Byte. In einem Byte kann genau 1 Hollerith-Zeichen abgelegt werden. Zur Darstellung von Zahlenwerten werden mehrere Byte zu einer Einheit zusammengefaßt.

Das Wort: Eine größere Anzahl (32, 48 oder 60) von Bits bilden ein Wort. Auf Wort-Anlagen ist nur jedes Wort adressierbar. Wort-Anlagen kennen die Unterteilung in Byte nicht. In einem Wort kann ein Zahlenwert bzw. 4–10 Hollerith-Zeichen (je nach Wortgröße und Struktur der Hollerith-Zeichen) dargestellt werden.

**Speicherbedarf der einfachen Variablen bzw. Feldelemente**

Durch die explizite bzw. implizite Typenvereinbarung wird der Kernspeicherbedarf pro Variable bzw. Feldelement festgelegt.

Eine Variable bzw. ein Feldelement

| vom Typ | belegt |
|---|---|
| INTEGER | 1 Speicherwort bzw. 4 Byte |
| REAL | 1 Speicherwort bzw. 4 Byte |
| LOGICAL | 1 Speicherwort bzw. 4 Byte |
| DOUBLE PRECISION | 2 Speicherworte bzw. 8 Byte |
| COMPLEX | 2 Speicherworte bzw. 8 Byte |

Dies ist die Standardregelung.
Speziell für Byte-Anlagen wurde eine Erweiterung der Sprache FORTRAN geschaffen, die zum Teil auch auf Wort-Anlagen realisiert ist. Hierbei wird in der Typvereinbarung außer dem Typ auch noch eine Längenangabe angeführt.

Die Form ist: TYP * n

wobei n die Anzahl der Speichereinheiten angibt.
Eine Variable bzw. ein Feldelement

| vom Typ | belegt | | |
|---|---|---|---|
| INTEGER * 2 | 1/2 | Speicherwort bzw. | 2 Byte |
| INTEGER * 4 | 1 | Speicherwort bzw. | 4 Byte |
| REAL * 4 | 1 | Speicherwort bzw. | 4 Byte |
| REAL * 8 | 2 | Speicherwort bzw. | 8 Byte |
| COMPLEX * 8 | 2 | Speicherwort bzw. | 8 Byte |
| COMPLEX * 16 | 4 | Speicherwort bzw. | 16 Byte |
| LOGICAL * 1 | 1/4 | Speicherwort bzw. | 1 Byte |
| LOGICAL * 4 | 1 | Speicherwort bzw. | 4 Byte |

Der Typ REAL * 8 entspricht dem Typ DOUBLE PRECISION.

**Speicherbedarf bei Feldern**

Ein Feld, bestehend aus k Feldelementen, wird durch

| name (k) |
|---|

definiert. k muß eine INTEGER-Konstante sein und gibt den größtmöglichen Index an.

Handelt es sich um ein mehrdimensionales Feld, so lautet die Definition:

| name ($k_1, k_2, \ldots, k_n$) |
|---|

Im Standard-FORTRAN sind nur drei Dimensionen erlaubt; eine ganze Reihe von Anlagen lassen aber mehr zu.

Der gesamte Speicherbedarf eines Feldes beträgt

$k_1 * k_2 * k_3 * \ldots * k_n *$ Speicherbedarf pro Element,

wobei der Bedarf pro Element typabhängig ist und im vorigen Abschnitt erklärt wurde.

Um ein Feld zu kennzeichnen, gibt es drei Möglichkeiten, die hier an einem **Beispiel** aufgezeigt werden sollen.

1. Durch eine Feldvereinbarung, eine zusätzliche Typvereinbarung und ggf. eine Vereinbarung, daß dieses Feld globale Daten enthält.

```
     INTEGER WERTE
     DIMENSION WERTE (100)
ggf. COMMON WERTE
```

2. Durch eine Typvereinbarung, die gleichzeitig die Feldgröße angibt und ggf. eine Vereinbarung, daß dieses Feld globale Daten enthält.

```
     INTEGER WERTE (100)
ggf. COMMON WERTE
```

3. Durch eine Typvereinbarung und eine Vereinbarung, daß dieses Feld globale Daten enthält mit Angabe der Größe des Feldes.

```
     INTEGER WERTE
     COMMON WERTE (100)
```

Wird der Name des Feldes so gewählt, daß durch die implizite Typdeklaration der Typ festliegt, so ist in den Fällen 1 und 3 die Typvereinbarung nicht nötig.

## 3.3. Der Platz

Mit Platz bezeichnen wir die Lage der einzelnen Variablen und Feldelemente zueinander im Speicher. Also nicht die genaue Adresse, sondern ihre relative Lage zueinander. Im folgenden soll aufgezeigt werden, welche Aussagen hierüber gemacht werden können.

### Reihenfolge der Feldelemente

Bei eindimensionalen Feldern sind die einzelnen Elemente nacheinander in aufeinanderfolgenden Speicherzellen abgelegt. Das (i + 1). Element belegt den Platz nach dem i. Element.

Bei mehrdimensionalen Feldern erfolgt die Abspeicherung spaltenweise, d.h. der n. Index läuft schneller als der (n + 1).

**Beispiel:** INTEGER FELD (2, 3, 2)

Die Anordnung der Feldelemente:

```
FELD (1, 1, 1)
FELD (2, 1, 1)
FELD (1, 2, 1)
FELD (2, 2, 1)
FELD (1, 3, 1)
FELD (2, 3, 1)
FELD (1, 1, 2)
FELD (2, 1, 2)
FELD (1, 2, 2)
FELD (2, 2, 2)
FELD (1, 3, 2)
FELD (2, 3, 2)
```

### Reihenfolge von Feldern und Variablen

Bei den lokalen Daten:

Über die Ablage der lokalen Daten ist im Standard FORTRAN nichts ausgesagt.

Diese Kenntnis würde dem Programmierer auch nichts nützen. Es steht zu erwarten, daß die Variablen und Felder einer Funktionseinheit in der Reihenfolge den Speicher belegen, in der sie auftreten, aber auf diese Annahme sollte man sich nicht verlassen, denn die Ablage könnte aus irgendwelchen organisatorischen

Gründen auch anders realisiert sein. Da die lokalen Größen nur innerhalb einer Funktionseinheit Gültigkeit haben, braucht ihre Lage außerhalb nicht bekannt zu sein. Halten wir fest, daß über den Platz der lokalen Daten keine Aussage gemacht werden kann.

Bei den globalen Daten:

Da die globalen Daten nur durch den Platz, d.h. die relative Lage innerhalb des COMMON-Blockes, zwischen verschiedenen Funktionseinheiten übergeben werden, spielt hier der Platz eine wesentliche Rolle. Die entsprechende Information steht in der COMMON-Anweisung.

Der formale Aufbau ist:

| COMMON/Blockname/Liste |
|---|

Durch diese Vereinbarung wird ein COMMON-Block (Datenblock) mit dem Blocknamen angelegt. Eine zweite COMMON-Anweisung mit dem gleichen Blocknamen in der gleichen Funktionseinheit verlängert den bereits vorhandenen Block um die neuen Elemente.

Fehlt der Blockname, wobei die beiden angrenzenden Schrägstriche auch fehlen, dann wird ein Name, bestehend aus 6 Leerzeichen, diesem Block zugeordnet. Ein solcher Block wird auch BLANK COMMON genannt. Obwohl also in der Anweisung kein Name auftritt, hat der erzeugte Datenblock einen Namen. Der Blockname ist ein globaler Name und ist damit auch außerhalb einer Funktionseinheit bekannt.

Die Liste enthält alle Variablen- und Feldnamen der Größen, die den COMMON-Block bilden. Dabei bestimmt die Reihenfolge der Namen auch die Reihenfolge der Abspeicherung innerhalb des Blocks. Die hier stehenden Variablen- und Feldnamen sind lokale Namen und somit außerhalb der Funktionseinheit nicht bekannt. Der gleiche Variablenname bei zwei COMMON-Anweisungen in zwei verschiedenen Funktionseinheiten kennzeichnet nicht notwendigerweise die gleiche Größe, sondern nur den Platz, d.h. die relative Lage innerhalb eines COMMON-Blockes bezogen auf seinen Anfang. Deshalb ist die Reihenfolge der COMMON-Elemente wesentlich. Der Typ eines Elementes bestimmt seinen Speicherbedarf. Obwohl die Reihenfolge und der Typ der Variablen und Felder beliebig sind, ist auf folgendes zu achten:

Bei Wort-Anlagen, die die Typen INTEGER * 2 und LOGICAL * 1 zulassen, muß berücksichtigt werden, daß Elemente der übrigen Typen bei einer Ganzwortgrenze beginnen. In einem Block dürfen also bei der Verwendung von INTEGER * 2 und LOGICAL * 1 keine Lücken auftreten. Um auch bei Änderungen flexibel zu sein, ist es ratsam, die Elemente vom Typ INTEGER * 2 bzw. LOGICAL * 1 an das Ende des COMMON-Blocks zu legen.

## 3.4. Die Mehrfachbelegung

FORTRAN bietet die Möglichkeit, ein und die gleiche Speicherzelle durch mehrere Namen zu kennzeichnen.

Die Anweisung lautet:

| EQUIVALENCE ($n_1$, $n_2$, $n_3$, ..., $n_k$) |
|---|

$n_i$ = Namen von Variablen und Feldelementen.

**Beispiele:** 1. EQUIVALENCE (A, B)
2. EQUIVALENCE (B, C)
3. EQUIVALENCE (A, B, C)

Das Beispiel 3 hat die gleiche Wirkung wie Beispiel 1 und 2 zusammen.

Diese Anweisung wird für folgende Zwecke gebraucht:

- Einsparen von Speicherplatz
- Schnelligkeit
- Trickprogrammierung

### 3.4.1. Wirkungsweise und Regeln

Den in einer EQUIVALENCE-Anweisung angegebenen Variablen und Feldelementen wird ein gemeinsamer Speicherplatz zugeordnet, wobei die jeweils benötigten Folgen von Speichereinheiten linksbündig übereinander gelegt werden. Bei Feldern werden außer dem Speicherplatz des durch die EQUIVALENCE-Anweisung beschriebenen Feldelementes auch die der Nachbarelemente ggf. mehrfach belegt.

Regeln:

- Jede EQUIVALENCE-Anweisung enthält mindestens zwei Elemente.
- COMMON-Blöcke dürfen durch EQUIVALENCE-Anweisungen nur nach rechts verlängert werden.
- In einer EQUIVALENCE-Anweisung darf für höchstens eine Größe der Platz spezifiziert sein (z.B. durch eine COMMON-Anweisung).

Hinweis: Vom Gebrauch einer Anweisung, die einen COMMON-Block verlängert, wird aus Übersichtsgründen abgeraten. Dafür sollte man lieber den COMMON-Block größer definieren.

Also nicht so:

```
REAL F (150)
COMMON A(100), B(100), C
EQUIVALENCE (B(1), F(1))
```

### 3.4.2. Einsparen von Speicherplatz

Dies ist die Hauptanwendung der EQUIVALENCE-Anweisung. Sehen wir uns ein **Beispiel** an:

> In einem Programm existieren zwei Hilfsgrößen, ein Zähler und ein Index mit den Namen IZAEHL und INDEX. Zu dem Zeitpunkt, an dem mit dem Index gearbeitet wird, wird der Zähler nicht mehr benötigt. Um Speicherplatz zu sparen, könnte man den Index auch IZAEHL nennen, dann würden beide Größen die gleiche Speicherzelle belegen. Ein Programmierer, der sich später in dieses Programm einarbeiten soll, hätte aber Schwierigkeiten festzustellen, daß der Name IZAEHL zwei verschiedene Größen kennzeichnet. Deshalb sollte man prinzipiell verschiedenen Größen auch unterschiedliche Namen geben. Durch die Mehrfachbelegungsanweisung
>
> EQUIVALENCE (IZAEHL, INDEX)
>
> wird beiden Größen die gleiche Speicherzelle zugeordnet.

Bei einzelnen Variablen ist der Gewinn an Speicherplatz nicht wesentlich, obwohl, wie es so schön heißt, Kleinvieh auch Mist macht. Nutzt man die Mehrfachbelegung bei Feldern aus, so kann der Gewinn erheblich sein.

### 3.4.3. Schnelligkeit

Da der Zugriff zu einem Element eines mehrdimensionalen Feldes wesentlich langsamer ist als der Zugriff zu einem Element eines eindimensionalen Feldes, sollte man, wann immer es möglich ist, ein Feld „linearisieren".

**Beispiel:** Ein dreidimensionales Feld F(30, 30, 5) soll mit dem Wert 0 besetzt werden.

Schlechte Lösung:

```
      REAL F(30, 30, 5)
         .
         .
      DO 10 I  = 1,30
      DO 10 J  = 1,30
      DO 10 K = 1,5
   10 F(I, J, K) = 0.0
```

Gute Lösung:

```
      REAL F(30, 30, 5), FF (4500)
      EQUIVALENCE (F(1.1.1), FF(1))
         .
         .
      DO 10 I = 1,4500
   10 FF(I)    = 0.0
```

### 3.4.4. Trickprogrammierung

Die EQUIVALENCE-Anweisung läßt eine gewisse Trickprogrammierung zu. Zum einen ist es möglich, Teile aus einem Ganzen auszublenden, und zum anderen kann man ein Bitmuster unterschiedlich interpretieren. In jedem Fall ist aber eine genaue Kenntnis der maschineninternen Realisierung nötig. Programme mit einer solchen Programmiertechnik können nur bedingt auf einem anderen Rechner als dem, für den sie geschrieben wurden, laufen. Außerdem ist es für den Außenstehenden schwierig, diese Stelle im Programm zu verstehen. Deshalb besteht für den Programmierer, der Trickprogrammierung benutzt, die Pflicht, durch einen Kommentar an dieser Stelle darauf hinzuweisen und die Absicht zu erläutern.

**Beispiele** zu den angegebenen Möglichkeiten:

1. Vereinfachter Zugriff auf den Realteil einer komplexen Zahl

```
COMPLEX C
REAL     R
EQUIVALENCE (R, C)
```

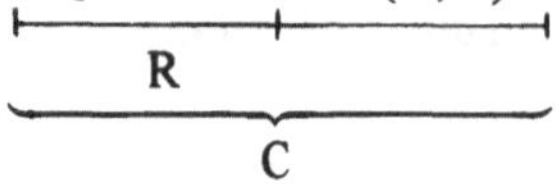


Die Variable R kennzeichnet den Realteil der komplexen Variablen C.

Frage: Wie würde der vereinfachte Zugriff zum Real + Imaginärteil aussehen?

Antwort:

```
COMPLEX C
REAL R, I, H(2)
EQUIVALENCE (C, H(1), R)
EQUIVALENCE (H(2), I)
```

2. Unterschiedliche Interpretation eines Bitmusters als REAL- bzw. INTEGER-Größe.

```
REAL A
INTEGER B
EQUIVALENCE (A, B)
A = 0.1
  .
  .
  .
B = B + 1
```

Die Anweisung B = B + 1 verändert die letzte Bitstelle.

## 3.5. Die Vorbesetzung

Die Anweisung für die Vorbesetzung von Größen hat die Form

| DATA $k_1/d_1/, k_2/d_2/, \ldots, k_n/d_n/$ |
|---|

mit $k_i$ = Liste mit Namen von Variablen, Feldern und/oder Feldelementen

$d_i$ = Liste mit Konstanten, die einen Wiederholungsfaktor „j*" haben können.
j = ganze Zahl.

Die DATA-Anweisung wird benutzt, um Variablen und Feldelementen einen Anfangswert zuzuordnen. Es muß zwischen den Elementen der beiden Listen $k_i$ und $d_i$ ein 1:1-Verhältnis bestehen. ASA-FORTRAN verbietet die Zuweisung an Variable und Feldelemente, die in einem BLANK-COMMON-Block stehen und erlaubt die Zuweisung an Größen, die in einem benannten COMMON-Block stehen, nur durch ein BLOCKDATA-Programm. Fast alle Rechner lassen aber eine Vorbesetzung von BLANK- und benannten COMMON-Größen zu, geben dabei aber u. U. eine Warnung aus.

### Die Wirkungsweise

Die Vorbesetzungsanweisung wird vom Compiler ausgewertet, der beim Übersetzungsvorgang Information im Zwischencode generiert, die den angeführten Elementen den jeweiligen Wert zuweist. Beim Laden des Programms von einem externen Speicher in den Kernspeicher geschieht diese Zuweisung, so daß diese Größen beim Start des Programms besetzt sind. Die Zuweisung geschieht also nicht erst, wenn der Programmteil ausgeführt wird, in dem die DATA-Anweisung steht.

Werden Größen, die durch DATA vorbesetzt wurden, innerhalb des Programmlaufs geändert, so ist im allgemeinen die Durchrechnung eines weiteren Datensatzes nicht möglich. Der Grund hierfür ist: Bei der Durchrechnung des ersten Datensatzes kann eine Veränderung der mit DATA vorbesetzten Größen aufgetreten sein; wird auf den Anfang des Programms zurückgesprungen, um den nächsten Datensatz zu bearbeiten, dann haben diese Größen nicht den ursprünglichen Anfangswert. Um mehrere Datensätze durchzurechnen, muß das Programm jedesmal erneut geladen und gestartet werden.

Die vom Compiler erzeugte Information im Zwischencode ist in dem Fall, daß Felder mit DATA vorbesetzt werden, wesentlich umfangreicher, als wenn die Felder dynamisch im Programmlauf besetzt werden. Das hängt damit zusammen, daß die vom Compiler erzeugte Information angibt, mit welchem Inhalt eine Speicherzelle zu füllen ist, und, wenn Vorbesetzungen vorhanden sind, dann müssen auch mehr Speicherzellen besetzt werden. Für Größen, die nicht vorbesetzt werden, erzeugt der Compiler keine Information und beim Laden des Programms in den Kernspeicher werden die Speicherzellen dieser Größen nicht besetzt. Es ist also falsch, wenn man annimmt, daß für die DATA-Anweisung beim Programmlauf keine Zeit gebraucht wird, denn die Speicherzellen müssen ja besetzt werden. Es hängt vom Aufbau des Zwischencodes und dem Lader ab, ob die Besetzung schneller durch den Lader oder durch eine Zuweisung im Programm erfolgt.

Eine Hollerith-Konstante kann nur durch eine DATA-Anweisung einer Variablen oder einem Feld zugewiesen werden (Ausnahme: Einlesen). Für diesen Fall ist die DATA-Anweisung unumgänglich.

**Besetzung globaler Größen**

Sicher wird sich mancher fragen, warum bei der Besetzung globaler Größen derartige Einschränkungen existieren. Der Grund leuchtet aber ein, wenn man sich folgendes vergegenwärtigt: Diese Größen kommen in mehreren Unterprogrammen vor und somit wäre es möglich, daß sie in jedem Unterprogramm vorbesetzt werden, ohne daß der Übersetzer dies feststellen könnte. Wird aber gefordert, daß diese Größen nur an einer Stelle vorbesetzt werden, so sind Mehrdeutigkeiten ausgeschlossen. Diese gesonderte Stelle ist das BLOCKDATA-Programm.

Da die meisten Compiler eine Vorbesetzung von COMMON-Größen in einem Haupt- oder Unterprogramm zulassen, wird in den seltensten Fällen ein BLOCKDATA-Programm geschrieben, zumal dieses BLOCKDATA-Programm beim Zusammenmontieren des Gesamtprogramms immer gesondert mit anzuführen ist und nicht automatisch angeschlossen wird, wie es beim normalen UP der Fall ist.

Wenn nun der Programmierer das BLOCKDATA-Programm umgeht, dann sollte er doch die Idee, „alle COMMON-Größen nur an einer Stelle im Programm gemeinsam vorzubesetzen" weiterverfolgen und alle globalen Größen, z.B. in einem eigens dafür vorgesehenen Unterprogramm, besetzen.

## 3.6. Empfehlungen zum Aufbau der Vereinbarungen

### 3.6.1. Allgemeines

Jeder Programmierer sollte die Art und Weise, wie er seine Vereinbarungen ablocht, standardisieren und nicht willkürlich vornehmen. Hat er sich für ein bestimmtes Verfahren entschieden, so sollte er dieses dann konsequent anwenden.

Es gibt kein allgemein gültiges und anerkannt bestes Verfahren, da die verschiedenen Möglichkeiten Vor- und Nachteile haben. Ein Programmierer, der sich in ein fremdes Programm hat einarbeiten müssen, weiß, wie hilfreich eine Systematik sein kann. Ein Kriterium für die Beurteilung eines Programms ist die Übersichtlichkeit, und um diese zu beurteilen, stelle man sich stets folgende Fragen:

- Verhilft die im Programm abgelegte Information dem Programmierer zu einem besseren und schnelleren Verständnis bei einer Überarbeitung, auch wenn er es ursprünglich nicht geschrieben hat?
- Wie aufwendig ist es, alle Information, die zu einer Variablen oder einem Feld gehört, aufzufinden?
- Ist es möglich, eine spezielle Stelle im Programm aufzusuchen und zu ändern, ohne daß die gesamte Umgebung von dieser Änderung mit betroffen wird?

Die im folgenden aufgeführten Empfehlungen sollen zur besseren Übersicht dienen, mögen sie zunächst auch noch so trivial sein. Natürlich kann sich ein Programmierer anders entscheiden und eine Empfehlung bewußt nicht anwenden; er sollte dafür dann aber eine Erklärung haben, die sachlich fundiert ist und nicht auf Bequemlichkeit beruht.

Die Empfehlungen werden folgendermaßen gekennzeichnet:

▷ maschinenunabhängig
▶ maschinenabhängig

### 3.6.2. Aufbau der Vereinbarungen

▷ Die Vereinbarungen stehen alle am Anfang des Programms vor dem ersten ausführbaren Statement. Rein optisch sollte eine Abgrenzung gegenüber der einleitenden Programmbeschreibung und dem nachfolgenden Ausführungsteil vorhanden sein.

▷ Die Vereinbarungen selbst sollte man in folgende Blöcke unterteilen:

1. Parameter
2. Globale Werte
3. Lokale Werte

Jeder Block beginnt mit einer Kommentarkarte, die angibt, um welche Größen es sich im folgenden handelt.

▷ Leere Kommentarkarten sollten zur besseren Übersicht eingeschoben werden.

▷ Im Block „Lokale Werte" treten Typvereinbarungen lokaler Größen, EQUIVALENCE-, DATA- und EXTERNAL-Anweisungen, auf. Außerdem sind hier die Formelfunktionen abgelegt. Die einzelnen Anweisungstypen sind durch leere Kommentarkarten voneinander getrennt.

▷ Zusammengehörige Information sollte auch in den Vereinbarungen zusammenstehen.

▷ Erstreckt sich eine Vereinbarung über mehrere Lochkarten, so sollte die Trennung nicht innerhalb des Namens geschehen, und auf der Folgekarte sollte man eingerückt fortfahren.

▷ Um Speicherplatz zu sparen, sollte man versuchen, lokale Felder auf globale Größen zu legen, die in diesem Programmteil keine wesentliche Information enthalten. Die COMMON-Anweisung sieht genauso aus wie in den anderen Unterprogrammen; durch die EQUIVALENCE-Anweisung wird lokal eine Umstrukturierung vorgenommen. In dem Fall sieht man, wo die lokale Struktur des COMMON-Blockes sich von der allgemeinen unterscheidet.

▷ Alle Größen, auf die im Programm zugegriffen wird, müssen vorher gesetzt worden sein! Es ist nicht zulässig, sich darauf zu verlassen, daß beim Start des Programms die Größen mit „0" vorbesetzt sind!

▷ Solange es möglich ist, sollte man sich an die ASA-Konventionen halten und von den Sonderregelungen absehen.

### 3.6.3. Die Typvereinbarung

▷ Wenn eine Größe nur ganze Zahlenwerte annimmt, sollte man den Typ INTEGER und nicht REAL benutzen.

▷ Wegen des größeren Speicherbedarfs und der wesentlich größeren Rechenzeit bei arithmetischen Operationen sollte man die Verwendung von DOUBLE-PRECISION-Größen auf die Fälle beschränken, in denen es unbedingt erforderlich ist.

▷ Logische Größen sollten nur da verwendet werden, wo mit den logischen Operatoren .AND., .OR. und .NOT. logische Berechnungen ausgeführt werden und nur logische Werte auftreten können. Wenn man sich nur Kennwerte setzen will, die dann anschließend abgefragt werden, sollte man hierfür INTEGER-Variable benutzen. Das hat den Vorteil, daß eine solche Kenngröße nicht nur zwei, sondern beliebig viele Zustände unterscheiden kann. Die Werte dieser Kenngrößen sollten nicht „0" oder „1" sein, die abgefragt werden, sondern „1", „2", „3" usw., mit denen ein berechneter Sprung (computed GO TO) ausgeführt wird.

▷ Hollerith-Größen sollte man prinzipiell in Variablen und Feldern vom Typ INTEGER ablegen.

### 3.6.4. Felder

▷ Die Vereinbarung von Feldern sollte man in der Typvereinbarung mit vornehmen und auf die DIMENSION-Anweisung verzichten. Auf diese Art hat man zwei Informationen, nämlich Typ und Feldgrenzen an einer Stelle zusammen und braucht nicht zusätzlich eine zweite Liste durchzusuchen.

▷ Wenn ein Feld definiert wird, ist es sinnvoll, auch zwei INTEGER-Variable mitzuführen, von denen die erste angibt, wie groß das Feld definiert ist, und die zweite während des Programmlaufs angibt, wie weit das Feld gefüllt ist.

▷ Die Benutzung von mehrdimensionalen Feldern ist nach Möglichkeit zu vermeiden, da die Adressenberechnung zeitaufwendig ist. Man sollte lieber mehrere eindimensionale Felder verwenden.

▷ Sollte sich die Benutzung mehrdimensionaler Felder nicht vermeiden lassen, so ist folgendes zu beachten: Um im Fall eines Dumps eine bessere Lesbarkeit zu haben, sollte zusammengehörige Information in mehrdimensionalen Feldern spaltenweise abgelegt werden. Insbesondere sollte Text spaltenweise organisiert werden.

### 3.6.5. COMMON

▷ Der Block „Globale Daten" enthält die Typvereinbarungen und die COMMON-Anweisungen dieser Daten. Die Elemente der Typvereinbarung und die der COMMON-Anweisung sollten, soweit möglich, die gleiche Reihenfolge aufweisen.

▷ Für jeden COMMON-Block existiert nur eine COMMON-Anweisung.

▷ Ein COMMON-Block, der in mehreren Unterprogrammen auftritt, sollte in allen diesen gleich definiert sein, unabhängig davon, ob alle Größen benutzt werden oder nicht.

▷ Ein Common-Block sollte mit seiner maximalen Länge, die er in einem der Unterprogramme annehmen kann, in allen betroffenen Unterprogrammen definiert sein. Auf keinen Fall sollte durch die Gleichsetzung einer globalen Größe mit einem lokalen Feldelement eine Verlängerung des COMMON-Blockes sich ergeben.

▶ Treten in einem COMMON-Block INTEGER * 2 oder LOGICAL * 1-Größen auf, so sollte man diese unbedingt an das Ende des COMMON-Blockes legen.

▷ Für die Definition der Felder ist folgende Einteilung sinnvoll: Bei der Wahl der Namen hält man sich prinzipiell an die implizite Typdeklaration. Die globalen Daten werden in der COMMON-Anweisung angeführt, wobei hier auch die Feldgrenzen angegeben sind. Auf die Art hat man einen guten Überblick, wie der COMMON-Block strukturiert ist. Bei den lokalen Daten sind nur die Felder angeführt.

▷ Angenommen, ein Programm bestehe aus vier Modulen A, B, C und D, dann gäbe es Größen, die in allen Modulen benötigt werden sowie Größen, die nur in zwei Modulen, z.B. A und B und Größen, die nur in einem einzelnen Modul auftreten. Die Aufteilung dieser Größen auf die COMMON-Blöcke sollte sich nach dem Gültigkeitsbereich dieser Größen richten, so daß kein COMMON-Block auftritt, in dem Größen vorhanden sind, die sowohl in allen Modulen als auch nur in einzelnen Modulen benutzt werden.

▷ Die Namen der globalen Daten sollten, auch wenn sie in verschiedenen Programmen auftreten, gleich sein. Werden Programmteile von verschiedenen Programmierern bearbeitet, so sollte in bezug auf die globalen Daten eine Absprache vorgenommen werden und nicht nur die Stellung im Datenblock aufeinander abgestimmt werden, sondern auch der Name. Gleiche Größen sollen im ganzen Programm gleiche Namen haben.

### 3.6.6. DATA, BLOCKDATA, EQUIVALENCE

▷ Die Vorbesetzung von Feldern mit DATA ist zeitsparender als eine dynamische Zuweisung.

▷ Ist vorgesehen, daß ein Programm, einmal gestartet, mehrere Datensätze durchrechnet, sollte man mit den Vorbesetzungen durch DATA vorsichtig sein, da diese Vorbesetzung nur beim Start des Programms vorhanden ist. Alle Größen, die im Programmlauf verändert werden, sollten dynamisch mit ihren Anfangswerten besetzt werden.

▷ Werden die globalen Daten in einem BLOCKDATA-Programm vorbesetzt, so kann es passieren, daß man beim Montiere-Kommando vergißt, dieses Programm mit anzumontieren. Deshalb ist es sinnvoll, durch eine EXTERNAL-Anweisung die Anmontierung zu fordern.

▷ Globale Größen sollten statt mit BLOCKDATA zentral nur in einem Unterprogramm durch DATA besetzt werden.

### 3.6.7. Namenssystematik

▷ Mnemotechnische Abkürzungen sind als Namen besser geeignet als normierte Namen. Die Namen I, J, K, L, M und N sollte man für Laufvariable reservieren und nicht als Datenname verwenden.

▷ Innerhalb der Namen sollte man Ziffern vermeiden, da diese durch die Umschaltung zu Fehllochungen führen können.

▷ Die Namen von Unterprogrammen sollten zunächst maximal nur fünf Zeichen lang sein, damit man bei späteren Änderungen noch Freiheiten hat.

▷ Besteht ein Programm aus mehreren Komponenten und jede Komponente wieder auf einer Reihe von Unterprogrammen, so sollte man die Namen der Unterprogramme so wählen, daß man am ersten Buchstaben erkennt, zu welcher Komponente dieses UP gehört.

# 4. Die Arithmetik

## 4.1. Festpunkt-Arithmetik

Von Festpunkt-Arithmetik spricht man, wenn INTEGER-Größen miteinander verknüpft werden. Ein Großteil der Rechner besitzt für diese Operationen einen gesonderten Satz von Maschinenbefehlen, so daß beispielsweise eine Festpunkt-Addition durch einen anderen Teil des Mikroprogramms ausgeführt wird als die Gleitpunkt-Addition. Bei diesen Rechnertypen sollte man beachten, daß die Festpunkt-Arithmetik schneller als die Gleitpunktrechnung ist.

Wenn MIXED-MODE erlaubt ist, wird nur dann die Festpunkt-Arithmetik benutzt, wenn die beteiligten Operanden vom Typ INTEGER sind; im anderen Fall findet eine Konvertierung statt, und es wird die entsprechende Arithmetik benutzt.

Bei der Addition, Subtraktion und Multiplikation können keine Rundungsfehler auftreten, da das Ergebnis stets eine ganze Zahl ist. Die Division nimmt eine Sonderstellung ein und ist mit Vorsicht anzuwenden.

Das Ergebnis einer Division besteht nur aus dem ganzzahligen Anteil. Man kann hier nicht von Rundung sprechen, sondern von „Abhacken". Bei der Verwendung der Division sollte man sich dies stets vor Augen halten.

Die Bereichsüberschreitung und damit die Frage, was in diesem Fall passiert, ist für jeden Programmierer von größtem Interesse. Hierfür ist eine allgemeine Aussage nicht möglich. Der Leser sollte auf das Manual der ihn interessierenden Anlage zurückgreifen. Folgende Möglichkeiten bestehen:

1. arithmetische Alarmmeldung
2. der Zahlenwert springt vom positiven (negativen) Zahlenbereich in den negativen (posititen)
3. die übergelaufenen Bits gehen ohne Warnung verloren

Bei der Addition steht zu erwarten, daß eine arithmetische Alarmmeldung erfolgt. Einige Rechner verhalten sich in diesem Fall aber auch nach Möglichkeit 2.

Bei der Multiplikation kann bei einigen Anlagen der Fall 3 eintreten. Der Grund für ein solches Verhalten ist aus Abb. 4.1 zu ersehen.

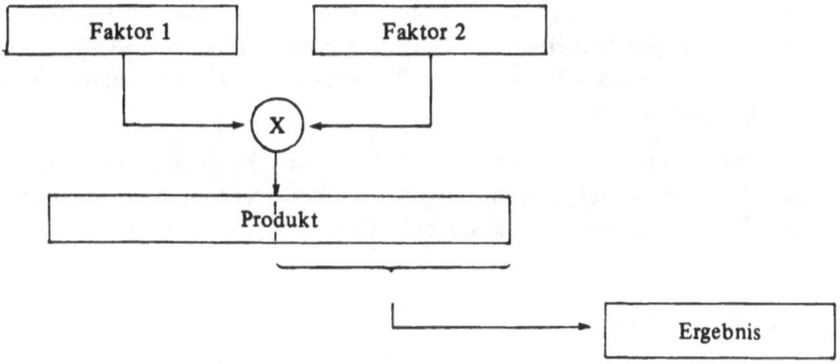


Abb. 4.1 Bereichsüberschreitung mit Verlsut der übergelaufenen Stellen

Werden zwei Integerzahlen à 32 Bits miteinander multipliziert, so wird das Ergebnis in zwei zusammengekoppelten Registern von zusammen 64 Bits abgelegt. Weitergerechnet wird aber nur mit dem zweiten Register von 32 Bits. War das Ergebnis größer als $2^{32} - 1$, so wird ohne Alarmmeldung mit dem zu kleinen Ergebnis weitergerechnet.

## 4.2. Gleitpunkt-Arithmetik

Der Programmierer schreibt im FORTRAN-Programm die auftretenden Gleitpunkt-Konstanten in dezimaler Schreibweise nieder, und der Compiler wandelt diese in die entsprechende binäre Gleitpunktdarstellung um, mit der der Rechner dann arbeitet. Das Ergebnis wird dann wieder als Dezimalzahl ausgegeben, so daß der Programmierer Gleitpunktoperationen in großer Vielfalt einsetzen kann, ohne mit der internen Darstellung vertraut zu sein. Dennoch sollte er die Gleitpunkt-Arithmetik beherrschen. Diese Kenntnisse werden bei der Fehlersuche und selbstverständlich beim möglichst wirkungsvollen Programmieren nützlich sein.

Ganz allgemein lassen sich für die arithmetischen Operationen folgende Regeln aufstellen:

1. Der Programmierer sollte immer die Festpunktrechnung der Gleitpunktrechnung vorziehen, wenn er mit ganzen Zahlen arbeitet, da Gleitpunktoperationen, besonders solche mit doppelter Genauigkeit, sehr viel langsamer sind als entsprechende Festpunktoperationen.

2. Der Wertebereich der Zahlen mit einfacher und doppelter Genauigkeit ist nahezu gleich.

3. In einigen Situationen kann das Programmieren in Gleitpunkt-Arithmetik eine sorgfältige Analyse erfordern. Diese Situationen treten auf, wenn Zwischenergebnisse den Wertebereich übersteigen oder wenn besonderer Wert auf Genauigkeit gelegt wird.

4. Ereignet sich innerhalb der Gleitpunktrechnung eine Fehlerbedingung, so wird die weitere Ausführung des Programms unterbrochen und die Steuerung an das Steuerprogramm (Betriebssystem, Monitor) zurückgegeben.

### 4.2.1. Addition, Subtraktion

Werden zwei Gleitpunktzahlen addiert oder subtrahiert, so wird zunächst eine Exponentenangleichung vorgenommen, die beiden Mantissen werden miteinander verknüpft und das Ergebnis, wenn nötig, normalisiert.

**Beispiel:** Es sei

125,37 + 53,986

zu berechnen,

d.h. $0.12537 \cdot 10^3 + 0.53986 \cdot 10^2$

| | | |
|---|---|---|
| | +1 2 5 3 7 0 0 0 | + 0 3 |
| + | +5 3 9 8 6 0 0 0 | + 0 2 |

Die Mantissen der beiden Zahlen dürfen noch nicht miteinander verknüpft werden, da die Exponenten noch nicht übereinstimmen. Zunächst müssen die beiden Exponenten angeglichen werden, d.h. der Exponent der kleineren Zahl wird erhöht, und die Mantisse verschiebt sich um die entsprechenden Stellen nach rechts. Es entsteht eine unnormalisierte Zahl. Dann erfolgt die Verknüpfung der Mantissen.

| | | |
|---|---|---|
| | +1 2 5 3 7 0 0 0 | + 0 3 |
| + | +0 5 3 9 8 6 0 0 | + 0 3 |
| | +1 7 9 3 5 6 0 0 | + 0 3 |

Zur Durchführung einer Subtraktion wird beim Subtrahenden das Vorzeichen gewechselt (d.h. die Mantisse wird invertiert). Anschließend erfolgt eine Addition der beiden Operanden.

Entsteht bei der Addition eine unnormalisierte Zahl, so wird diese anschließend normalisiert.

### 4.2.2. Multiplikation

Bei der Multiplikation zweier 10stelliger Zahlen entsteht eine 20stellige Zahl. Um sie darstellen zu können, benötigt man bei der Operation intern noch ein Hilfsregister, das den zweiten Teil der Zahl aufnimmt und nach der Ausführung der Multiplikation auf 0 gesetzt wird. Damit geht der zweite Teil des Ergebnisses verloren.

### 4.2.3. Bereichsüberschreitung

Wird bei einem Zwischenergebnis der Betrag der Mantisse gleich oder größer als 1, so führt das nicht auf eine Alarmmeldung, sondern die Mantisse wird um eine Basislänge nach rechts verschoben und der Exponent um 1 erhöht. Die letzte Stelle der Mantisse geht dabei verloren. Die Mantisse kann also nie überlaufen.

Beim Exponenten ist das anders. Hier gibt es die Möglichkeit des Exponentenunterlaufs und des Exponentenüberlaufs. Von Exponentenunterlauf spricht man, wenn der Betrag des Exponenten bei negativem Vorzeichen zu groß wird. In diesem Fall wird ohne Alarmmeldung für den Gesamtwert eine Null erzeugt. Von Exponentenüberlauf spricht man, wenn der Betrag des Exponenten bei positivem Vorzeichen zu groß wird. In diesem Fall wird im allgemeinen ein arithmetischer Alarm gegeben. Manche Rechner haben eine besondere Darstellung für $\infty$. Da erfolgt die arithmetische Alarmmeldung erst, wenn mit einem Operanden, der vorher $\infty$ geworden ist, weitergerechnet werden soll.

### 4.2.4. Genauigkeit

Im Unterschied zur FP-Rechnung muß man bei der GP-Rechnung auf die Genauigkeit achten. Zwei Fakten beeinflussen die Genauigkeit:

1. Die Zahlen werden im Rechner als Dualzahlen und nicht als Dezimalzahlen dargestellt.

2. Die Anzahl der Stellen für die Mantisse ist begrenzt.

Wie wirken sich diese beiden Fakten nun aus? Zunächst sei Fall 1 betrachtet. Die von außen dem Rechner angebotenen Zahlen sind normalerweise Dezimalzahlen, die ein Wandelprogramm in Dualzahlen umwandelt. Bei den ganzen Zahlen ist die Umwandlung noch exakt, bei den Dezimalbrüchen jedoch ist Vorsicht geboten. Es sind nur die Dezimalbrüche exakt umwandelbar, die sich aus echten Brüchen mit einer Zweierpotenz im Nenner zusammensetzen lassen. Wird z.B. 0.1 eingegeben, so wird intern eine Zahl erzeugt, die fast 0.1 entspricht, aber nicht genau. Bei einer Aufsummierung von Gleitpunktzahlen ist es deshalb nicht empfehlenswert, das Ergebnis mit . EQ . oder . NE . abzufragen.

**Beispiel:**

```
   A = 0.0
10 A = A + 0.1
   .
   .
   .
   IF (A.NE. 5.0) GO TO 10
   .
   .
   .
```

Diese Befehlsfolge ergibt eine ewige Schleife.

Wenn sich die interne Darstellung von der exakten Darstellung um den Fehlbetrag $\delta$ unterscheidet, kann $\delta$ sowohl positiv als auch negativ sein.

Ist $\delta$ negativ, können bei Zuweisungen an INTEGER-Variable hier beträchtliche Fehler entstehen.

Der zweite Faktor, die endliche Länge der Mantisse, wirkt sich beim Rechnen mit GP-Zahlen aus. Werden für die Darstellung der Zahl mehr Bitstellen gebraucht, als vorhanden sind, dann kann die Zahl nicht exakt sein. Der sich ergebende Fehler ist ein relativer Fehler, d.h. er hängt von der Stellenanzahl der Mantisse ab und nicht von der Größe der dargestellten Zahl. Der Fehler läßt sich verringern bzw. beseitigen, indem man mit doppelter Wortlänge (DOUBLE PRECISION) rechnet, da dann eine größere Anzahl von Bits für die Mantisse zur Verfügung steht. Die Anwendung der doppelten Wortlänge will aber gut überlegt sein, denn die Rechenoperationen werden dann sehr viel langsamer, und man sollte eine genaue Analyse durchführen, ob die Berechnung mit doppelter Wortlänge wirklich nicht zu umgehen ist. Auch das Ändern der Reihenfolge der Rechenoperationen reicht nicht aus, um die Genauigkeit zu erhöhen. Ein Beispiel soll das aufzeigen.

**Beispiel:** Die Mantisse sei sechsstellig.
Zu berechnen ist: a + b − c mit den Werten

$a = 1.73252 \cdot 10^6$
$b = 5.34143 \cdot 10^2$
$c = 1.72564 \cdot 10^6$

1. Berechnung nach der Formel a + b − c:

$$\begin{array}{r} 0.173252 \cdot 10^7 \\ +\,0.000053 \cdot 10^7 \\ \hline 0.173305 \cdot 10^7 \end{array} \quad \rightarrow \quad \begin{array}{r} 0.173305 \cdot 10^7 \\ -\,0.172564 \cdot 10^7 \\ \hline 0.000741 \cdot 10^7 \end{array}$$

Ergebnis: $7.41 \cdot 10^3$

2. Berechnung nach der Formal a – c + b:

$$\begin{array}{r} 0.173252 \cdot 10^7 \\ -\,0.172564 \cdot 10^7 \\ \hline 0.000688 \cdot 10^7 \end{array} \rightarrow \begin{array}{r} 0.688uuu \cdot 10^4 \\ +\,0.053414 \cdot 10^4 \\ \hline 0.741uuu \cdot 10^4 \end{array}$$

Ergebnis: $7.41 \cdot 10^3$

Das Zeichen u bedeutet „unbestimmt". Das Ergebnis ist in beiden Fällen das Gleiche.

## 4.3. DOUBLE und COMPLEX-Arithmetik

Für die Rechnung mit doppeltlangen Zahlen gibt es in einigen Rechnern spezielle Befehle, die der Compiler bei der Bearbeitung von DOUBLE-PRECISION-Operanden generiert. Stehen aber diese Spezialbefehle nicht zur Verfügung, so erzeugt der Compiler Unterprogrammsprünge. Beim Durchlaufen dieser Befehle werden Unterprogramme angesprungen, die vom System zur Verfügung gestellt werden und die die gewünschte Leistung erbringen. Bei den normalen Rechenoperationen steht ein Operand immer in einem speziellen Register (Akkumulator) und der andere im Speicher. Der Akkumulator ist aber nicht groß genug, um Werte vom Typ DOUBLE oder COMPLEX aufzunehmen. Deshalb wird an einer definierten Stelle im Speicher ein Pseudo-Akkumulator aufgebaut, der aus zwei Speichereinheiten besteht. Auf diesen Platz greifen die Systemunterprogramme zu und legen hier auch das Ergebnis der Berechnung ab.

## 4.4. Exponentiation

Für die Exponentiation gibt es keinen Maschinenbefehl. Deshalb erzeugt in diesem Fall der Compiler einen UP-Sprung, und das Unterprogramm erbringt die verlangte Leistung. Dabei sind folgende Fälle zu unterscheiden:

| Basis | Exponent | Fall |
|---|---|---|
| INTEGER | INTEGER | 1 |
| REAL<br>DOUBLE | INTEGER | 2 |
| REAL<br>DOUBLE | REAL<br>DOUBLE | 3 |
| COMPLEX | INTEGER | 4 |

Im Fall 1 wird die Exponentiation als eine wiederholte Multiplikation durchgeführt. Ist der Exponent in diesem Fall negativ, so erfolgt eine Fehlermeldung. Da das Ergebnis vom Typ INTEGER ist, ist ein negativer Exponent auch nicht sinnvoll, denn das Ergebnis würde kleiner als 1 sein und damit den INTEGER-Wert 0 ergeben.

Im Fall 2 und 4 wird ebenfalls die Exponentiation als wiederholte Multiplikation durchgeführt. In diesem Fall darf der Exponent negativ sein.

Im Fall 3 wird $a^x$ nach folgender Formel berechnet:

$$a^x = 2^{(x \cdot \mathrm{ld}(a))}$$

Hierzu werden die Exponentiation zur Basis 2 und der Logarithmus zur Basis 2 benutzt. Da der Logarithmus nur aus positiven Zahlen gezogen werden kann, darf a nicht negativ oder 0 sein.

(- 2.0) ** 3.0 bzw. A ** B mit A = - 2.0, B = 3.0

führt also, obwohl die Berechnung möglich ist, auf eine Fehlermeldung, denn von - 2.0 kann der Logarithmus nicht gezogen werden.

## 4.5. Mixed Mode

Eine Reihe von Compilern gestattet es, in einem arithmetischen Ausdruck Größen verschiedenen Typs miteinander zu verknüpfen. Das nennt man MIXED-MODE. Im ASA-FORTRAN ist das nicht gestattet. Bei den Compilern, die diese Verknüpfung zulassen, wird jede Variable auf ihren Typ hin überprüft, und es werden dann, wenn es nötig ist, vom Compiler die notwendigen Umwandlungsroutinen automatisch miteincompiliert. Es gibt dabei eine Typhierarchie. Sie lautet:

COMPLEX
DOUBLE PRECISION
REAL
INTEGER

Sollen nun zwei Operanten unterschiedlichen Typs miteinander verknüpft werden, so wird der Operand der unteren Hierarchiestufe in den Typ, den der andere Operand hat, umgewandelt, Das heißt: bei A + I wird I erst in eine Gleitpunktzahl verwandelt und dann mit A verknüpft. Das Ergebnis ist eine GP-Zahl. Dabei spielt es keine Rolle, ob das Ergebnis einer REAL- oder INTEGER-Größe zugewiesen wird. Zunächst wird die rechte Seite berechnet und erst dann wird bei der Zuweisung der Typ der Variablen, der der Wert zugewiesen wird, berücksichtigt. Daraus ergibt sich, daß

J = INT(A) + I schneller ist als
J = A + I

Die Umwandlungen werden entweder an der Stelle durch entsprechende Befehlsfolgen vorgenommen, oder es werden Unterprogramme angesprungen, die die Umwandlung vornehmen.

## 4.6. Die Zuweisung

Daß das Gleichheitszeichen in FORTRAN keine Gleichheit ausdrückt, lernt jeder Programmierer in den Anfangsstunden. Das Gleichheitszeichen bezeichnet die Wertzuweisung. Ein errechneter Wert wird einer Variablen zugewiesen. Der mit der ASSEMBLER-Programmierung vertraute Leser denkt hier sofort an den Abspeicherbefehl. Aber so einfach ist das nicht, denn das, was auf beiden Seiten des Gleichheitszeichens steht, muß selbst in ASA-FORTRAN nicht vom gleichen Typ sein. Hier hat der Compiler die Aufgabe, die nötigen Umwandlungsprogramme mit einzukompilieren. Zunächst erstellt der Compiler die Befehlsfolge zur Berechnung der rechten Seite. Dabei merkt er sich, von welchem Typ das Ergebnis ist. Dann wird der Typ auf der linken Seite überprüft. Er ist implizit durch den Anfangsbuchstaben oder explizit durch eine Vereinbarung vorgegeben. Stimmen die beiden Seiten im Typ überein, so wird direkt abgespeichert. Wenn nicht, wird erst eine Umwandlungsroutine einkompiliert, die das Ergebnis der rechten Seite in einen Wert vom Typ der linken Seite umgewandelt. Die Umwandlungsroutine ist also bei der Zuweisung REAL-Größe = INTEGER-Wert in jedem Fall vorhanden.

Besonders die Zuweisung ist von Interesse, bei der Realzahlen in Integerzahlen und umgekehrt umgewandelt werden. Hier kann nämlich ein erheblicher Genauigkeitsverlust auftreten. Bei den GP-Zahlen steht die Mantisse für die Ziffernfolge zur Verfügung, bei den FP-Zahlen aber das ganze Wort, das um die Bitanzahl des Exponenten länger ist. Stehen also für die Mantisse 38 Bits, für die Integerzahl aber 46 Bits zur Verfügung, dann kann die Umwandlung REAL → INTEGER nur dann genau sein, wenn die entstehende Integerzahl nicht mehr als 38 Bits benötigt. Andererseits können Integerzahlen, die mehr als 38 Bits brauchen, nicht exakt als GP-Zahlen dargestellt werden.

## 4.7. Optimierung arithmetischer Ausdrücke

Bei größeren Anlagen stehen häufig Compiler zur Verfügung, die von sich aus Optimierungen vornehmen und innerhalb von arithmetischen Ausdrücken Teilausdrücke, die mehrfach auftreten, erkennen und nur einmal berechnen. Diese Optimierung ist nur innerhalb eines Statements möglich, und es gibt nur wenige Compiler, die redundante Berechnungen über mehrere Statements entdecken und entfernen. Da normalerweise der Benutzer keine Kenntnisse über die Wirkungsweise des Compilers besitzt, sollte er seine Programme so schreiben, daß er mit einem Minimum an arithmetischen Berechnungen auskommt.

Die Kunst des Programmierers besteht nun darin, die sich teilweise widersprechenden Wünsche sinnvoll zu verknüpfen. Einerseits soll er übersichtlich und maintenancefreundlich programmieren, andererseits soll er eine Berechnungsformel möglichst komplex niederschreiben, damit der Compiler Optimierungen vornehmen kann. Die folgende Liste soll häufig vorkommende Fehler aufzeigen und auf einige Punkte hinweisen, die man leicht übersehen kann.

Alle Optimierungen, die die Übersichtlichkeit eines Programms beeinträchtigen, sollte man nur dann verwenden, wenn dieser Programmteil sehr häufig in einer Schleife durchlaufen wird.

Prinzipiell sollte sich aber der Programmierer darüber im klaren sein, daß mit diesen kleinen Verbesserungen lokal ein Programm optimiert wird, daß aber evtl. ein anderes Verfahren viel wesentlichere Optimierungen ergeben kann.

**Regeln zur Arithmetik**

▷ INTEGER-Rechnung ist der REAL-Rechnung vorzuziehen.

▷ Beim Arbeiten mit Dezimalbrüchen ist darauf zu achten, daß diese Zahlen nicht unbedingt als Dualzahlen definierbar sind.

▷ Die Division dauert länger als die Multiplikation. Statt einer Gleitpunkt-Division mit einer Konstanten sollte man deshalb eine Gleitpunkt-Multiplikation mit dem Reziprokwert verwenden.

▷ Man beachte den Unterschied zwischen einer Festpunkt- und einer Gleitpunkt-Division.

▷ Bei der Division die Abfrage auf Nenner = 0 nicht vergessen.

▷ Die Addition und Subtraktion sind schneller als die Multiplikation. Durch geschickte Klammerbildung sollte man die Anzahl an Multiplikationen und Divisionen klein halten.

$$A * B + A * C \rightarrow A * (B + C)$$

▷ Eine Anweisungsfolge für eine arithmetische Funktion wird schneller durchlaufen, wenn diese Anweisungsfolge direkt an der benötigten Stelle steht, als wenn über einen Unterprogrammsprung diese FUNCTION aufgerufen wird.

▷ Die Abfrage eines Zahlenwertes auf - 1,0 oder 1 mit anschließender Zuweisung des entsprechenden Wertes ist schneller als eine Multiplikation mit - 1, 0 oder + 1.

▷ Ist einer der Operanden ein Vielfaches von 2, so sollte man bei der Multiplikation bzw. Division eine SHIFT-Routine benutzen (falls der Compiler es nicht kann).

▷ Man benutze nie einen Vektor, wenn ein Skalar ausreicht, und man benutze nie ein n-dimensionales Feld, wenn man mit einem n–1-dimensionalen auch auskommt.

▷ Konstante werden in Indexausdrücken bereits beim Compilieren verarbeitet.

```
M = J - 5
X = A (M) + T
besser: X = A (J - 5) + T
```

Im ersten Fall wird bei der Ausführung J um 5 erniedrigt und dann zur Anfangsadresse von A dazuaddiert. Im zweiten Fall wird die Anfangsadresse von A beim Compilieren um 5 erniedrigt und bei der Ausführung zu dieser neuen Anfangsadresse J addiert. Zur Ausführungszeit ist also ein Rechenschritt weniger nötig.

▷ Sehr häufig wird übersehen, daß man durch eine Minimisierung der Anzahl an internen Datenkonvertierungen während der Ausführung ein Programm erheblich optimieren kann. FORTRAN-Compiler, die sich strikt an die ASA-Konventionen halten, zwingen den Benutzer, sich über die notwendigen Konvertierungen Gedanken zu machen. Da aber viele Compiler MIXED-MODE zulassen, ist es zwar leichter geworden, Programme zu schreiben, die fehlerfrei übersetzt werden und auch die richtigen Daten liefern, aber auf der anderen Seite treten während der Ausführungszeit viele unnötige Datenkonvertierungen auf.

Man betrachte das folgende **Beispiel**:

```
X = I * Z - (I - 1)/T + I * 6
```

Mindestens zwei Konvertierungen sind nötig, manche Compiler brauchen sogar drei.

Der Ausdruck (I - 1) wird entsprechend den FORTRAN-Konventionen als INTEGER-Wert berechnet und dann in REAL umgewandelt. Das Auftreten von I an zwei anderen Stellen erfordert je nach Wirkungsgrad des Compilers noch ein bzw. zwei Konvertierungen. Um die Anzahl im obengenannten Beispiel herabzusetzen, muß die Anweisung lauten:

```
      V = I
      X = V * (Z + 6.0) - (V - 1.0)/T
```

I wird nur im Zuweisungsstatement konvertiert.

Ein weiteres **Beispiel** soll zeigen, daß ein eleganter Algorithmus nicht unbedingt optimal ist.

```
      DO 10 I = 1, 1000
   10 A (I) = I
```

Das Ergebnis sind 1000 Konvertierungen des Wertes I von INTEGER nach REAL. Die folgende Anweisungsfolge ist zwar länger, aber in der Ausführung schneller, und bei den meisten Compilern wird auch der benötigte Speicherplatz geringer sein.

```
      B = 0.
      DO 10 I = 1, 1000
      B = B + 1.0
   10 A (I) = B
```

Konvertierungen von INTEGER nach REAL und umgekehrt kosten gewöhnlich mehr als Konvertierungen von REAL nach DOUBLE PRECISION.

Umwandlungen von DOUBLE PRECISION nach REAL kosten gewöhnlich nichts, genauso wie auch die Umwandlungen innerhalb der INTEGER-Kategorie (d.h. INTEGER * 2 nach INTEGER * 4 und umgekehrt) keinen Extraaufwand erfordern.

▷ Auch wenn ein Ausdruck nur einmal im Quellprogramm auftritt, kann bei der Ausführung eine mehrfache Berechnung erfolgen. Man betrachte das folgende **Beispiel**:

```
      DO 1 I = 1, 100
      A (I) = 0.0
      DO 1 J = 1, 100
    1 A (I) = A (I) + B * C * D (I, J)
```

Der Ausdruck B * C wird, obwohl konstant, bei der Ausführung 10 000 mal berechnet. Auch die Adresse A (I) wird innerhalb des zweiten Laufs jedesmal berechnet, obwohl sie nicht von J abhängt. Die bessere Anweisungsfolge wäre:

```
      X = B * C
      DO 1 I = 1, 100
      SUM = 0.0
      DO 2 J = 1, 100
    2 SUM = SUM + D (I, J)
    1 A (I) = SUM * X
```

Man überprüfe deshalb Schleifen auf Berechnungen mit Größen, die nicht mit der Laufvariablen indiziert sind und überlege sich, ob man solche Berechnungen nicht vor die Schleife legen kann.

▷ Da der Zugriff auf ein Register wesentlich schneller ist als ein Zugriff zum Speicher, baut der Compiler eine Befehlsfolge auf, die bei der Ausführung, soweit es geht, die Zwischenwerte in Registern ablegt. Werden aber größere arithmetische Ausdrücke vom Programmierer in Teilausdrücke zerlegt, die er als einzelne Statements schreibt, so wird das Ergebnis dieser Teilausdrücke prinzipiell auf den angegebenen Platz im Speicher abgelegt.

▷ Andererseits sollte man komplizierte Formeln auseinanderziehen und sequentiell abarbeiten. Auf die Art erhält man bei arithmetischen Fehlern auch die inzwischen entstandenen Zwischenwerte im Dump ausgedruckt und findet einen eventuellen Fehler schneller.

▷ Funktionsaufrufe unterscheiden sich in ihrem Aussehen nicht von Feldelementen und können in einer Quelle nicht leicht gefunden werden. Um die Maintenance eines Programms zu vereinfachen, sollten am Anfang eines Programms bzw. Unterprogramms alle Funktionen, die in diesem Programmteil aufgerufen werden, in Kommentarkarten aufgelistet sein.

## 4.8. Prinzipielles Verfahren der Formelübersetzung

Immer wieder taucht beim Programmierer die Frage auf: „Wie macht der Compiler das?", und um dem FORTRAN-Programmierer ein Gefühl für den Compiler zu geben, soll im folgenden aufgezeigt werden, nach welchem Verfahren arithmetische Ausdrücke berechnet werden. Da diese Kenntnisse zum Programmieren nicht benötigt werden, erfährt man normalerweise hierüber nichts, obwohl gerade die Formelübersetzung ein sehr interessantes Gebiet ist. Im Laufe der Zeit sind eine ganze Reihe von Verfahren entstanden, von denen eins hier vorgestellt werden soll.

### 4.8.1. Polnische Notation

Der polnische Mathematiker *J. Lukazicwicz* entwickelte als erster eine eindeutige Schreibweise von logischen und arithmetischen Ausdrücken ohne die Benutzung von Klammern. Die Form der „Polnischen Notation", die am häufigsten bei der Formelübersetzung benutzt wird, nennt man rückwärtige polnische Notation.

Der Grundgedanke dabei ist, den Operator **hinter** die beiden Operanden zu schreiben, die er miteinander verknüpft. So wird A + B in „Polnischer Notation" als AB+ geschrieben. Aus A + B * C ergibt sich ABC*+. Bei der Auflösung werden die beiden Operanden, auf die ein Operator folgt, zunächst miteinander verknüpft. Das sind in unserem Fall BC*. Das Ergebnis sei H. Es ist jetzt an die Stelle von BC* zu setzen, und dann kann die nächste Operation AH+ ausgeführt werden.

Aus (A + B) * C ergibt sich AB+C*. Hier wird zunächst die Addition ausgeführt und dann das Ergebnis mit dem anderen Operanden C multipliziert.

Man sieht also, daß auf diese Art die Klammern verschwinden.

Weitere **Beispiele**:

(A + B) / (C + D) → AB + CD + /
(A + B) / C + D → AB + C/D +
(A - B) * (C + D) → AB - CD + *

## 4.8.2. Kellertechnik und Operator-Hierarchie

Zunächst beschäftigen wir uns mit der Frage, wie man einen arithmetischen Ausdruck aus der mathematischen Schreibweise in die „Polnische Notation" umwandelt. Hierzu wird ein Keller benötigt. Ein Keller ist ein Speicher mit der Eigenart, daß das Element, das als letztes in den Keller gebracht wurde, als erstes wieder entfernt wird (englisch: last-in-first-out).

Die Operatoren eines mathematischen Ausdruckes werden in den Keller gebracht, wobei immer nur das zuletzt in den Keller gebrachte Element greifbar ist. Die einzelnen Elemente im Keller sind in der Reihenfolge ihres Erscheinens am Eingang des Kellers abgespeichert. Wird ein Element an den Eingang eines Kellers gesetzt, werden alle anderen Elemente im Keller um eine Position nach unten gedrückt, so daß das bisherige Eingangselement das zweite geworden ist und das n.te Element zum n + 1ten. Wird ein Element aus dem Keller entfernt, so werden alle Elemente um eine Position angehoben, aus dem bisher 2. Element wird nun das Eingangselement und aus dem bisherigen n.ten Element wird nun das n–1te. Speicher mit einer solchen zuletzt ein- zuerst aus-Charakteristik werden Keller genannt.

Die Benutzung eines Kellers bei der Formelübersetzung kann am besten durch folgendes Modell aufgezeigt werden.

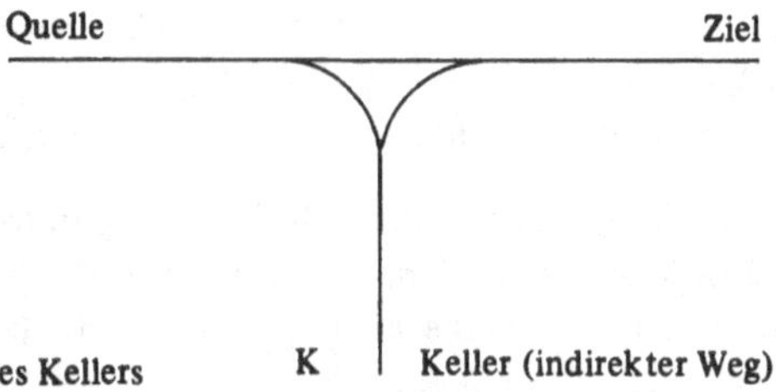


Abb. 4.2 Modell eines Kellers

Wenn man annimmt, daß eine Quelle Q zum Ziel Z zu transferieren ist, dann kann das entweder über den direkten Weg oder über einen Weg, der mit einer Warteposition im Keller K verbunden ist, geschehen. Dieses Bild kann man beim Übersetzungsvorgang einer Quelle in eine Zielsprache verwenden.

Während der Übersetzung werden die Operanden (z.B. A, B oder C) direkt von der Quelle zum Ziel transportiert. Steht als nächstes Zeichen bei der Quelle ein Operator (z.B. +, -, * oder / ) an, so hängt die Entscheidung, ob der Operator direkt zum Ziel transportiert wird, von der Wertigkeit dieses Zeichens und der Wertigkeit des obersten Zeichens im Keller ab. Ist die Wertigkeit des Operators bei Q kleiner oder gleich der Wertigkeit des Operators am Eingang des Kellers, dann wird der Operator aus dem Keller in die Quelle überführt.

**Beispiel 1:**

Quelle: A - B + C

| Schritt | Quellzeichen | Keller | Ziel | Aktion |
|---|---|---|---|---|
| 1 | A | leer | leer | Q → Z |
| 2 | – | leer | A | Q → K |
| 3 | B | – | A | Q → Z |
| 4 | + | – | AB | K → Z |
| 5 | + | leer | AB- | Q → K |
| 6 | C | + | AB- | Q → Z |
| 7 | leer | + | AB-C | K → Z |
| 8 | leer | leer | AB-C+ | |

Ziel: AB-C+

Schritt 1: A ist ein Operand und wird von Q nach Z gebracht.
Schritt 2: - ist ein Operator. Da der Keller leer ist, wird - im Keller abgelegt.
Schritt 3: wie Schritt 1
Schritt 4: + ist ein Operator, der die gleiche Wertigkeit wie der - Operator im Keller besitzt. Also wandert in diesem Fall der -Operator aus dem Keller zum Ziel und

Schritt 5: der +Operator füllt den leer gewordenen Keller wieder.
Schritt 6: wie Schritt 1
Schritt 7: Der im Keller noch vorhandene Operator wird in das Ziel übernommen.

Ist die Wertigkeit des Quell-Operators größer als die des Operators im Keller, dann hat dieser Operator Vorrang vor dem Operator im Keller und muß beim Ergebnis auch vor ihm erscheinen. Das erreicht man dadurch, daß der Quell-Operator in diesem Fall ebenfalls im Keller abgelegt wird und dabei den bereits im Keller befindlichen Operator um 1 nach unten drückt.

**Beispiel 2:**

Quelle: A + B * C

| Schritt | Quellzeichen | Keller | Ziel | Aktion |
|---|---|---|---|---|
| 1 | A | leer | leer | Q → Z |
| 2 | + | leer | A | Q → K |
| 3 | B | + | A | Q → Z |
| 4 | * | + | AB | Q → K |
| 5 | C | *+ | AB | Q → Z |
| 6 | leer | *+ | ABC | K → Z |
| 7 | leer | + | ABC* | K → Z |
| 8 | leer | leer | ABC*+ | |

Ziel: ABC*+

Die Wertigkeit von * ist größer als die von +. Wenn daher * als Quellzeichen auftaucht (mit + im Keller) wird es im Keller abgelegt und vor dem +Zeichen in das Ziel überführt.

Sind zusätzlich noch Klammern vorhanden, so gelten folgende Regeln:

1. Die Wertigkeiten sind:
   (,) ≙ 1
   +, - ≙ 2
   *, / ≙ 3
2. Ist das Quellzeichen „(" (Klammer auf), so wird es in jedem Fall im Keller abgelegt.
3. Ist das Quellzeichen „)" (Klammer zu) und der oberste Kelleroperator „(", so werden beide Zeichen gelöscht.
4. Ist der Keller „leer", so wird der Quelloperator im Keller abgelegt.
5. Ist die Quelle „leer", so werden die im Keller noch vorhandenen Operatoren ins Ziel überführt.

6. Ist die Wertigkeit des Quelloperators größer als die des obersten Kellerelementes, so wird das Quellzeichen im Keller abgelegt, wobei alle bereits im Keller vorhandenen Elemente um 1 Stufe nach unten rutschen.
7. Ist die Wertigkeit des Quelloperators kleiner oder gleich der des obersten Kellerelementes, so wird das Kellerelement ins Ziel überführt, wobei alle restlichen Kellerelemente um 1 Stufe nach oben steigen.
8. Ist die in der Quelle als nächste anstehende Einheit ein Operand, dann wird er direkt ins Ziel überführt.

Mit diesen Regeln soll ein größeres **Beispiel** durchgerechnet werden.

**Beispiel 3:**

Quelle: (A + B) * (C + (D - E) * F) / G

| Schritt | Quellzeichen | Keller | Ziel | Aktion |
|---|---|---|---|---|
| 1 | ( | leer | leer | Q → K |
| 2 | A | ( | leer | Q → Z |
| 3 | + | ( | A | Q → K |
| 4 | B | +( | A | Q → Z |
| 5 | ) | +( | AB | K → Z |
| 6 | ) | ( | AB+ | ( ) löschen |
| 7 | * | leer | AB+ | Q → K |
| 8 | ( | * | AB+ | Q → K |
| 9 | C | (* | AB+ | Q → Z |
| 10 | + | (* | AB+C | Q → K |
| 11 | ( | +(* | AB+C | Q → K |
| 12 | D | (+(* | AB+C | Q → Z |
| 13 | - | (+(* | AB+CD | Q → K |
| 14 | E | -(+(* | AB+CD | Q → Z |
| 15 | ) | -(+(* | AB+CDE | K → Z |
| 16 | ) | (+(* | AB+CDE- | ( ) löschen |
| 17 | * | +(* | AB+CDE- | Q → K |
| 18 | F | *+(* | AB+CDE- | Q → Z |
| 19 | ) | *+(* | AB+CDE-F | K → Z |
| 20 | ) | +(* | AB+CDE-F* | K → Z |
| 21 | ) | (* | AB+CDE-F*+ | ( ) löschen |
| 22 | / | * | AB+CDE-F*+ | K → Z |
| 23 | / | leer | AB+CDE-F*+* | Q → K |
| 24 | G | / | AB+CDE-F*+* | Q → Z |
| 25 | leer | / | AB+CDE-F*+*G | K → Z |
| 26 | leer | leer | AB+CDE-F*+*G/ | |

Ergebnis: AB+CDE-F*+*G/

### 4.8.3. Umwandlung eines „Polnische Notation"-Ausdruckes in einer Befehlsfolge

Es ist interessant, daß man zur Erzeugung der Befehlsfolge aus einem Ausdruck der „Polnischen Notation" das gleiche Modell wie zur Umwandlung im vorigen Kapitel benutzen kann.

In diesem Fall wird ein „Polnische Notation"-Ausdruck als Quelle angeboten, und die Operanden werden nacheinander automatisch in den Keller überführt, bis ein Operator in der Quelle erscheint. Dieser Operator benötigt zwei Operanden, die er von der Spitze des Kellers nimmt. Das Ergebnis der Operation ist eine Größe, die an die Spitze des Kellers gesetzt wird. Auf diese Art wird der Keller um die zwei Operanden, die der Operator braucht, verkleinert und um das Ergebnis vergrößert. Somit wird der Keller bei jeder Operation um ein Element kleiner.

**Beispiel:**

Quelle: AB*CD*+

| Schritt | Quellzeichen | Keller | Aktion |
|---|---|---|---|
| 1 | A | leer | Q → K |
| 2 | B | A | Q → K |
| 3 | * | B, A | Operation: A*B → $H_1$ |
| 4 | C | $H_1$ | Q → K |
| 5 | D | C, $H_1$ | Q → K |
| 6 | * | D, C, $H_1$ | Operation: C*D → $H_2$ |
| 7 | + | $H_2$, $H_1$ | Operation: $H_1$+$H_2$ → $H_1$ |
| 8 | leer | $H_1$ | |

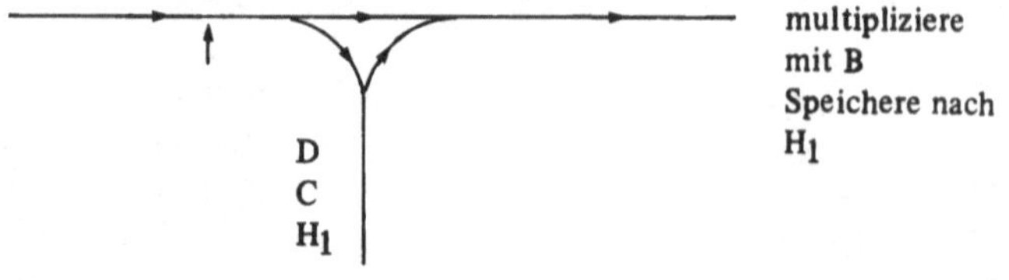


Abb. 4.3 Zustand bei Schritt 6

Erscheint in der Quelle ein Operator, so wird im Ziel eine Befehlsfolge, die dieser Operation entspricht, abgelegt. Im Keller stehen dann die Adressen für die benötigten Operanden. In unserem Beispiel bedeutet z.B. die Operation $A * B \to H_1$ das Erzeugen einer Befehlsfolge: Hole A, Multipliziere mit B, speichere das Ergebnis nach $H_1$. Die Adresse von $H_1$ ist als Ergebnis im Keller abgelegt. Bei diesem Verfahren hat der Compiler eine genaue Übersicht, welche Hilfszellen er noch benötigt und welche er bereits wieder freigegeben hat.

Durch die zwei Umwandlungen arithmetischer Ausdruck → Polnische Notation → Befehlsfolge ist das Problem der Befehlserzeugung bei arithmetischen Ausdrücken gelöst. Es ist eine elegante Lösung, die deshalb hier genauer beschrieben wurde. Durch eine Verallgemeinerung der Hierarchie kann man mit dieser Methode auch die Zuweisung selbst, den Aufruf von Funktionen, die *Boole*sche Arithmetik und noch einiges mehr übersetzen.

### 4.8.4. Sequentielle Formelübersetzung (Samelson, Bauer) [1]

*Samelson* und *Bauer* haben das in den vorherigen Kapiteln Angeführte noch weiter ausgebaut.

Bei dem alten Verfahren besteht die Umwandlung aus zwei aufeinanderfolgenden Schritten. Werden jedoch zwei Keller verwandt, dann können diese beiden Schritte zusammenhängend ausgeführt werden, und es entsteht aus der Formel direkt die Befehlsfolge, ohne daß die „Polnische Notation" in Erscheinung tritt.

Für die Umwandlung trifft folgendes Modell zu.

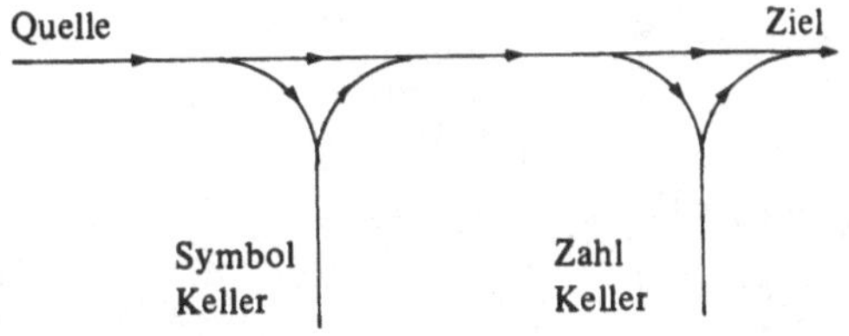


Abb. 4.4 Modell zur Formelübersetzung

Als Quelle steht eine Formel auf Operanden und Operatoren an. Die Operanden werden direkt in den Zahlkeller transportiert. Die Operatoren werden erst im Symbolkeller abgelegt und dann weitergeführt. Erscheint vor dem Zahlkeller ein Operator, so wird im Ziel eine Befehlsfolge erstellt, die die beiden obersten Operanden des Zahlkellers durch den angebotenen Operator miteinander verknüpft und einer Hilfsgröße zuweist. Die beiden Operanden werden aus dem Zahlkeller entfernt, und die Hilfsgröße wird im Zahlkeller als Eingangsgröße abgelegt. Die

[1]) *K. Samelson, F.L. Bauer:* Sequentielle Formelübersetzung, Elektronische Rechenanlagen 1 (1959), H. 4, S. 176–182.

Frage, wann ein Operator im Symbolkeller abgelegt wird und wann er aus dem Symbolkeller weitergeleitet wird, wird durch eine Übergangsmatrix angezeigt. Diese Matrix stellt das Verhalten des Übersetzers beim Vergleich des obersten Symbolkellerelementes mit dem in der Quelle angebotenen Operator dar. Im folgenden ist diese Übergangsmatrix, dargestellt. Ein Vergleich mit den im vorherigen Kapitel aufgestellten Regeln zeigt, daß sie den gleichen Sachverhalt ausdrückt. Der Leser möge diese Querverbindung selber ziehen.

| Oberstes Symbol Kellersymbol SK | Quell-Zeichen Q | Aktion |
|---|---|---|
| leer | beliebig | Q → SK |
| ± | ± | SK weiterreichen |
| x/ | x/ | SK weiterreichen |
| ( | ± x/ | Q → SK |
| ± | x/ | Q → SK |
| ± x/ | ( | Q → SK |
| ( | ) | ( ) löschen |
| x/ | ± | SK weiterreichen |
| ± x/ | )leer | SK weiterreichen |

Abb. 4.5 Liste der Aktionen

**Beispiel**: A * (B - C) + D

| Schritt | Quell-zeichen Q | Symbol Keller SK | Zahl Keller ZK | Ziel | Aktion |
|---|---|---|---|---|---|
| 1 | A | leer | leer | leer | Q → ZK |
| 2 | * | leer | A | leer | Q → SK |
| 3 | ( | * | A | leer | Q → SK |
| 4 | B | (* | A | leer | Q → ZK |
| 5 | – | (* | B, A | leer | Q → SK |
| 6 | C | -(* | B, A | leer | Q → ZK |
| 7 | ) | -(* | C, B, A | leer | SK → ZK, ZK → Z |
| 8 | ) | (* | $H_1$,A | B-C → $H_1$ | ( ) löschen |

| | | | | | |
|---|---|---|---|---|---|
| 9 | + | * | $H_1$,A | B-C → $H_1$ | SK → ZK,<br>ZK → Z |
| 10 | + | leer | $H_2$ | B-C → $H_1$<br>A*$H_1$ → $H_2$ | Q → SK |
| 11 | D | + | $H_2$ | B-C → $H_1$<br>A*$H_1$ → $H_2$ | Q → ZK |
| 12 | leer | + | D,$H_2$ | wie 11 | SK → ZK,<br>ZK → Z |
| 13 | leer | leer | $H_3$ | B-C → $H_1$<br>A*$H_1$ → $H_2$<br>$H_2$+D → $H_3$ | Ende |

Eine eventuelle sich anschließende Optimierung erstellt dann die endgültige Befehlsfolge

Bringe B, Subtrahiere C, Multipliziere A, Addiere D.

# 5. Abfragen, Sprünge, Schleifen

## 5.1. Abfragen

### 5.1.1. Überblick

Für Abfragen stehen dem Programmierer zwei Möglichkeiten zur Verfügung.

- Die arithmetische Abfrage (three branch if)

  IF (A) $n_1, n_2, n_3$

- Die logische Abfrage

  IF (L) S

Das arithmetische IF ist das ältere von beiden; es war schon im FORTRAN II implementiert. Mit jedem dieser beiden Typen lassen sich im Prinzip alle vorkommenden Abfragen aufbauen, so daß es häufig eine Frage der Gewohnheit ist, welches dieser beiden Statements dem anderen vorgezogen wird. Dennoch sollte ein Programmierer es sich überlegen, wann er welches verwendet, denn es bestehen doch einige Unterschiede zwischen diesen beiden Formen.

### 5.1.2. Das arithmetische IF

Das arithmetische IF hat die Form

| IF (A) $n_1, n_2, n_3$ |
|---|

A bedeutet einen arithmetischen Ausdruck, der untersucht wird, ob er kleiner, gleich oder größer Null ist. Je nachdem wird eines der drei Sprungziele $n_1$, $n_2$ oder $n_3$ angesprungen. Die Angaben „kleiner", „gleich" und „größer" können durch eine mehrfache Angabe eines Sprungziels kombiniert werden.

| | |
|---|---|
| $0 \leq A \rightarrow n_2 = n_3$ | $0 > A \rightarrow n_1$ |
| $0 = A \rightarrow n_2$ | $A \neq 0 \rightarrow n_1 = n_3$ |
| $0 \geq A \rightarrow n_1 = n_2$ | $0 < A \rightarrow n_3$ |

Das arithmetische IF beinhaltet in jedem Fall einen Sprung. Infolgedessen muß das statisch darauffolgende Statement eine Statementnummer haben, denn sonst kann es nie ausgeführt werden. Diese Statementnummer wird normalerweise als eine der drei Sprungziele auftreten.

**Beispiel**:

```
      A = 5.0
   18 A = A - 0.1
        .
        .
        .
      IF (A) 17, 18, 18
   17   .
        .
        .
```

Bei einem logischen IF würde diese Statementnummer (im **Beispiel**: 17) nicht auftreten. Bei jedem arithmetischen IF wird eine Statementnummer mehr benötigt als bei der Verwendung des logischen IF. Diese Tatsache wirkt sich beim Compilieren aus, da die in einem Programmteil auftretenden Statementnummern in eine Liste eingetragen werden, und je mehr Nummern vorhanden sind, um so länger wird diese Liste. Jedesmal wenn eine Statementnummer in einer arithmetischen IF, einer GO TO oder DO-Anweisung auftritt, wird diese Liste durchsucht, bis die Nummer gefunden ist. Da die arithmetische IF-Anweisung die Liste der Statementnummern stärker vergrößert, als es das logische IF tut, sind die Übersetzungszeiten bei der Verwendung des arithmetischen IF größer als beim logischen IF. Natürlich tritt dieser Faktor erst bei relativ großen Programmteilen in Erscheinung, so daß dieser Punkt zwar interessant ist, aber doch als Nachteil kaum ins Gewicht fällt.

Wie schon erwähnt, ist das arithmetische IF bereits im FORTRAN II vorhanden. Als diese Sprache konzipiert wurde, enthielten die meisten Rechner im Befehlscode nur die Abfragen auf kleiner, gleich und größer Null. Das arithmetische IF wurde in Anlehnung an diese Möglichkeiten, die der Befehlscode damals bot, entworfen. Vom Compiler werden bei Auftreten eines arithmetischen IF drei bedingte Sprünge generiert.

| | | |
|---|---|---|
| | (Springe, wenn kleiner Null | $adr_1$ |
| IF (A) 10, 20, 30 → | (Springe, wenn Null | $adr_2$ |
| | (Springe, wenn größer Null | $adr_3$ |

Diese Befehlsfolge wird auch erzeugt, wenn zwei Sprungziele gleich sind, denn der Compiler erkennt diesen Sachverhalt im allgemeinen nicht und generiert z.B. bei $n_1 = n_2$ den Befehl

Springe, wenn kleiner gleich Null $adr_1$

auch dann nicht, wenn er im Befehlscode des Rechners existiert.

Daß vor den drei bedingten Sprüngen der arithmetische Ausdruck, falls es keine einfache Variable ist, berechnet wird, liegt auf der Hand. Handels es sich um einen DOUBLE PRECISION-Ausdruck, so wird im Pseudoakkumulator der Wert berechnet, der von einem Unterprogramm, dem die drei Sprungziele als Parameter mitgegeben werden, ausgewertet wird. Ausdrücke vom Typ COMPLEX sind nicht erlaubt, da die Aussage, eine komplexe Zahl sei größer oder kleiner Null, nicht definiert ist. Sollen komplexe Zahlen abgefragt werden, so muß der Programmierer über die Standardfunktionen REAL und AIMAG die komplexe Zahl in Real- und Imaginärteil aufspalten und dann diese einzeln abfragen.

### 5.1.3. Das Logische IF

Das logische IF ist die am meisten benutzte Form der Abfrage. Es lautet:

| IF (L) S |
|---|

l ist ein logischer Ausdruck, und S ist eine Anweisung.

Zunächst sei der Fall betrachtet, daß L eine Relation (Vergleich) ist. In dem Fall werden zwei arithmetische Ausdrücke miteinander verglichen und falls der Vergleich den Wert „Wahr" ergibt, wird die Anweisung S ausgeführt. Auch beim arithmetischen IF werden zwei Ausdrücke miteinander verglichen, nämlich der errechnete und der Wert Null, wobei der zweite (Null) fest vorgegeben ist und nicht geändert werden kann.

Ein Vergleich

```
      .                              .
      .                              .
      I = 27                         I = 27
      .                              .
      .                              .
      IF (I - 13) 10, 20, 10         IF (I. NE. 13) GO TO 10
   20 . . .                          .
      .                              .
   10 CONTINUE                    10 CONTINUE
```

Das logische IF ist wesentlich sinnfälliger und leichter zu lesen als das arithmetische IF, und gerade deshalb ist es bei den Programmierern so beliebt. Es hat aber noch eine Reihe weiterer Vorzüge, die wir noch betrachten wollen.

Zunächst wollen wir uns mit der Befehlsfolge befassen, die beim logischen IF aufgebaut wird, wenn der logische Ausdruck aus einer Relation besteht. Hier bieten die neueren DV-Anlagen recht günstige Lösungen an, bei denen ein Vergleich zwischen zwei Registern möglich ist. Die beiden arithmetischen Ausdrücke werden berechnet und dann in je ein Register geladen. Anhand des Relationsoperators (z.B. .EQ., .LT., .LE., usw.) wird der entsprechende Sprungbefehl eingebaut. Eine solche Befehlsfolge ist günstiger als die, die beim arithmetischen IF entsteht. Besitzt der Rechner keine solche Abfragemöglichkeit, so werden die beiden Operanden subtrahiert, und es wird je nach Relationsoperator auf NULL abgefragt. In dem Fall ist die entstandene Befehlsfolge fast der des arithmetischen IF äquivalent; es ist im allgemeinen aber nur **ein** Sprungbefehl nötig.

Außer einer Relation ist auch eine logische Variable oder die Verknüpfung logischer Größen durch die logischen Operatoren .NOT. .AND. und .OR. als logischer Ausdruck möglich. Diese Möglichkeit gibt es beim arithmetischen IF nicht.

Aus Übersichtlichkeitsgründen sollte man nicht zuviele Bedingungen in einer Abfrage miteinander verknüpfen. Die Benutzung des Operators .OR. sollte genau überlegt sein. Der Compiler generiert die Berechnung des gesamten logischen Ausdrucks als ein geschlossenes Ganzes, und beim Programmablauf wird dann auch jedesmal der ganze Ausdruck erst berechnet, bevor der Abfragesprung ausgeführt wird. Sind in einem logischen Ausdruck zwei Bedingungen durch .OR. verknüpft, so werden in jedem Fall beide Bedingungen berechnet, auch dann, wenn die erste Bedingung bereits den Wert .TRUE. ergibt und somit eine Berechnung der zweiten Bedingung uninteressant ist, denn die logische Verknüpfung .OR. von .TRUE. mit einem anderen Wert ergibt als Ergebnis .TRUE.. Aus diesem Grunde sollte man einer Abfrage, in der zwei Bedingungen durch .OR. verknüpft werden, zwei Abfragen mit nur einer Bedingung vorziehen. Dabei ist besonders auf die Reihenfolge der Bedingungen zu achten.

**Beispiel**:

```
      .
      .
      .
      IF (A.LE.7.0.OR.A.GT.15.0) GO TO 30
      .
      :  Befehlsfolge für 7.0 < A ≤ 15.0
      .
   30 CONTINUE
```

besser

```
      .
      .
      .
      IF (A.LE.7.0) GO TO 30
      IF (A.GT.15.0) GO TO 30
      .
      .
      .
   30 CONTINUE
```

In all den Fällen, in denen A kleiner gleich 7.0 ist, wird im zweiten Beispiel die zweite Abfrage nicht mehr durchlaufen. Der Zeitgewinn kann bei geschickter Wahl beträchtlich sein. Die Befehlsfolge ist im zweiten Beispiel nur um den Sprungbefehl beim zweiten IF länger. Das dürfte unerheblich sein.

Eine Verkettung von Operanden durch .AND. läßt sich durch eine Negation der Operanden in eine Verkettung durch .OR. umwandeln. Sollte aber dadurch die Übersichtlichkeit des Programms leiden, so ist davon abzusehen.

**Beispiel:**

```
      .
      .
      .
      IF (A.GT.7.0 .AND. A.LE. 15.0) GO TO 30
      .
      .
      .
   30 CONTINUE
      .
      .          Achtung!
      .          Befehlsfolge für 7.0 < A ≤ 15.0 hier
      .
```

Nun sei die Anweisung S betrachtet, die hinter der Abfrage stehen kann. Es leuchtet ein, daß S ein ausführbares Statement sein muß. FORTRAN läßt hier aber kein weiteres logisches IF und kein DO-Statement zu. Der Grund ist sicher einleuchtend.

Das DO-Statement eröffnet eine Schleife, die von einer der darauffolgenden Anweisungen abgeschlossen wird. In eine solche Schleife darf man aber nur über das DO-Statement gelangen, da sonst der Laufparameter nicht gesetzt ist. Ist aber die Abfrage nicht erfüllt, so würde man unter Umgehung des DO-Statements in die Schleife gelangen. Zum zweiten: wozu sollte hier ein DO-Statement gewünscht sein? Dieses Statement nach einer IF-Abfrage ist nicht sinnvoll. Anders sieht es dagegen bei einem logischen IF nach einer Abfrage aus. Beim logischen IF wird der logische Ausdruck überprüft. Ist er wahr, wird die Anweisung S ausgeführt, ist er falsch, gelangt die darauffolgende Anweisung zur Ausführung. Ist S keine Sprunganweisung, so fährt das Programm nach der Ausführung von S ebenfalls mit dieser Anweisung fort.

IF (L) S

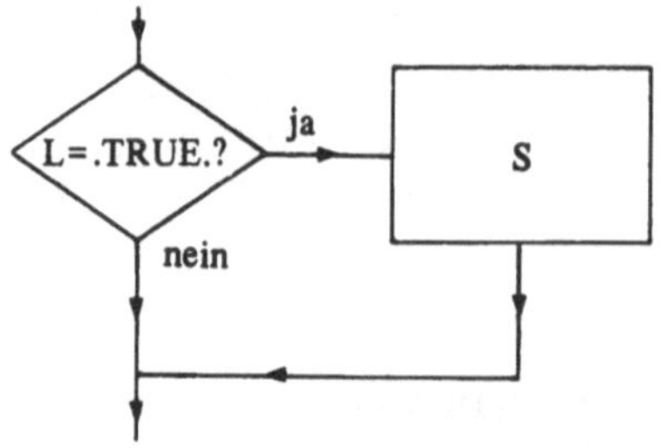


Abb. 5.1 Das logische IF

Es wäre durchaus denkbar, daß die Anweisung S wieder eine logische IF-Anweisung wäre, und wir würden in dem Fall eine Form, wie in Abb. 5.2 beschrieben, erhalten.

IF (L) IF (K) S

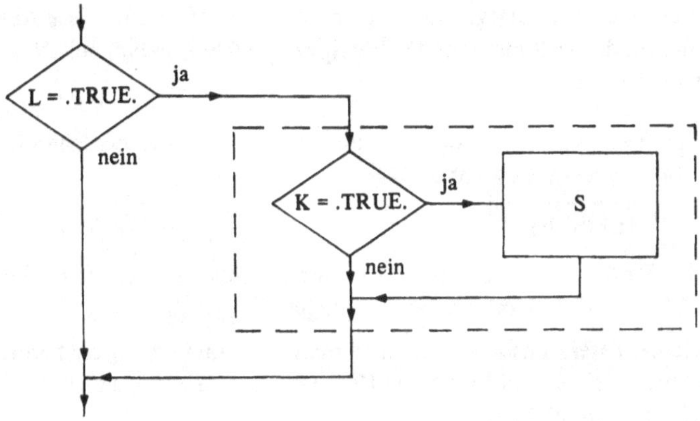


Abb. 5.2 Das logische IF als Statement nach einem logischen IF

Wieder könnte S eine logische Abfrage sein, und so entstünde eine Abfrageverschachtelung. Nehmen wir an, daß ein Programmteil des Compilers das logische IF verarbeitet, der beim Auftreten der Anweisung S den entsprechenden Programmteil aufruft. Wäre aber die Anweisung S wieder ein logisches IF, dann müßte dieser Programmteil rekursiv aufrufbar sein. Eine solche Regelung würde den Aufbau des Compilers wesentlich verkomplizieren, zumal das Verbot „S

IF (L) IF (A) 10, 20, 30

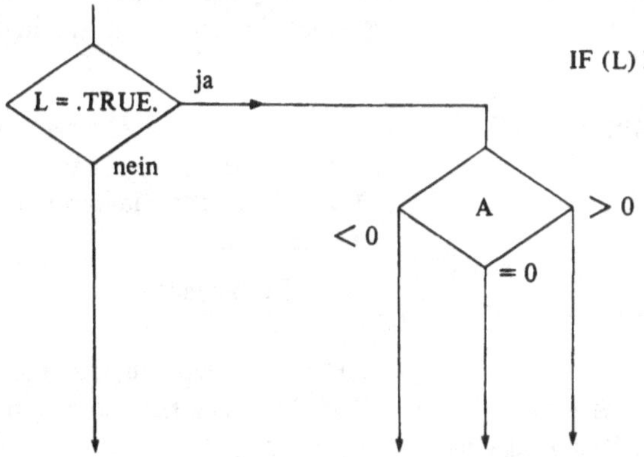


Abb. 5.3 Das arithmetische IF als Statement nach einem logischen IF

darf kein logisches IF sein!" keine Einschränkung bedeutet. Statt zwei Abfragen zu verschachteln, kann man entweder eine Abfrage definieren, die die beiden Operanden $I_1$ und $I_2$ durch ein logisches .AND. miteinander verknüpft enthält, oder aber man schreibt die beiden Abfragen nacheinander hin.

Das arithmetische IF ist dagegen nach einem logischen IF erlaubt. Wie Abb. 5.3 zeigt, beinhaltet das arithmetische IF drei Sprungbefehle, so daß eine Rekursion nicht auftreten kann.

Der Vollständigkeit halber sei noch auf eine weitere Form des logischen IF eingegangen, das sogenannte two-branch-if

IF (L) $n_1, n_2$

Der logische Ausdruck L wird ausgewertet und in Abhängigkeit, ob er .TRUE. oder .FALSE. ist, wird $n_1$ oder $n_2$ angesprungen.

Dieses Statement steht zwischen dem arithmetischen und dem logischen IF. Es ist übersichtlicher als das arithmetische IF, aber nicht so wie das logische IF. ASA läßt diese Form nicht zu.

### 5.1.4. Vergleich zwischen arithmetischem und logischem IF

| IF (A) $n_1, n_2, n_3$ | IF (L) S |
|---|---|
| Zusätzliche Statement-Nummer erforderlich. | – |
| Vergleich nur mit Null möglich. | Beliebige Vergleiche möglich. |
| Nur Auswertung von arithmetischen Ausdrücken möglich. | Auswertung von arithmetischen und logischen Ausdrücken möglich. |
| – | Besser lesbar. |
| Als Reaktion auf die Abfrage erfolgt ein Sprung. | Als Reaktion auf die Abfrage sind außer dem logischen IF und dem DO-Statement alle anderen Statements erlaubt. |
| – | Kürzere Rechenzeit. |

Resümee: Das arithmetische IF sollte nur dort benutzt werden, wo in Abhängigkeit von einem arithmetischen Ausdruck sich ein Weg in drei Wege aufteilt, also $n_1 \neq n_2, n_2 \neq n_3, n_3 \neq n_1$

Dem logischen IF ist der Vorzug zu geben.

# 5.2. Sprungbefehle

## 5.2.1. Übersicht

Als Sprungbefehle stehen dem Programmierer drei verschiedene Formen zur Verfügung.

a) das unbedingte GO TO
b) das berechnete GO TO (computed GO TO)
c) das zugewiesene GO TO (assigned GO TO)

Das unbedingte GO TO und das computed GO TO waren bereits im FORTRAN II vorhanden. Das assigned GO TO wurde erst im FORTRAN IV zusätzlich aufgenommen.

Das unbedingte GO TO bewirkt einen Sprung an die gekennzeichnete Stelle im Programm. Beim computed GO TO wird in Abhängigkeit von einem Wert eine von mehreren möglichen Stellen im Programm angesprungen. Beim assigned GO TO beinhaltet eine Variable das Sprungziel.

## 5.2.2. Das unbedingte GO TO

Das unbedingte GO TO hat die Form

| GO TO n |
|---|

n muß eine Statementnummer sein. Die gleiche Nummer erscheint im gleichen Programmteil vor einer ausführbaren Anweisung.

**Beispiel:**

```
          :
       GO TO 15
          :
    15 I = J + 5
          :
```

Die Statement-Nummer 15 dient als Marke dazu, eine Anweisung zu kennzeichnen. Bei der Übersetzung dieser Anweisung durch den Compiler entsteht eine Befehlsfolge, die in aufeinanderfolgenden Speicherzellen abgelegt werden. Die Anfangsadresse dieser Befehlsfolge wird der Statement-Nummer 15 zugeordnet und bei den entsprechenden Sprungbefehlen eine Adressierung vorgenommen.

Man beachte, daß die Statement-Nummer ihrem Wesen nach genauso wie die Variable I ein Name ist, dem eine Adresse zugeordnet wird, nur daß dieser Name aus Ziffern besteht. Die diesem Namen zugeordnete Adresse ist bei der Statement-Nummer die eines Befehls, während es bei der Variablen I die eines Wertes (Datum) ist.

Für den Anfänger ist es mitunter nicht einleuchtend, warum die Anweisungsfolge

a)
```
      I = 100
      GO TO I
```

nicht äquivalent sein soll mit

b)
```
      GO TO 100
```

Es sei ein Compiler betrachtet, der die Anweisungsfolge a nicht mit einer Fehlermeldung beanstandet. (Solche Compiler gibt es.) Was geschieht in dem Fall? Die Anweisung I = 100 wird so übersetzt, daß der Wert 100 in die Speicherzelle I gebracht wird. Beim Objektlauf hat die Variable I nach der Ausführung dieser Anweisung den Wert 100. Was erzeugt der Compiler bei der Übersetzung von GO TO I? Zunächst einmal erzeugt er einen Sprungbefehl. I wird als Name interpretiert, und in der Namenstabelle wird nachgesehen, welche Adresse diesem Namen zugeordnet ist. Es wird die Adresse der Variablen I gefunden und hinter dem Sprungbefehl eingesetzt. Beim Objektlauf geschieht dann an dieser Stelle ein Sprung auf die Variable I, und der Rechner interpretiert nun den Inhalt der Variablen I als Befehl, den er als nächstes ausführt. Man sieht also, daß der Wert von I, nämlich 100, beim Sprungbefehl GO TO I gar nicht zur Wirkung beiträgt. Bei der Anweisung GO TO 100 ist „100" eben kein Wert, sondern eine Marke.

Hat man sich mit einem Gedanken angefreundet, so möchte man ihn nicht gern wieder aufgeben. Infolgedessen stellt man die prinzipielle Frage: Wäre es nicht möglich, daß der Compiler bei der Bearbeitung der Anweisung GO TO I die Variable I erkennt und infolgedessen eine Befehlsfolge generiert, in der der Wert der Variablen I durch die entsprechende Marke ersetzt wird? Nun, prinzipiell ginge dies, aber mit welchem Aufwand!

Während der Übersetzung wird eine Liste aufgebaut, die für jede Statement-Nummer die dazugehörige Adresse beinhaltet. Da die Statement-Nummern lokale Namen von Marken sind, ist diese Liste nach der Übersetzung nicht mehr vorhanden. Eine solche Liste wäre aber nötig, um bei der Ausführung von GO TO I zu dem Wert von I die dazugehörige Adresse zu ermitteln, und diese Liste müßte bei jedem Sprungbefehl ausgewertet werden. Das wäre viel zu aufwendig, zumal es, wie wir im folgenden sehen werden, wesentlich einfachere Lösungen mit gleichen Wirkungen gibt.

### 5.2.3. Das berechnete GO TO (computed)

| GO TO $(k_1, k_2, \ldots, k_n)$, I |
|---|

I ist eine Variable vom Typ INTEGER, und ihr Wert wählt aus den möglichen Marken die Marke $k_i$ aus, die angesprungen wird. Auf die Art ermöglicht dies Statement, das Programm in Abhängigkeit von einem Wert zu verzweigen. Im Gegensatz zur IF-Abfrage mit nachfolgendem Sprungbefehl ist es beim berechnenden Sprung möglich, einen Weg in n Wege aufzuspalten.

Was erzeugt der Compiler aus einem berechnenden Sprung? Es wird eine Sprungkaskade mit den einzelnen Sprungzielen $k_1, k_2, \ldots, k_n$ aufgebaut und in diese Kaskade hineingesprungen.

| Adresse | Befehl | Adreßteil |
|---|---|---|
| m | Springe modifiziert mit I | m |
| m + 1 | Springe nach | $k_1$ |
| m + 2 | Springe nach | $k_2$ |
| ⋮ | ⋮ | ⋮ |
| m + n | Springe nach | $k_n$ |

Beim ersten Sprungbefehl wird zum Adreßteil m noch der Inhalt von I dazuaddiert und die sich ergebende Adresse m + i angesprungen. Dort steht ein Sprungbefehl nach $k_i$. Es können noch weitere Befehle bzw. ein Unterprogrammsprung vorhanden sein, um den Wert der Variablen I zu prüfen. ASA läßt für i, d.h. den Wert der Variablen I nur die Werte 1 bis n zu. Es gibt FORTRAN-Dialekte, die auch Werte kleiner 1 und größer als n zulassen. Die Wirkung ist aber bei diesen Anlagen nicht einheitlich.

Es existieren folgende Varianten:

1. a) $i < 1$ Sprung nach $k_1$
   b) $i > n$ Sprung nach $k_n$

2. a) $i < 1$
   b) $i > n$ } Wirkung wie CONTINUE

Bei der ersten Variante wird, solange die Variable I einen Wert kleiner als 1 hat, die erste Marke angesprungen, und wenn I einen Wert größer als n hat, wird die Marke $k_n$ angesprungen. Diese Variante hat sicher ihre Vorteile, aber man beachte, daß es z.B. nicht möglich ist, sofort zwischen $i = 1$ und $i < 1$ zu unterscheiden, so daß notfalls bei $k_1$ eine weitere Abfrage erforderlich ist. Das gleiche gilt für $i = n$ und $i > n$.

Die zweite Variante führt den Sprung nur aus, wenn i im definierten Bereich $1 \leq i \leq n$ liegt, sonst wird das auf den berechnenden Sprung folgende Statement ausgeführt. Nur bei dieser Varianten ist es möglich, das auf das computed GO TO folgende Statement zu erreichen, wenn es selbst keine Statement-Nummer besitzt.

Diese Variante hat einen großen Vorteil. Befindet sich ein Programm im Teststadium, so kann man hinter einem computed GO TO eine Fehlermeldung einbauen, die immer dann erreicht wird, wenn der Wert von I nicht im vorgegebenen Bereich liegt. Bei einem nach ASA geschriebenen Programm mußte man zwei Abfragen von I auf kleiner 1 und größer n vor dem Sprungbefehl einbauen, um die gleiche Wirkung zu erreichen.

Man sieht, daß diese Varianten einen gewissen Komfort erbringen, ohne aber etwas zu bieten, was mit ASA nicht zu erreichen wäre. Da die Compiler der verschiedenen Anlagen nicht alle einheitlich reagieren, sei vor der Benutzung solcher Nebenwirkungen gewarnt. Wird ein Programm unter Ausnutzung der Variante 1 oder 2 konzipiert und soll dieses Programm auf einer anderen Anlage zum Laufen gebracht werden, die diese Version nicht bietet, dann ist die Übernahme des Programms sehr zeitaufwendig, da alle computed GO TO überprüft werden müssen.

So trivial es vielleicht klingt, es sei hier noch kurz etwas dazu gesagt, wie I gesetzt werden kann.

1. I wird eine Konstante (1, 2, . . . ) zugewiesen. Diese Zuweisung tritt entweder als eigenständiges Statement oder nach einem logischen IF auf.

2. I wird der Wert einer anderen Variablen oder eines Feldelementes zugewiesen. Dies wird z.B. benutzt, wenn in einem Datenfeld außer den Daten auch noch ein Kennwert abgelegt ist, der den Programmlauf beeinflußt.

3. I ergibt sich als Wert eines arithmetischen Ausdrucks. Dieser Fall ist relativ selten, denn erstens liegt das Ergebnis einer Berechnung nicht zwangsweise in einem vorgegebenen Bereich und zum anderen ist es äußerst selten, daß man den Programmlauf vom Ergebniswert einer arithmetischen Operation so abhängig macht, daß man für jeden einzelnen Wert einen anderen Weg wünscht.

4. I wird mit anderen Daten eingelesen, und in Abhängigkeit von I wird ein Programmzweig angesprungen, um diese Daten auszuwerten.

### 5.2.4. Das assigned GO TO

Diese Form des GO TO ist im FORTRAN II noch nicht vorhanden, sondern erst im FORTRAN IV aufgenommen worden. Sie lautet:

| |
|---|
| GO TO I, $(k_1, k_2, \ldots, k_n)$ |

I ist eine einfache Variable vom Typ INTEGER, und $k_i$ ist eine Statement-Nummer, d.h. eine Marke. Diese Form des GO TO darf nur in Verbindung mit einer ASSIGN-Zuweisung an die entsprechende Variable I auftreten.

```
ASSIGN k TO I
```

Durch dieses Statement wird der Variablen I die Marke k zugewiesen. Was ist der Unterschied zwischen einer Markenzuweisung und einer gewöhnlichen Zuweisung?

a) I = 100

b) ASSIGN 100 TO I

Nach der Ausführung des Statements a besitzt I den Wert 100. Der Inhalt einer Speicherzelle ist nach I gebracht worden.

Nach der Ausführung des Statements b steht in I die Adresse, die in der Statement-Nummerntabelle der Marke 100 zugeordnet war. Diese Tabelle ist nur während der Übersetzung vorhanden, so daß bei der Ausführung dieser Anweisung die Statement-Nummer 100 nicht mehr auftritt.

Nach der Ausführung der ASSIGN-Zuweisung steht in I die zur Marke k gehörige Adresse. Beim assigned GO TO wird ein Sprung mit Ersetzen des Adreßteils durch den Inhalt der Variablen I aufgebaut. Die in der Klammer angegebenen Werte dienen nur zur Überprüfung. Zur Steuerung des Sprungs tragen sie nicht bei, und die Reihenfolge der Anordnung ist beliebig. Es gibt FORTRAN-Compiler, bei denen die in I angebotene Marke mit den in der Liste stehenden verglichen wird, und wenn in I eine Marke steht, die nicht in der Liste vorhanden ist, dann wirkt der GO TO-Befehl wie ein CONTINUE.

### 5.2.5. Vergleich Assigned GO TO – Computed GO TO

| Assigned GO TO | Computed GO TO |
|---|---|
| Wertezuweisung an Variable I durch ASSIGN | Wertezuweisung an Variable I |
| – | Berechnung von I |
| – | Einlesen von I |
| In I ist eine Adresse abgelegt. | In I ist ein Zahlenwert abgelegt. |
| Sprung durch Ersetzung auf die in I abgelegte Adresse; die in der Klammer angeführten Adressen dienen nur der Kontrolle. | Sprung nach Modifizierung mit I auf einen weiteren Sprungbefehl, der das in der Klammer angegebene Sprungziel anspringt. |

Beide Arten sind fast gleichwertig. In der Zuweisung ist das computed GO TO flexibler. Das computed GO TO ist sinnfälliger und wird deshalb dem assigned GO TO vorgezogen.

# 5.3. Die DO-Schleife

## 5.3.1. Die einfache Schleife

**Aufbau**

Das DO-Statement hat die Form

| DO k I = $n_1$, $n_2$, $n_3$ |
|---|

oder

| DO k I = $n_1$, $n_2$ |
|---|

dabei bedeuten:

k = Marke (Statement-Nummer)
I = Laufvariable (vom Typ INTEGER)
$n_1$ = Anfangswert
$n_2$ = Endwert
$n_3$ = Schrittweite

($n_1$, $n_2$, $n_3$: Laufparameter)

Die Laufparameter sind Konstante oder Variable vom Typ INTEGER. Fehlt der Wert $n_3$ und das Komma davor, so ist die Schrittweite = 1. Die Marke k muß anschließend im gleichen Programmteil als Anweisungsnummer vor einem ausführbaren Statement auftreten. Dieses Statement begrenzt die Schleife, die mehrmals mit verschiedenen Werten für I durchlaufen wird.

**Wirkungsweise**

In Abb. 5.4 ist die Wirkungsweise der DO-Schleife in Form eines Flußdiagramms dargestellt.

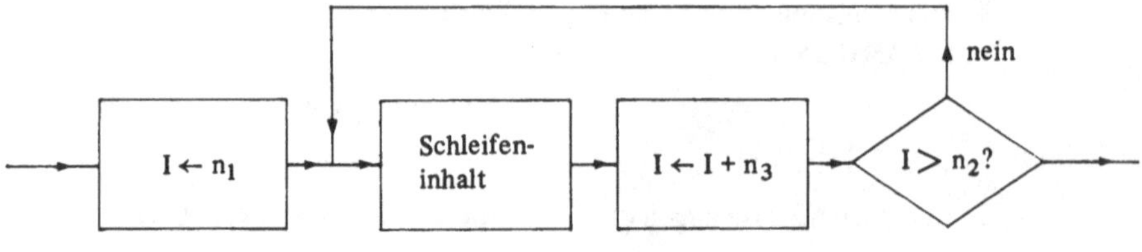


Abb. 5.4 Aufbau einer DO-Schleife in FORTRAN

Beim Eintritt in die Schleife wird der Laufvariablen I der Anfangswert zugewiesen und die Schleife durchlaufen. Das letzte Statement, vor dem die Schleifenendmarke k steht, gehört auch noch zum Schleifeninhalt. Die Laufvariable wird zunächst um die Schrittweite erhöht, und anschließend wird überprüft, ob sie den

Endwert übersteigt. Ist das der Fall, dann ist die Schleife beendet. Innerhalb des Schleifeninhaltes darf weder die Laufvariable noch einer der Laufparameter verändert werden. Ist die Schleife abgearbeitet, d.h. die Laufvariable erhält beim Erhöhen einen Wert, der größer als der Endwert ist, dann wird mit der nächsten folgenden Anweisung fortgefahren. Zu diesem Zeitpunkt ist die Laufvariable nicht mehr definiert.

**Unterschied zur Schleifenstruktur in ALGOL**

Zum Vergleich sei der Ablauf einer Schleife in ALGOL betrachtet.

Die Anweisung lautet:

```
'FOR' I = N1 'STEP' N3 'UNTIL' N2 'DO'
    'BEGIN'
       .
       .
       .
    'END';
```

Das Flußdiagramm für die Schleife ist aus Abb. 5.5 zu ersehen.

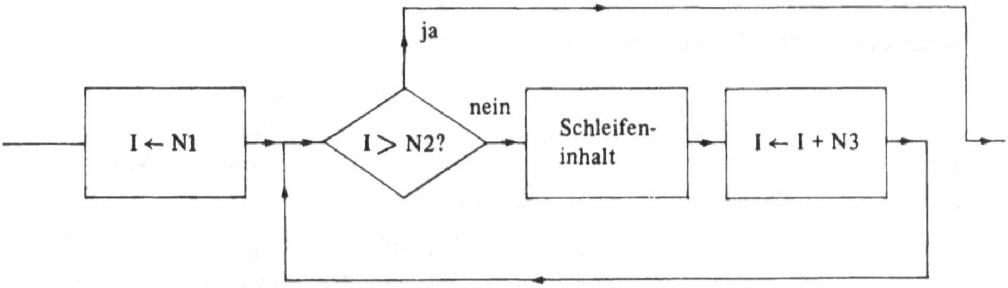


Abb. 5.5 Aufbau einer Schleife in ALGOL

Vergleicht man die beiden Flußdiagramme miteinander, so wird deutlich, daß im Gegensatz zum FORTRAN bei ALGOL-Schleifen zunächst die Laufvariable überprüft wird, ob sie den Endwert überschreitet und wenn ja, der Schleifeninhalt nicht durchlaufen, sondern die Schleife beendet wird. in FORTRAN wird eine Schleife immer mindestens einmal durchlaufen; auch dann, wenn der Anfangswert größer als der Endwert ist. Muß mit dieser Möglichkeit gerechnet werden, so hat der FORTRAN-Programmierer vorher den Anfangswert abzufragen und ggf. die Schleife zu überspringen.

## Realisierung

Immer dann, wenn von der Realisierung gesprochen wird, müssen wir uns vor Augen halten, daß die Implementierung stark herstellerabhängig ist und deshalb das hier Gesagte nicht allgemein gelten kann.

Um eine DO-Schleife zu realisieren, gibt es im Prinzip zwei Methoden:

- mit Hilfe von Speicherzellen
- mit Hilfe von Indexzellen.

Welche Methode verwendet wird, hängt vom Aufbau des Rechners ab und vom Aufwand, den man bei der Erstellung des Compilers getrieben hat. Die Verwendung der Indexzellen setzt voraus, daß der Rechner eine Indexrechnung besitzt. Aber auch dann, wenn eine solche vorhanden ist, ist es nicht gesagt, daß der Compiler eine Befehlsfolge generiert, die hierauf zugreift, denn es ist wesentlich aufwendiger, einen Compiler zu schreiben, der mit dieser Eigenschaft arbeitet.

Ist eine Schleife nach den Regeln programmiert, so bemerkt der Programmierer keinen Unterschied zwischen diesen beiden Realisierungsmöglichkeiten. Von der Zeitersparnis sei hier abgesehen. Anders ist es dagegen, wenn Regelwidrigkeiten vorhanden sind, die der Compiler nicht feststellen kann; hier kann durchaus ein unterschiedliches Verhalten festzustellen sein.

### Realisierung mit Hilfe von Speicherzellen

Bei der Realisierung der DO-Schleife wird für die Laufvariable eine Speicherzelle reserviert, die den Namen der Laufvariablen hat. Tritt im gleichen Programm außerhalb dieser Schleife eine Variable mit dem gleichen Namen auf, so ist diesen beiden Größen die gleiche Speicherzelle zugeordnet.

In einem Programmteil tritt die Variable I auf. Im gleichen Programmteil ist eine Schleife, deren Laufvariable den Namen I besitzt. Bei jedem Zugriff auf die Variable I – innerhalb und außerhalb der Schleife – wird dann auf die gleiche Speicherzelle zugegriffen.

### Realisierung mit Hilfe von Indexzellen

Eine DO-Schleife wird naturgemäß immer dann verwendet, wenn eine Befehlsfolge sehr häufig durchlaufen wird. Deshalb haben sich die Compilerhersteller sehr genau überlegt, wie man den Befehlscode für diese Schleife aufbaut. Es ist klar, daß alle Möglichkeiten, die der Rechner bietet, ausgenutzt werden, um eine möglichst optimale Befehlsfolge zu generieren. Für die DO-Schleife bietet sich die Indexrechnung an. Indexzellen sind Register, die in erster Linie für die Adressenrechnung gedacht sind. Mit Hilfe dieser Zellen kann man den Adreßteil eines Befehls modifizieren und auf die I. Komponente eines Feldes zugreifen.

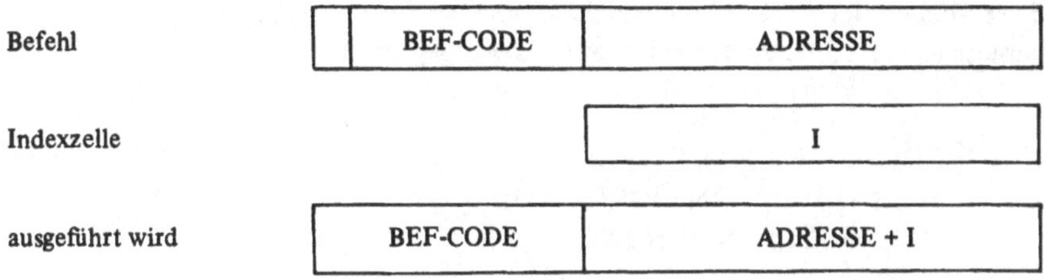


Abb. 5.6 Modifizierung einer Adresse durch die Indexzelle

Die Erhöhung eines Indexwertes ist um ein Vielfaches schneller als eine normale Addition.

Wenden wir uns nun wieder dem Fall zu, daß eine Variable als Laufvariable und außerhalb der Schleife auftritt. Für die Laufvariable wird eine Indexzelle reserviert und für die einfache Variable eine Speicherzelle

```
        .
        .
        .
    I = I + 1
        .
        .
        .
    DO 10 I = 1, 100
 10 A (I) = 0.0
```

Wenn außerhalb der Schleife der Wert von I benutzt wird, wird auf die Speicherzelle zugegriffen, innerhalb der Schleife dagegen auf die Indexzelle.

Durch das DO-Statement wird die Indexzelle mit dem Anfangswert besetzt, und nach der Ausführung des letzten Statements der Schleife wird der Wert der Indexzelle erhöht. Nach der Abarbeitung der Schleife kann auf den Wert der Laufvariablen nicht zugegriffen werden.

Es sei nochmal darauf hingewiesen, daß diese Form der Realisierung hier nur als eine von vielen Möglichkeiten angeführt ist und nicht als allgemein üblich angesehen werden darf.

Diese Form der Realisierung konnte gewählt werden, weil

- man nicht in eine DO-Schleife unter Umgehung des DO-Statements springen darf
- der Wert der Laufvariablen nach Abarbeiten der Schleife nicht definiert ist.

Tritt innerhalb der Schleife ein Sprung an einen Punkt außerhalb auf, dann verlangt die Regel, daß dann der Wert der Laufvariablen definiert ist. Also muß in diesen Fällen der Wert der Indexzelle in die Speicherzelle gebracht werden, denn außerhalb der Schleife wird ja nur auf diese zugegriffen.

**Beispiel:**

```
      DIMENSION LIST (2, 100)
C     FUELLEN VON LIST
         .
         .
         .
C     EINLESEN UND SUCHEN
      READ (5, 10) N
   10 FORMAT (I5)
      DO 20 I = 1, 100
      IF (LIST (1, I) .EQ. N) GO TO 30
   20 CONTINUE
C     FEHLERAUSGANG
      GO TO 100
C     WERT GEFUNDEN
   30 K = LIST (2, I)
         .
         .
         .
```

Innerhalb der Schleife wird für I mit einer Indexzelle gearbeitet. Wenn aber die Abfrage wahr ist, wird zunächst der Wert der Indexzelle in die Speicherzelle der Variablen I gebracht und dann das Statement mit der Nummer 30 angesprungen. Bei der Berechnung der Adresse des Feldelementes LIST (2, I) wird dann auf die Speicherzelle zugegriffen.

Es gibt noch eine weitere Möglichkeit, eine Schleife zu verlassen, und zwar den Aufruf eines Unterprogramms. Wenn in diesem oder einem der tiefer liegenden Unterprogramme der Wert der Laufvariablen gebraucht wird, dann muß vor dem Sprung in dies UP die Speicherzelle mit dem aktuellen Wert der Indexzelle gefüllt werden. Da aber jede Programmeinheit für sich übersetzt wird, ist die Frage, ob der Wert der Laufvariablen benötigt wird, nur durch eines der folgenden Kriterien zu beantworten:

Die Laufvariable tritt als Parameter auf.

Die Laufvariable steht in einem COMMON-Block.

Ist aus einer Schleife herausgesprungen worden und wird, nach Ausführung mehrerer anderer Statements, wieder in die Schleife hineingesprungen und dort weiter gerechnet, dann hat die Laufvariable nach wie vor ihren alten Wert, auch wenn in der Zwischenzeit (verbotenerweise) der Speicherzelle ein neuer Wert zugewiesen wurde, denn innerhalb der Schleife wird ja mit der Indexzelle gearbeitet. Weil in FORTRAN die Forderung besteht, daß bei einem Sprung aus der Schleife und einem späteren Rücksprung wieder hinein in der Zwischenzeit die Laufvariable und die Laufparameter nicht verändert werden dürfen, ist eine Realisierung durch Indexzahlen erst möglich.

Anhand des hier Aufgezeigten kann der Leser sich selbst verdeutlichen, warum folgende Anweisungsfolge verboten ist:

```
        .
        .
        .
      I = 5
      GO TO 10
        .
        .
        .
      DO 20 I = 1, 50
        .
        .
        .
   10 K = I
        .
        .
        .
   20 CONTINUE
```

Die Laufvariable I wäre innerhalb der Schleife undefiniert.

**Der Schleifeninhalt**

Der Schleifeninhalt ist unterschiedlich definiert.

1. statisch
2. dynamisch

Den statischen Schleifeninhalt bilden alle Statements nach dem DO-Statement bis einschließlich dem, vor dem die Schleifenendemarke steht. Alle anderen Anweisungen, die nicht zu diesem Block gehören, liegen außerhalb der Schleife.

Zum dynamischen Schleifeninhalt kann man alle Statements zählen, die bis zum Erhöhen des Laufparameters durchlaufen werden können. Dabei spielt es keine Rolle, wo im Programmteil diese Anweisungen stehen. Im allgemeinen sind der dynamische und der statische Schleifeninhalt gleich. Ist das nicht der Fall, dann sagt man, daß ein Sprung aus einer Schleife und wieder zurück erfolgt.

**Beispiel:**

```
   INTEGER A (100)
   DO 1 I = 1, 100
   GO TO 2
 1 CONTINUE
   GO TO 3
 2 A (I) = 0
   GO TO 1
 3 CONTINUE
```

Jeder Programmierer wird zu diesem Beispiel sagen, es sei schlecht programmiert. Natürlich ist es das, aber warum?

Der Sprung aus einer Schleife und wieder zurück ist

1. aufwendig, da zusätzliche Sprungbefehle benötigt werden
2. unübersichtlich.

So einsichtig diese Punkte für das obenstehende Beispiel sind, trotzdem ist diese Programmierpraxis noch nicht ausgestorben. Häufig begegnet man dieser Form, wenn in einem fertig programmierten Programmteil ein Sonderfall nicht berücksichtigt wurde. Dann wird die Behandlung dieses Sonderfalls an das Ende, wo es nicht stört, angehängt, in der Schleife eine Abfrage auf diesen Fall eingebaut und nach der Behandlung in die Schleife zurückgesprungen. Dabei läßt sich fast jede Schleife so umordnen, daß diese Sprünge vermieden werden können.

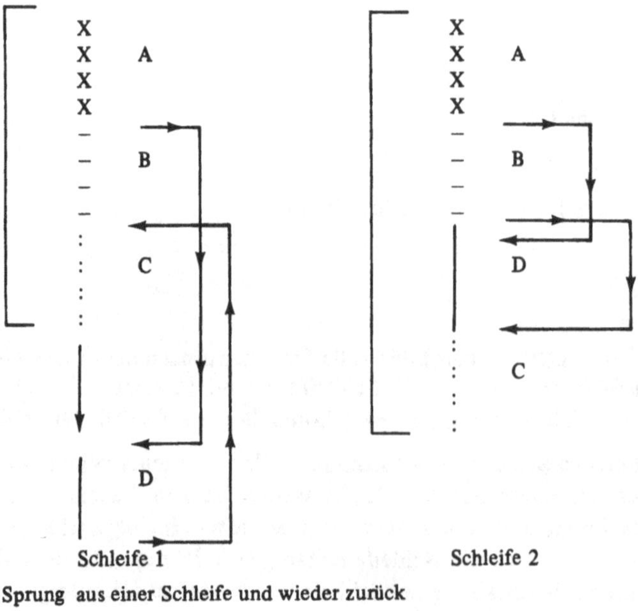


Abb. 5.7 Sprung aus einer Schleife und wieder zurück

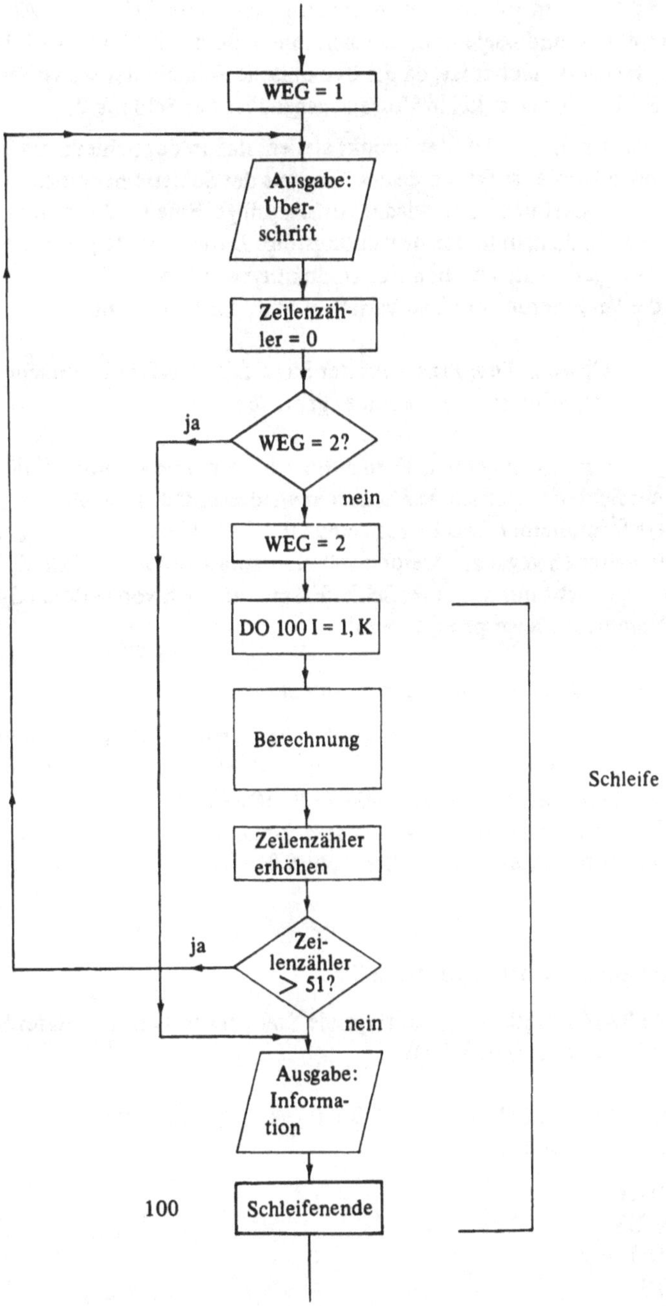


Abb. 5.8 Flußdiagramm

Die Schleife 2 in Abb. 5.7. ist übersichtlicher als die Schleife 1. Alle Sprungausgangspunkte und -ziele befinden sich innerhalb der Schleife. Sie bildet eine Einheit, die überschaubar ist, da die dynamische Schleife der statischen entspricht. Die Schleife 1 bietet keine Vorteile gegenüber der Schleife 2.

Man kann sich auf den Standpunkt stellen, daß in der Schleife ein Tatbestand gefunden wurde, aufgrund dessen man aus der Schleife herausspringt, bei D hierauf reagiert und dann wieder zurückspringt. Eine solche Argumentation ist aber falsch, da man in der Anweisungsfolge D die Schleife gar nicht verlassen hat. Hier gelten die gleichen Einschränkungen wie in der Schleife, z.B. in Bezug auf die Veränderung der Laufvariablen bzw. der Laufparameter.

> Obwohl diese Praxis aus der Sicht der FORTRAN-Sprache zugelassen ist, sollte man sie, wenn es geht, vermeiden.

Es gibt immer Ausnahmen, so auch hier. In einem bestimmten Fall ist der Sprung aus der Schleife (statisch gesehen) und wieder zurück sinnvoll und gar nicht anders formulierbar. Das ist zum einen der Unterprogrammsprung, auf den hier nicht weiter eingegangen werden soll, und zum zweiten der Fall, daß eine Befehlsfolge nicht nur aus einer Schleife, sondern auch von anderen Stellen des Programms aus angesprungen wird.

**Beispiel**: Es soll etwas ausgegeben werden.

Zunächst wird eine Überschrift geschrieben. Dann wird in einer Schleife Information ausgegeben und bei jedem Druckbefehl ein interner Zeilenzähler hochgezählt. Ist die vorgegebene Schranke (z.B. 50) erreicht, so soll ein Seitenvorschub erfolgen, die Überschrift erneut ausgegeben und dann mit der Ausgabe der Information fortgefahren werden. Die Abb. 5.8 zeigt das Flußdiagramm.

### Das letzte Statement einer Schleife

FORTRAN schreibt vor, daß folgende Statements nicht als letztes Statement einer Schleife auftreten dürfen.

1. Jede Art von GO TO
2. arithmetisches IF
3. STOP
4. PAUSE
5. RETURN
6. DO
7. logisches IF, gefolgt von einem der unter 1–5 angegebenen Statements.

Um zu erkennen, warum diese Regel besteht, sehen wir uns die Abb. 5.9 an.

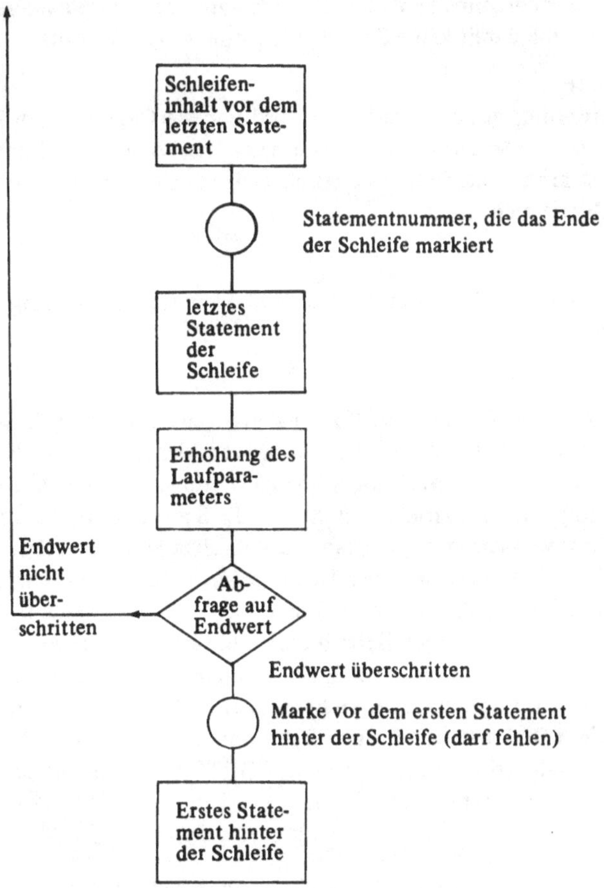


Abb. 5.9 Das Ende einer Schleife

Die in der DO-Anweisung stehende Anweisungsnummer markiert das letzte Statement dieser Schleife. Wird durch einen Sprungbefehl (innerhalb der Schleife) auf diese Marke gesprungen, so wird anschließend das letzte Statement der Schleife noch ausgeführt. Erst dann wird die Laufvariable erhöht, und es wird ggf. an den Anfang der Schleife zurückgesprungen. Man beachte also, daß das letzte Statement einer Schleife immer ausgeführt wird.

GO TO
Ein einfaches GO TO oder ein computed GO TO würde einen Sprung an eine andere Stelle des Programms bewirken. Die Erhöhung des Laufparameters könnte nie geschehen und damit käme die Schleife gar nicht zur Wirkung.

arithmetisches IF
Nach der Überprüfung des arithmetischen Ausdruckes erfolgt in jedem Fall ein Sprung, entweder wieder zurück oder weiter vorwärts, wobei die Schleife verlassen wird. Das arithmetische IF arbeitet also wie ein GO TO und ist damit am Ende einer Schleife nicht sinnvoll.

STOP, RETURN
Da diese Statements den Programmteil beenden, kann sich naturgemäß keine Schleife ausbilden.

PAUSE
Warum verbietet FORTRAN die PAUSE-Anweisung als letzte Anweisung, aber nicht als z.B. vorletzte? Die PAUSE-Anweisung wäre sicherlich sinnvoller (soweit man hier von Sinn reden kann) als die STOP-Anweisung. Nach der Aufhebung der PAUSE wird ja die Laufvariable erhöht und die Schleife erneut durchlaufen. Die Antwort liegt weniger in der programmtechnischen Seite als vielmehr in der Wirkung der PAUSE-Anweisung selbst. Da diese Anweisung einen Eingriff durch den Operateur verlangt, sollte sie nur in Sonderfällen benutzt werden. Moderne Rechenanlagen, die im closed-job-Betrieb arbeiten, verbieten ihre Anwendung ganz. Steht eine PAUSE-Anweisung, z.B. als vorletztes Statement einer Schleife, dann kann sie übersprungen werden. Steht sie aber als letztes Statement, dann wird sie bei jedem Durchlauf ausgeführt. Dann wäre die Ausführung dieser Anweisung kein Sonderfall mehr. Deshalb verbietet FORTRAN die Benutzung von PAUSE als letztes Statement einer Schleife.

DO
Die Regeln über DO-Schleifen in einer DO-Schleife besagen, daß jede DO-Schleife abgeschlossen sein muß, bevor die übergeordnete Schleife beendet werden kann. Da die DO-Anweisung eine Schleife eröffnet, nicht aber gleichzeitig abschließt, würde eine solche Anweisung am Ende einer Schleife eine nicht erlaubte Konstruktion von DO-Schleifen erzeugen.

logisches IF (gefolgt von einer Anweisung 1–5)
Einen Grund, warum dieses Statement als letztes einer Schleife verboten ist, kann ich nicht geben. Sollte der logische Ausdruck .FALSE. sein, so wird das, was hinter der Abfrage steht, nicht ausgeführt und mit der Erhöhung der Laufvariablen fortgefahren. Eine Schleife kann sich also ausbilden. Wahrscheinlich ist diese Regel nur als Vorsichtsmaßnahme gedacht. Allerdings gibt es Compiler, die dieses Statement am Ende einer Schleife zulassen.

Zusammenfassend läßt sich sagen, daß die von FORTRAN gestellten Regeln keine Einschränkungen sind, sondern den Programmierer vor einer fehlerhaften Programmierung bewahren, denn derartige Schleifenkonstruktionen sind sinnlos.

Die Scheinanweisung: CONTINUE
Aus Abb. 5.9 ersehen wir, daß das letzte Statement der Schleife in jedem Fall durchlaufen wird. Hat nun der Programmierer den Wunsch, die Erhöhung des Laufparameters direkt anzuspringen, ohne daß vorher etwas getan wird, so setzt er die Scheinanweisung CONTINUE als letztes Statement der Schleife ein. Dieses Statement hat keine Wirkung zur Folge. Realisiert wird diese Anweisung entweder durch einen „Null-Befehl", der keine Wirkung hat; es gibt aber auch Compiler, die keinen Befehl generieren, so daß ein Sprung auf das Schleifenende übersetzt wird in einen Sprung auf die Adresse, wo die Erhöhung der Laufvariablen geschieht.

### 5.3.2. Geschachtelte Schleifen (DO-Nest)

Für die Ineinanderschachtelung von Schleifen gelten die gleichen Regeln, die für die einzelne Schleife gültig sind. Anhand dieser Regeln läßt sich eindeutig feststellen, welche Kombinationen von Schleifen und welche Sprünge innerhalb dieser Schleifen erlaubt bzw. verboten sind.

Es sind dies folgende Regeln:

- Das Verändern der Laufparameter und der Laufvariablen ist innerhalb der Schleife verboten.
- Ein Einsprung in eine Schleife unter Umgehung der DO-Anweisung ist verboten.
- Außerhalb der Schleife ist die Laufvariable nicht definiert.

**Erlaubte Kombinationen**
Eine Schleife innerhalb einer Schleife ist erlaubt; die beiden Schleifen müssen aber unterschiedliche Laufvariable haben. Die Verschachtelung kann beliebig tief sein.

Die Abb. 5.10 zeigt erlaubte Kombinationen. Wie Form b und e zeigt, dürfen die Schleifen mit der gleichen Statement-Nummer enden. Die inneren Schleifen der Form c dürfen die gleiche Laufvariable haben.

Die Form f zeigt eine nicht erlaubte Form des DO-Nestes. Diese Kombination zweier Schleifen ist auch nicht sinnvoll. Es gibt keine Aufgabe, die eine derartige Schleifenkonstruktion erfordert.

erlaubt: nicht erlaubt:

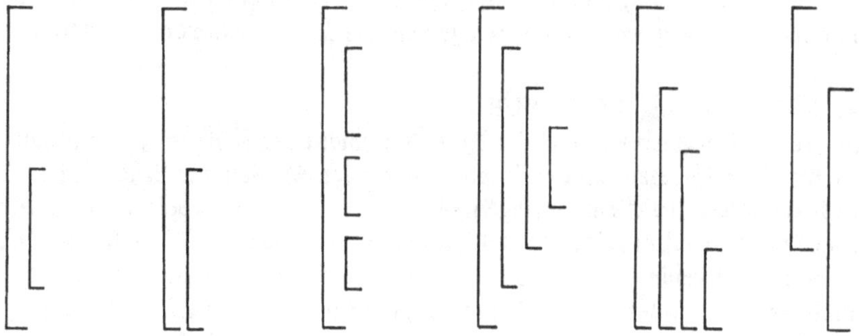

a) b) c) d) e) f)

Abb. 5.10 DO-Nest-Konstruktionen

**Sprünge im DO-Nest**

Sprünge innerhalb einer DO-Schleife sind immer dann erlaubt, wenn das Sprungziel nicht in einer Schleife niedrigerer Stufe liegt, da sonst ein Einsprung in eine Schleife unter Umgehung der DO-Anweisung vorliegt.

Sprünge aus einer DO-Schleife sind erlaubt, also auch dann, wenn das Sprungziel in einer übergeordneten Schleife liegt. Ebenso darf aus einer Schleife raus- und später wieder reingesprungen werden, wenn in der Zwischenzeit die Laufvariable nicht verändert wurde.

erlaubt:

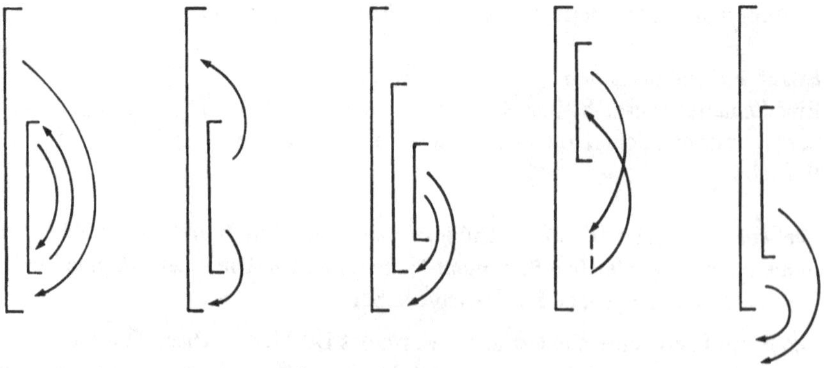

a) b) c) d) e)

verboten:

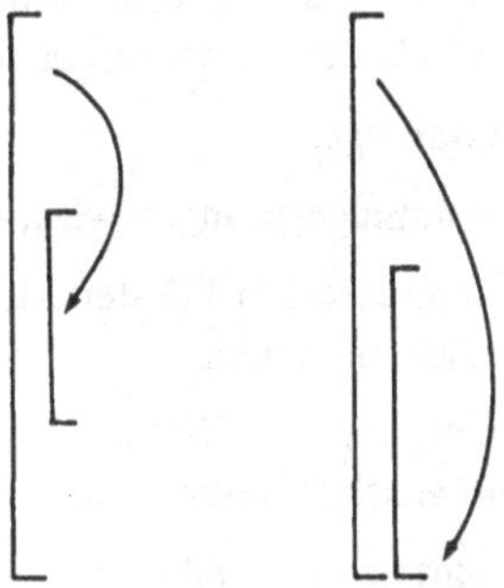

f) g)

Abb. 5.11 Sprünge in DO-Nestern

Abb. 5.11 zeigt Sprünge innerhalb von DO-Nestern. Wie schon bei der einfachen Schleife besprochen, sollte man Sprünge aus einer Schleife mit einem nachfolgenden Sprung wieder hinein vermeiden. Besondere Aufmerksamkeit widme man dem Fall g. Selbst einem geübten Programmierer kann dieser Fehler noch passieren. Er tritt dann auf, wenn zwei Schleifen durch das gleiche Statement beendet werden. Wird anhand der anfallenden Daten eine weitere Berechnung überflüssig, und soll die Laufvariable den nächsten Wert annehmen, so wird auf das Ende der Schleife gesprungen. Hierbei wird aber übersehen, daß auch die innere Schleife bei diesem Statement endet und daß der Sprung die innere Schleife unter Umgehung der DO-Anweisung anspringt. In einem solchen Fall dürfen die beiden Schleifen nicht mit dem gleichen Statement enden.

## 5.4. Regeln zu IF, GO TO, DO

▷ Das logische IF ist dem arithmetischen vorzuziehen, da es übersichtlicher ist.

▷ Beim Vergleich von REAL-Größen nie auf = oder ≠ abfragen, sondern mit .LE. bzw. .GE. Bei Brüchen einen kleinen Korrekturwert mit angeben.

▷ Eine logische Abfrage, bei der mehr als eine Bedingung durch .AND. und .OR. miteinander verknüpft sind, sollte man in mehrere Abfragen auflösen und sich die Reihenfolge überlegen. Die Bedingung, die am ehesten erfüllt ist, ist an den Anfang zu legen.

▷ Man sollte sich überlegen, ob es besser ist, einen Begriff immer wieder durch Abfragen zu analysieren oder ihm eine Kennummer zuzuordnen, die durch entsprechende computed GO TO den Kontrollfluß steuert.

▷ Man vermeide Rückwärtssprünge.

▷ Je weniger in einem Programm gesprungen wird, um so übersichtlicher ist es.

▷ Der Kennwert, der ein computed GO TO steuert, sollte im Programm durch Kommentarkarten beschrieben werden.

▷ Die statische und die dynamische Schleife sollten sich decken, d.h. ein Sprung aus einer Schleife und ein anschließender Rücksprung sind zu vermeiden.

▷ Die DO-Schleife sollte nicht zu ausgedehnt sein. Erstreckt sie sich über mehrere Seiten Protokoll, so sollte man eine Unterteilung in Unterprogramme erwägen.

▷ Vorsicht beim Anspringen des Schleifenendes. Man sollte überprüfen, ob hier zusätzlich eine innere Schleife endet.

▷ Man überprüfe jede Rechenoperation, ob mindestens der Wert einer Größe vom Laufindex abhängt. Wenn nicht, kann diese Operation vor die Schleife gelegt werden.

# 6. Ein-Ausgabe

Zunächst sei die normale Ein-Ausgabe über Lochkartenleser und Schnelldrucker betrachtet. Es folgt eine Beschreibung der Ein-Ausgabe auf Magnetband und Platte. Zum Schluß wird auf Sonderformen eingegangen, die nicht zum FORTRAN-ASA-Standard gehören.

## 6.1. Datenformen und Datenumwandlungen

Die Daten, die auf einem Ablochformular stehen, durchlaufen einen langen Weg, bis sie auf dem Druckerprotokoll wieder erscheinen. Um das Verständnis für die Ein-Ausgabe zu erhöhen, soll im folgenden aufgezeigt werden, in welchen Formen die Daten auftreten können und welchen Umwandlungen sie unterliegen.

### 6.1.1. Die Datenformen

**Die geschriebene Information**

Die Daten werden vom Programmierer in ein Ablochformular eingetragen. Diese Information ist völlig eindeutig. Sie besteht aus Zeichen und Zwischenräumen. Es handelt sich um die geschriebene Information, die jeder lesen kann. Reicht eine Zeile nicht aus, so werden die Daten in aufeinanderfolgenden Zeilen abgelegt.
Als geschriebene Information ist auch das Druckerprotokoll anzusehen.

**Die Lochkarte**

Eine Lochkarte enthält 80 Spalten, wobei jede Spalte ein Zeichen oder einen Zwischenraum als Information aufnehmen kann. Die Information besteht aus einer Lochung. Pro Spalte gibt es 12! (Fakultät) Möglichkeiten einer Lochung. Soviele Zeichen gibt es gar nicht. Deshalb hat man den Vorrat der Lochkombinationen genormt und eingeschränkt. Der Programmierer muß aber beachten, daß es verschiedene Codes gibt, z.B. den IBM-H-Code, den IBM-29-Code, den IBM-26-Code, den DFG-Code usw. Meistens ist eine Rechenanlage auf einen Code eingestellt, und der Programmierer arbeitet nur mit diesem „offiziellen" Code. Läßt er aber sein Programm auf einer anderen Anlage laufen, bei der ein anderer Code eingestellt ist, dann wird er im Druckerprotokoll Zeichen entdecken, die er nach seiner Meinung gar nicht eingegeben hat.

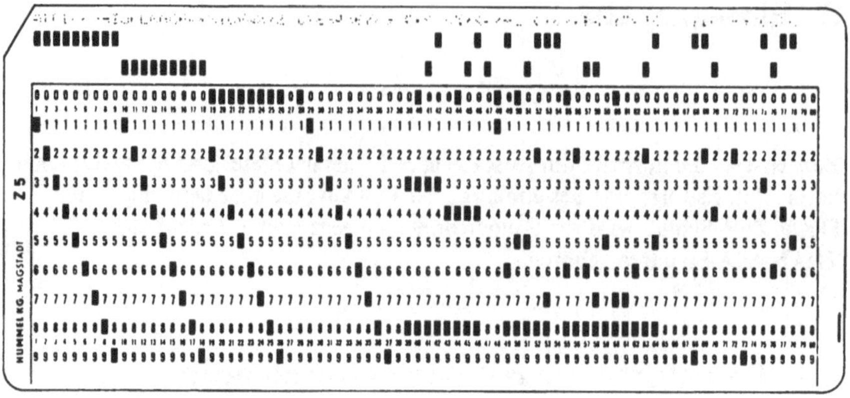

Abb. 6.1 Lochkarte mit Zeichen in IBM-Code

Die Abb. 6.1 zeigt eine Lochkarte, die im IBM-29-Code gelocht ist.

**Interne Text-Darstellung**
Diese Darstellung ist rechnerabhängig. Ein Zeichen ist durch eine Bitkombination verschlüsselt im Rechner abgelegt entweder im Kernspeicher oder auf einem Hintergrundspeicher. Wieviel Bit für ein Zeichen verwendet werden, ist unterschiedlich; gebräuchlich sind 6 und 8 Bit. Im ersten Fall kann man 64 Zeichen darstellen, im zweiten 256. Bei Byte-Maschinen ist ein Zeichen in einem Byte abgelegt, bei Wort-Maschinen enthält ein Wort mehrere Zeichen, im Normalfall 4 bzw. 6. Es sind aber auch 10 Zeichen/Wort möglich (CDC 6000-Serie). Bei Wort-Maschinen ist das einzelne Zeichen nicht adressierbar, sondern nur die Gruppe von Zeichen, die in einem Wort stehen.

Das Datum 2 5 5 ist z.B. in einem Wort, bestehend aus den 3 Bitgruppen a 6 Bit abgelegt:

⟨ Kombination für „2" ⟩
⟨ Kombination für „5" ⟩
⟨ Kombination für „5" ⟩

Mit Werten in dieser Darstellung wird Textverarbeitung betrieben. Normalerweise ist dies auch die Form, in der Hollerith-Werte abgespeichert sind. Beim TELEFUNKEN-Rechner TR4 und TR440 ist die FORTRAN-Hollerith-Darstellung im Kernspeicher nicht identisch mit der Textdarstellung auf einem Hintergrundspeicher.

**Interne Wert-Darstellung**
Nur Zahlenwerte können in dieser Form dargestellt sein. Die Form der Darstellung ist rechnerabhängig. Ein Zahlenwert kann z.B. als Festpunktzahl oder als Gleitpunktzahl in einem Maschinenwort abgelegt sein.

z.B. 2 5 5

als Festkommazahl | 0 — 0 1 1 1 1 1 |

Mit Werten in dieser Darstellung wird „gerechnet".

## 6.1.2 Datenwandlungen

Die auf Ablochlisten geschriebene Information wird abgelocht und steht anschließend auf Lochkarten. Die Umwandlung wird dabei von dem Locher vorgenommen, den man benutzt.

Früher war es bei den älteren Rechnern üblich, daß die Ein-Ausgabe im ON-LINE-Betrieb stattfand, d.h. die Lochkarte mit den Daten wurde erst in dem Augenblick eingezogen, wenn in dem Programm, das gerade rechnete, ein Lesebefehl auszuführen war. Bei neueren Rechenanlagen wird OFF-LINE gearbeitet, d.h. die Daten werden mit dem Programm eingelesen und auf einem Hintergrundspeicher (Platte) abgelegt. Wenn das Programm rechnet und ein Lesebefehl ansteht, werden die Daten von diesem Hintergrundspeicher geholt.

Zunächst sei der ON-LINE-Betrieb betrachtet. Abb. 6.2 zeigt, welche Umwandlungen in diesem Fall auftreten.

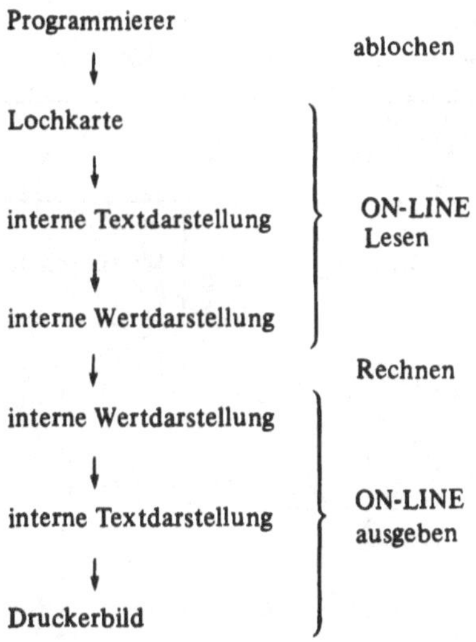


Abb. 6.2 Datenwandlungen im ON-LINE-Betrieb

**Einlesen im ON-LINE-Betrieb**

Eine Lochkarte hat 12 x 80 Bit-Informationen. Durch die Ausführung eines Lesebefehls wird eine Lochkarte eingelesen, und die auf dieser Lochkarte enthaltene Information wird – eventuell über einen Lochkartenlese-Puffer – im Kernspeicher abgelegt, je 12 Bit für eine Spalte der Lochkarte. Ein im Kernspeicher ablaufendes Leseauswertprogramm entschlüsselt die Information und baut in einem weiteren Puffer die Interne Textdarstellung auf, bei der 6 Bit für ein Zeichen benötigt werden. Liegen fehlerhafte Lochungen vor, denen kein Zeichen zugeordnet werden kann, so wird dies vom Leseprogramm erkannt und gemeldet.

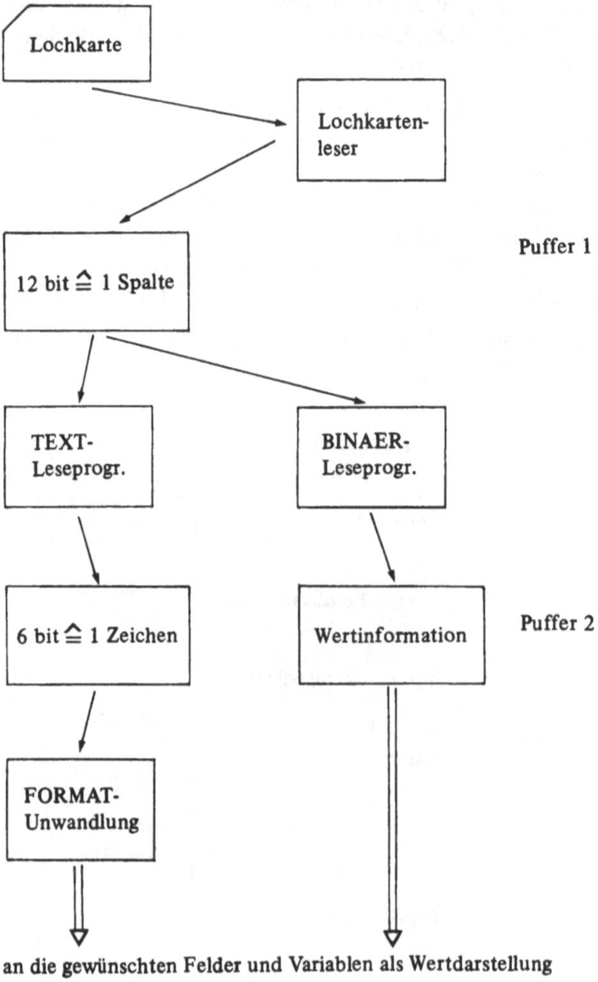


Abb. 6.3 Eingabephase

Befindet sich auf der Lochkarte Binärinformation, so wird diese über ein anderes Leseauswertprogramm eingelesen, überprüft und in den Pufferspeicher abgelegt. In diesem Fall ist die in dem Puffer abgelegte Information normalerweise keine Textdarstellung.

Abb. 6.3 zeigt den schematischen Ablauf der Einlesephase.

Anhand der Eingabeliste, die im READ-Statement angeführt ist, wird der Zielort der Information festgestellt. Das im gleichen READ-Befehl angegebene FORMAT gibt für jedes Element der Zielliste an, wieviele Zeichen aus dem Puffer 2 als eine Einheit aufzufassen sind und in welche Wertdarstellung diese Zeichen umzuformen sind.

Binärinformation wird direkt aus dem Puffer den Eingabe-Listenelementen zugewiesen. Deshalb ist hier keine FORMAT-Angabe nötig.

Ist im FORMAT die Spezifikation A angegeben, d.h. die Information soll als Textinformation abgelegt werden, so ist, falls die interne Textdarstellung sich von der FORTRAN-Textdarstellung nicht unterscheidet, keine Umwandlung nötig. Ist im FORMAT die Spezifikation I, E, F oder G angegeben, so sind komplizierte Umwandlungen nötig, um aus der Textdarstellung die Wertdarstellung zu erhalten. In diesen Umwandlungsroutinen wird eine Fehlerprüfung durchgeführt, ob z.B. innerhalb einer Zahl ein Buchstabe auftritt.

Würde im READ-Statement keine Eingabeliste vorhanden sein, so wird bei der Ausführung eine Lochkarte eingelesen und die auf der Lochkarte vorhandene Information im Puffer 2 bereitgestellt, aber es unterbleibt dann der weitere Transport. Damit ist diese Lochkarte überlesen worden, es sei denn im dazugehörigen FORMAT-Statement stehen H-Spezifikationen, denn dann wird die eingelesene Information im Format abgelegt.

**Ausgeben im ON-LINE-Betrieb**

Bei der Ausgabe spielt sich der gleiche Vorgang wie bei der Eingabe, nur in umgekehrter Reihenfolge, ab.

Die Ausgabelistenelemente im WRITE-Befehl geben an, welche Information auszugeben ist. Ist im WRITE-Befehl ein FORMAT angegeben, so wird die Information entsprechend diesem Format in eine Textdarstellung umgewandelt und in den Ausgabepuffer abgelegt. Bei der Ausgabe auf den Drucker wird jedoch das erste Zeichen nicht als Information ausgegeben, sondern dient zur Druckersteuerung. Ist kein Format im WRITE-Befehl angegeben, so wird die Information aus den Variablen und Feldelementen direkt ohne Umwandlung in den Puffer transportiert.

Aus diesem Puffer, der sich im Kernspeicher befindet, wird die Information – eventuell über einen Gerätepuffer – ausgegeben. Der Drucker kann aber keine Binärinformation ausgeben!

**Ein-Ausgabe im OFF-LINE-Betrieb**

Abb. 6.4 zeigt den Informationsfluß beim OFF-LINE-Betrieb der EA-Geräte Lochkartenleser und Drucker.

| | |
|---|---|
| Programmierer<br>↓ | |
| Lochkarte<br>↓<br>Textdarstellung (Kernspeicher) | Einlesen (System) |
| ↓ | |
| Textdarstellung (Hintergrund)<br>↓<br>Textdarstellung (Kernspeicher)<br>↓<br>Wertdarstellung | Einlesen (Programm) |
| ↓ | Rechnen |
| Wertdarstellung<br>↓<br>Textdarstellung (Kernspeicher)<br>↓<br>Textdarstellung (Hintergrund) | Ausgabe (Programm) |
| ↓ | |
| Textdarstellung (Kernspeicher)<br>↓<br>Druckerbild | Ausgabe (System) |

Abb. 6.4 Ein-Ausgabe im OFF-LINE-Betrieb

Beim OFF-LINE-Betrieb wird das Programm mit seinen Daten eingelesen und auf den Hintergrund (Platte) gebracht. Das Programm wird vom Betriebssystem zu einem bestimmten Zeitpunkt in den Kernspeicher geladen und gestartet.

Bei der Ausführung eines Lesebefehls werden die zu dem Programm gehörenden Daten vom Hintergrundspeicher geholt und dem Programm zur Verfügung gestellt. Im Quellprogramm ist als Eingabegerät z.B. der Lochkartenleser (LKL) angegeben. Bei der Ausführung wird aber nicht auf das Gerät LKL zugegriffen, sondern auf die Stelle der Platte, wo das Betriebssystem die Daten beim Einlesen abgelegt hat.

Ähnlich ist es bei der Ausgabe. Der Druckbefehl gibt zwar als Gerät den Schnelldrucker an, die Information wird aber zunächst auf die Platte geschrieben, und erst wenn das Programm seinen Lauf beendet hat, druckt das Betriebssystem die Ergebnisse aus.

Der Vorteil bei diesem Verfahren liegt darin, daß der Plattenspeicher wesentlich schneller die Information an den Kernspeicher übergeben und von ihm übernehmen kann als der Lochkartenleser oder der Drucker, so daß die Wartezeiten des Rechners klein bleiben. Der Rechner kann erst dann ein Programm weiterbearbeiten, wenn das EA-Gerät den Auftrag ausgeführt hat.

Man beachte, daß bei dem Transport der Information von der Lochkarte auf die Platte und von der Platte auf den Drucker jedesmal die Information über den Kernspeicher geht. Es gibt keine Befehle, um Information von einem externen Gerät zu einem anderen zu transportieren, sondern es gibt nur Transporte zwischen dem Kernspeicher und einem externen Speicher.

Eine Reihe von Rechenanlagen haben für diese Transporte eine spezielle Recheneinheit, so daß hiermit nicht der schnelle Zentralrechner belastet wird.

## 6.2. Die Anweisungen

### 6.2.1. Ein-Ausgabe als Transport

Die Ein-Ausgabe setzt sich aus drei Komponenten zusammen:

1. Lese- bzw. Schreibbefehl mit EA-Liste
2. FORMAT
3. Daten

Die Ein-Ausgabe ist ein Transport einer Gruppe von Daten in (aus) den (dem) Rechner, deren Darstellungsform sich dabei ändern kann.

Ob der Transport in oder aus dem Rechner geschieht, ist am Befehl zu ersehen.

READ transportiert Daten von einem externen Gerät in den Kernspeicher des Rechners.

WRITE transportiert Daten aus dem Kernspeicher auf ein externes Gerät.

Jeder Befehl enthält eine Liste, die angibt, wo die Daten im Kernspeicher abgelegt sind bzw. abgelegt werden sollen. Diese Stellen werden durch ihre Feld- und Variablennamen gekennzeichnet. Der formale Aufbau dieser Liste wird als bekannt vorausgesetzt. Eine Abweichung von dieser Regel ist: Befindet sich in dem FORMAT-Statement eine H-Spezifikation, so liegt hier Information (Ausgabe) bzw. kann Information abgelegt werden (Eingabe).

Da die Daten intern im Rechner in verschiedenen Darstellungen auftreten, extern aber nur als Text in Erscheinung treten (von Binärinformation sei abgesehen), ist bei jedem EA-Befehl eine Konvertierungsvorschrift angegeben, wie die Daten umzuwandeln sind. Diese Vorschrift ist entweder in dem nicht ausführbaren Statement FORMAT abgelegt oder aber in einem Feld, das gleichartige Spezifikationen wie ein FORMAT-Statement enthält.

Des weiteren muß noch angegeben sein, welches externe Gerät angesprochen wird. Das Gerät ist entweder ein Standardgerät, wie der Lochkartenleser bei der Eingabe von Lochkarten und der Schnelldrucker bei der Ausgabe, oder aber ein beliebiges Gerät. Zur Kennzeichnung wird eine Gerätenummer benutzt.

Fassen wir die Ein-Ausgabe als Transport auf, so wird sie eindeutig beschrieben durch:

| | |
|---|---|
| Die Richtung des Transports: | EA-Befehl |
| Stelle im Kernspeicher: | EA-Liste |
| externes Gerät: | Gerätenummer |
| Stelle auf dem externen Gerät: | braucht nicht angegeben zu werden, da sequentieller Zugriff bzw. Ablage (RANDOM-Zugriff wird später beschrieben). |
| Umcodiervorschrift: | Formatspezifikation |

### 6.2.2. Die Statements

**Formatierte Eingabe**
Die Anweisung zur formatierten Eingabe lautet:

```
READ (n, f) L
```

oder

```
READ (n, f)
```

Die Ausführung dieser Anweisung bewirkt, daß der nächste Satz von der Einheit n gelesen wird. Die Information wird entsprechend der Formatangabe f umgewandelt und den einzelnen Listenelementen der Reihe nach zugewiesen. Ist keine Liste angegeben, wird die Formatspezifikation soweit ausgewertet, bis ein Listenelement benötigt wird oder das Format abgearbeitet ist.

**Beispiel:**

```
        ⋮
     READ (5, 10)
        ⋮
  10 FORMAT (30 H ⟨30 Leerstellen⟩ )

        ⋮
     WRITE (6, 10)
        ⋮
```

Datenkarte:

```
1␣␣␣␣ U␣E␣B␣E␣R␣S␣C␣H␣R␣I␣F␣T␣
```

Wirkung: Die Karte wird eingelesen und beim folgenden WRITE-Statement wieder ausgegeben, wobei die „1" in der ersten Spalte eine neue Seite ergibt.

**Formatierte Ausgabe**

Die Anweisung zur formatierten Ausgabe lautet:

| WRITE (n, f) L |
|---|

oder

| WRITE (n, f) |
|---|

Die Ausführung dieser Anweisung bewirkt die Ausgabe der in der Liste L aufgeführten Größen auf das angegebene Gerät n gemäß der Formatspezifikation f.

**Formatfreie Eingabe**

Die Anweisung für die formatfreie Eingabe lautet:

| READ (n) L |
|---|

oder

| READ (n) |
|---|

Bei der Ausführung dieser Anweisung wird der nächste Satz von dem Gerät n gelesen, und falls eine Liste L vorhanden ist, werden die Werte dieses Satzes den Listenelementen zugeordnet. Es dürfen nicht mehr Listenelemente auftreten, als der Satz Werte hat.

**Formatfreie Ausgabe**

Die Anweisung zur formatfreien Ausgabe lautet:

```
WRITE (n) L
```

Bei der Ausführung wird auf der Ausgabeeinheit n ein Satz erzeugt, der die Werte der Ausgabeliste enthält.

**Die Gerätenummer**

Bei den Ein-Ausgabe-Statements ist eine Größe n angeführt, die das Gerät kennzeichnet. Bei einer Reihe von Rechenanlagen sind für die Standardgeräte feste Nummern vorgegeben; allerdings müssen es auf verschiedenen Anlagen für das gleiche Gerät nicht die gleichen Nummern sein.

Im STARTE-Kommando des Programms kann diese Nummer umdefiniert werden. Trotzdem ist es empfehlenswert, in das READ/WRITE-Statement keine Konstante einzutragen, sondern eine Variable. Sinnvollerweise richtet man im Programm einen COMMON-Block ein, in dem alle Größen, die ein Gerät kennzeichnen, stehen und die an einer Stelle im Programm zentral besetzt werden.

**Das FORMAT**

Die Angabe f im Ein-Ausgabe-Statement verweist auf die Stelle, wo die Konvertierungsvorschrift abgelegt ist.

Ist f eine Zahl, so ist dies ein Verweis auf ein dazugehöriges FORMAT-Statement.

Ist f ein Variablen- oder Feldname, so wird in dieser Variablen bzw. in diesem Feld die Konvertierungsvorschrift erwartet. Man spricht dann von einem variablen FORMAT, weil während des Programmlaufes auf diese Stelle zugegriffen und die FORMAT-Spezifikation geändert werden kann.

Wenn man die Wahl hat, soll man das FORMAT-Statement dem variablen FORMAT vorziehen. Zum einen kann man im Fehlerfall das Statement besser auf seinen Inhalt überprüfen, zum anderen gibt es eine Reihe von Compilern, die beim Übersetzen nur das FORMAT-Statement auf formale Fehler überprüfen. Diese Überprüfung fehlt beim variablen Format.

Die FORMAT-Spefzifikationen enthalten:

- Umkodierungsvorschriften: I, E, F, G, D, L, A
- Information: H
- Feld-Trennzeichen: , /
- Wiederholungszeichen: n ( . . . )
- Skalierungsfaktor: P
- Leerzeichenangabe: X

Der Aufbau der Spezifikationen und ihr Zusammenspiel mit der EA-Liste dürfte allen Lesern bekannt sein.

Erfahrungsgemäß bestehen Unsicherheiten, was passiert, wenn das Format abgearbeitet ist und noch weitere Elemente in der Liste stehen. Die ASA-Vorschrift lautet, daß ein neuer Satz begonnen wird und das Format mit dem Wiederholungszeichen vor der rechten Klammer weiterverarbeitet, die zur vorletzten schließenden Klammer gehört.

FORMAT (1H1, 30A1 / 10 (3X, I5))

ist äquivalent zu

FORMAT (1H1, 30A1 / 10(3X, I5) / 10(3X, I5) / 10(3X, I5) . . . )

Man beachte, daß bei der Wiederholung das erste Zeichen zur Druckersteuerung benutzt wird.

Folgendes FORMAT ergibt bei der Ausgabe der dritten Zeile eine Verschiebung:

FORMAT (1H1, 30A1 / 1H0, 10(I5, 3X))

denn bei der Wiederholung wird 1H0 nicht mehr beachtet. Abhilfe kann man durch eine weitere Klammerung schaffen.

FORMAT (1H1, 30 A1 / (1H0, 10(I5, 3X)))

Achtung: Es gibt Rechner, die sich nicht an diese ASA-Konvention halten.

Eine weitere Quelle der Unsicherheit ist häufig der Schrägstrich. Die Frage lautet: Wieviele Schrägstriche benötigt man, um zwei Leerzeilen zu erhalten? Hierzu präge man sich folgende Regeln ein:

Die öffnende Klammer hinter dem Wort FORMAT bedeutet: Satz eröffnen.
Die schließende Klammer am Ende bedeutet: Satz beenden.
Der Schrägstrich bedeutet: Satz beenden **und** neuen Satz eröffnen.

Folgen mehrere Schrägstriche aufeinander, so werden in der Ausgabedatei leere Sätze angelegt, die beim Ausdrucken Leerzeilen ergeben. Besser ist es, die Druckersteuerung auszunutzen und 1H0 anzugeben, denn in diesem Fall wird die Leerzeile beim Ausdrucken erst erzeugt und nimmt keinen Platz in der Ausgabedatei ein. Außerdem wird die Leerzeile bei 1H0 nicht gedruckt. Es gibt Rechenanlagen, bei denen ein leerer Satz in der Ausgabedatei in Form von 120 Leerstellen abgelegt wird, die dann auch „gedruckt" werden. Bei einem zweizeiligen Ausdruck würde eine solche Liste doppelt soviel Druckerzeit benötigen, als wenn 1H0 bei jedem Satz angegeben ist.

**Das variable FORMAT**

Das variable FORMAT wird immer dann gern angewendet, wenn man auf dem Drucker grafische Darstellungen ausgeben will. In einem Feld wird zunächst per DATA eine Formatspezifikation, beginnend mit "(" Klammer auf bis zur schließenden Klammer einschließlich abgelegt. In dieses Format wird während der Berechnung ein Wert, z.B. ein Wiederholungsfaktor als Text eingetragen.

Im folgenden Beispiel soll eine Kurve gedruckt werden. Die X-Richtung sei die Richtung des Papiertransportes. In die 10. Spalte ist ein I als X-Koordinate zu drucken, und in Abhängigkeit von einem errechneten und normierten Wert N, der zwischen 1 und 99 liegen kann, sei mit einem entsprechenden Abstand ein * (Stern) anzugeben. In dem Beispiel sei angenommen, daß 6 Zeichen in einem Wort abgelegt werden können.

**Beispiel:**

```
    INTEGER FORM (5), ZIF (10), BLANK
    DATA FORM/9H (11X, 1HI, ,1H␣1H␣, 6HX, 1H*)/

    In dem Feld FORM steht:

    (1 1X, 1 HI, ␣␣␣␣␣␣␣␣␣␣␣␣␣␣␣␣␣␣ X, 1H*)
       1       2       3        4       5

    DATA ZIF / 1H0, 1H1, 1H2, 1H3, 1H4, 1H5, 1H6, 1H7, 1H8, 1H9/
    DATA BLANK /1H␣/

    Berechnung von N              z.B. = 25
    I = N/10                        I = 2
    IF (I.EQ.0) GO TO 15
    FORM (3) = ZIF (I + 1)
    GO TO 16
 15 FORM (3) = BLANK
 16 K = N - I * 10                K = 5
    FORM (4) = ZIF (K + 1)

    In dem Feld FORM steht:

    (1 1X, 1 HI, ␣␣␣2␣␣␣␣␣␣5␣␣␣␣␣␣X, 1 H*)
       1       2      3       4      5

    WRITE (6, FORM)
```

Es gibt eine andere Möglichkeit, um grafische Darstellungen auszugeben, die darin besteht, daß man z.B. einen Speicher mit 120 Zellen bereitstellt, der zunächst mit einem festen Bild (z.B. blank ␣ ) gefüllt wird, und in den man dann an die N. Stelle einen Stern einträgt. Dieser Speicher wird dann mit 120 A 1 ausgegeben.

Beim variablen Format ist darauf zu achten, daß 0 als Wiederholungsfaktor nicht erlaubt ist!

Normalerweise spielen die Leerzeichen im Format keine Rolle, so daß wir im vorigen Beispiel die Werte im A1-Format ablegen konnten. Wird aber ein Hollerith-Text in dieses Format abgelegt, so zählen die beim A1-Format zusätzlich erzeugten Leerzeichen mit.

```
INTEGER FORM (6)
DATA FORM/5H (X, 4H, 1HE, 1HN, 1HD, 1HE, 1H)/
```

führt bei der Ausführung von

```
WRITE (6, FORM)
```

zu einer Fehlermeldung, da das Wort "ENDE" nicht vier Zeichen lang ist, sondern das Format so aussieht:

```
(X, 4H␣E␣␣␣␣␣N␣␣␣␣␣D␣␣␣␣␣E␣␣␣␣␣)␣␣␣␣␣
   1      2      3      4      5      6
```

Das variable Format bietet des weiteren die Möglichkeit, mit den Daten zusammen das für diese Daten gültige Format zur Ein- oder Ausgabe einzulesen.

```
   INTEGER FORM (5)
   READ (5, 10) FORM
10 FORMAT (5 A 6)
   READ (5, FORM) I, J, K, L, M
        .
        .
        .
```

Die erste Datenkarte enthält das Format z.B.: (5I10), und die restlichen Karten enthalten die in diesem Format abgelegten Daten.

**Die Ein-Ausgabe-Liste**

Die Zeit, die für die Ausführung eines READ/WRITE-Statements (formatiert oder formatfrei) benötigt wird, ist eine Funktion der Anzahl von Listenelementen, die auszugeben sind. Eine Variable wird als ein Listenelement gewertet, ebenso ein Feldelement. Aber auch ein ganzes Feld, das nicht indiziert ist, ist nur ein Listenelement. Eine implizite Schleife wird von den meisten Compilern in n x k Elemente aufgelöst, wobei n angibt, wie oft die Schleife iteriert wird und k die Anzahl der Variablen ist, die in dieser Schleife vorkommen.

**Beispiel:**

```
   DIMENSION A (20), B (10), C (10, 20)
   .
   .
   .
17 WRITE (6, 100) M, (A (I), I = 1, 20), C (M, K)
```

Für die meisten Compiler enthält die Liste 22 Elemente. Wird dagegen angegeben:

```
WRITE (6, 100) M, A, C (M, K)
```

so enthält die Liste nur drei Elemente.

Enthält die Liste sehr viele Elemente, die alle nicht in einem COMMON-Block stehen, so ist das folgende Verfahren optimal:

```
DIMENSION A (10), X (20)
.
.
.
WRITE (6, 4711) M, I, A, X, Z
```

wird umgeformt in

```
DIMENSION A (10), X (20), Q (33)
COMMON/BLOCK/M, I, A, X, Z
EQUIVALENCE (M, Q (1))
.
.
.
WRITE (6, 4711) Q
```

Wohlgemerkt, diese Methode ist nur dann anwendbar, wenn die Größen M, I, A, X und Z nicht in einem anderen COMMON-Block auftreten.

**Weitere EA-Anweisungen**

Außer den hier angeführten Statements gibt es noch eine Reihe anderer, die von den meisten Compilern verstanden werden, obwohl sie nicht zum ASA-Standard gehören. Hierzu zählen:

```
READ f, Liste
PRINT f, Liste
PUNCH f, Liste
```

Bei diesen Anweisungen werden Standardgeräte, wie Lochkartenleser, Drucker, Lochkartenstanzer angesprochen, so daß eine Geräteangabe entfällt.

Von der Verwendung dieser Anweisungen wird abgeraten.

# 6.3. Die Realisierung der EA-Anweisung

## 6.3.1. Bearbeitung der EA-Anweisung durch den Compiler,

Der Compiler erzeugt für jede READ/WRITE-Anweisung einen Unterprogrammsprung. Anschließend an den UP-Sprungbefehl werden die notwendigen Angaben entweder direkt in verschlüsselter Form abgelegt oder aber es wird ein Verweis eingetragen, wo diese Information zu finden ist.

Zu dieser Information gehören:

- Gerätenummer
- Formatadresse
- Anzahl der Listenelemente
- Listenelemente der EA-Liste

Ist in der EA-Liste eine implizite DO-Schleife vorhanden, so wird eine Befehlsfolge generiert, die einen n-maligen Aufruf des EA-Unterprogramms mit jeweils nur einem Ausgabeelement zur Folge hat.

## 6.3.2. Bearbeitung der FORMAT-Anweisung durch den Compiler,

Der Compiler legt den Inhalt eines FORMAT-Statements unverändert in den Speicher ab. Einige Compiler, aber nicht alle, überprüfen den Inhalt dabei auf seine syntaktische Richtigkeit. Die Anfangsadresse, wohin die Formatspezifikationen abgelegt wurden, wird der Statementnummer zugeordnet. Bei den EA-Anweisungen, die auf dieses Format verweisen, wird dann diese Anfangsadresse abgelegt.

Die Statementnummer f markiert die Stelle, wo die Formatvorschrift abgelegt wird, so wie eine Statementnummer im normalen Programmablauf eine Stelle markiert, an die gesprungen werden kann. Wir sehen also, daß zwischen einer Statementnummer für das FORMAT und der einer ausführbaren Anweisung kein prinzipieller Unterschied besteht, denn beide kennzeichnen Adressen, auch wenn man ein FORMAT-Statement nicht anspringen darf. Das liegt aber daran, daß hier Informationen und keine Befehle abgelegt sind.

Enthält die EA-Anweisung ein variables Format, so ist die Formatspezifikation per se in diesem Feld abgelegt, und beim EA-Befehl ist die Anfangsadresse dieses Feldes abgelegt.

Da bei der Ausführung der EA-Anweisung nicht mehr zu erkennen ist, ob in der Quelle ein Feld oder eine Statement-Nummer als Formatangabe angegeben war, muß der Inhalt der Formatspezifikation in jedem Fall dem Inhalt des Feldes äquivalent sein. Deshalb wird der Inhalt der FORMAT-Anweisung auch direkt abgelegt und nicht in eine modifizierte Form gebracht.

### 6.3.3. Die Ausführung des EA-Befehls

Wird ein EA-Befehl durchlaufen, so wird ein Unterprogramm angesprungen, das alle anstehenden Arbeiten erledigt. Dieses Unterprogramm gehört zu der vom Rechnerhersteller gelieferten Software. Infolgedessen ist die Vorgehensweise im speziellen immer rechnerabhängig. Wir können uns hier nur überlegen, welche Leistungen prinzipiell erbracht werden müssen.

Bei der formatfreien Ausgabe werden die Inhalte der EA-Listenelemente der Reihe nach in einen Puffer gebracht. Ist der Puffer voll, so wird er entweder direkt ausgegeben oder aber auf einen Hintergrundspeicher geschrieben. Bei der formatfreien Eingabe spielt sich dieser Vorgang nur in umgekehrter Reihenfolge ab.

Bei der formatierten Ausgabe wird die Formatspezifikation analysiert und ausgewertet. Hollerithkonstante und Leerzeichen werden in den Ausgabepuffer geschrieben bis eine Spezifikation vom Typ I, E, F . . . usw. auftritt. Anhand der Liste wird erkannt, welche Größe zu konvertieren ist, und ein entsprechendes Unterprogramm erzeugt aus dem Wert eine entsprechende Textdarstellung. Der Text wird dann in den Puffer geschrieben, und das Format wird weiter abgearbeitet.
Bei der formatierten Eingabe ist es analog. Entsprechend dem Format werden Zeichen

- ins FORMAT eingetragen (Hollerithkonstante)
- überlesen (X-Spezifikation)
- oder aber an Umwandlungsroutinen weitergeleitet, die den entsprechenden Wert berechnen, der dann den Listenelementen zugewiesen wird.

Es wird jedem einleuchten, daß für die formatierte Ein-Ausgabe wesentlich mehr Zeit benötigt wird als für die formatfreie. Deshalb sollte man alle Zwischeninformation, die der Programmbenutzer nicht direkt lesen möchte, formatfrei ausgeben und wieder einlesen.

Bei manchen Rechenanlagen ist es möglich, die Größe des Puffers zu beeinflussen. In diesem Fall ist es sinnvoll, die Puffer möglichst groß zu machen. Je größer der Puffer ist, um so weniger Zugriffe auf externe Geräte sind nötig, und da ein solcher Zugriff verhältnismäßig viel Zeit benötigt, sollte man die Zahl der Zugriffe klein halten.

## 6.4. Physikalische Eigenschaften von Band und Platte

### 6.4.1. Das Magnetband

Das Magnetband ist ein bevorzugter Großspeicher, der bei relativ geringen Kosten die Speicherung großer Datenmengen erlaubt. Durch die Austauschbarkeit des

Datenträgers ist eine theoretisch unbegrenzte Speicherkapazität vorhanden. Außerdem kann ein Band gelöscht und wieder neu beschrieben werden.

Das Band wird gelesen bzw. beschrieben, indem es von einer Spule abgewickelt, an Lese/Schreibköpfen vorbeigeführt und von einer zweiten Spule wieder aufgewickelt wird. Das Band ermöglicht nur rein sequentielle Verarbeitung; daher ist es zweckmäßig, es mit Daten zu beschreiben, die fortlaufend gelesen werden. Um Daten in der Mitte bzw. am Ende des Bandes aufzusuchen, müssen alle davorstehenden Daten überlesen werden, was einen zusätzlichen Zeitaufwand erfordert.

Die Kapazität eines Bandes von 1000 m Länge beträgt z.Z. ca. $10^7$ Zeichen.

Auf dem Magnetband befinden sich mehrere Spuren. Es gibt 7-, 8- und 9-Spur-Bänder. Häufig wird eine Spur nur zur Kontrolle benutzt (Parity-Prüfung); die anderen Spuren dienen zur Informationsdarstellung. Die kleinste Längeneinheit mit 6, 7 oder 8 Bit Information, abgelegt in den Spuren des Magnetbandes, nennt man eine Sprosse. Die Information wird blockweise abgelegt. Es handelt sich hier um einen physikalischen Block, dessen Länge maschinenabhängig ist.

Bei manchen Rechenanlagen besteht die Möglichkeit, durch eine Steuerkarte die Länge der Blöcke zu beeinflussen. Im allgemeinen enthält ein Block die Information eines Puffers. Zwischen zwei Blöcken befindet sich eine Blocklücke, die unabhängig von der Länge des Blocks immer gleich lang ist. Je größer also die Blöcke sind, um so mehr Information kann man auf dem Magnetband unterbringen. Manche Magnetbandgeräte lassen eine unterschiedliche Dichte zu, die außen am Gerät eingestellt wird. Die Dichte wird gemessen in bit/inch. Je dichter die Information abgelegt wird, um so anfälliger ist sie gegenüber Störeinflüssen. Abb. 6.5 zeigt die Ablage der Information auf einem Magnetband.

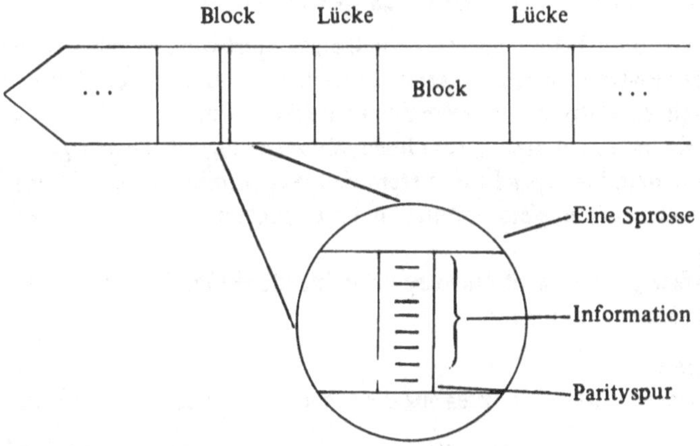


Abb. 6.5 Information auf einem Magnetband

Während des Beschreibens eines Magnetbandes wird hardwaremäßig die auf das Band geschriebene Information wieder gelesen und geprüft, ob die Information auch richtig auf das Band abgelegt wurde. Sind in der Magnetschicht des Bandes Fehler (Löcher), so kann die Information nicht richtigt abgelegt werden, und es wird hardwaremäßig diese Stelle übersprungen und an einer folgenden Stelle erneut versucht, die Information abzulegen. Der Benutzer merkt hiervon nichts. Ist auch an dieser Stelle eine einwandfreie Ablage nicht möglich, so wird es anschließend wieder probiert. Sind erst mehrere Versuche nicht gelungen, so wird ein Fehler gemeldet.

### 6.4.2. Die Magnetplatte

Bei diesem Datenträger werden die Daten auf den Oberflächen von rotierenden Platten aufgezeichnet.

Es wird unterschieden zwischen

- Festplatten mit beweglichen Magnetköpfen
- Festplatten mit festen Magnetköpfen
- Wechselplatten.

Bei Festplatten können verständlicherweise größere Plattendurchmesser verwandt und demzufolge größere Datenmengen aufgezeichnet werden als bei Wechselplatten, die wegen ihrer Austauschbarkeit nur eine begrenzte Menge im Zugriff haben, aber beliebig viele Daten speichern können.

Zusammengehörige Daten, die sequentiell angeliefert werden, müssen keineswegs auf der Platte zusammenliegend abgespeichert sein, sondern können sich über den ganzen Plattenspeicherbereich erstrecken. Weiß man, wo die Daten sich befinden, so kann man diese direkt lesen, ohne alle logisch davorliegenden Daten gelesen zu haben. Man spricht in diesem Fall von „direktem Zugriff" im Gegensatz zur „sequentiellen Verarbeitung" beim Bandgerät.

Die Zugriffszeit der Magnetschichtspeicher mit direktem Zugriff setzt sich aus folgenden Zeiten zusammen:

- Latenzzeit
- Einstellzeit des Magnetkopfes auf die gewünschte Spur.

Die Latenzzeit ergibt sich im Mittel aus der halben Umdrehungszeit des Speichermediums.

Bei den Plattenspeichern mit festen Magnetköpfen entfällt die Einstellzeit, wodurch sich die Zugriffszeit reduziert.

Der ganze Plattenspeicher ist adressiert. Die kleinste adressierbare Einheit ist ein Block. Wird auf die abgelegte Information direkt zugegriffen, so muß eine Zuordnungsliste existieren, die angibt, auf welcher Plattenadresse ein Block abgelegt ist. Wird die Information nur sequentiell gelesen, so reicht es, wenn am Ende eines Blockes angegeben ist, wo die nächstfolgende Information auf der Platte steht.

## 6.5. Logischer Satz – physikalischer Satz

Unter dem Betriff „logischer Satz" faßt man logisch zusammengehörige Daten zu einer Einheit, einem Satz, zusammen. Diesem logischen Satz ist extern eine physikalische Einheit zuzuordnen, die wir „physikalischen Satz" nennen wollen. Auf diese Begriffe soll im folgenden näher eingegangen werden.

Bei der formatierten Ein- und Ausgabe bestimmt das Format den logischen Satz. Die öffnende Klammer eröffnet den Satz, und die schließende Klammer schließt ihn ab. Jeder Schrägstrich schließt einen Satz ab und eröffnet einen neuen. Mit einer READ/WRITE-Anweisung können mehrere logische Sätze ein- bzw. ausgegeben werden. Es wird bei der Ausführung einer EA-Anweisung mindestens 1 Satz bearbeitet.

Bei der formatfreien Ein-Ausgabe bilden alle Elemente der EA-Liste einen logischen Satz. Ist kein EA-Element angegeben, so ist der logische Satz leer.

Im folgenden sei nun betrachtet, wie ein logischer Satz auf einen physikalischen abgebildet werden kann und umgekehrt.

**Die Druckerzeile**

| | |
|---|---|
| – Richtung: nur Ausgabe | – Gerät = Drucker |
| – physikalischer Satz = | 1 Druckerzeile |
| – kleinste Einheit innerhalb eines physikalischen Satzes: | 1 Zeichen |
| – max. Länge eines physikalischen Satzes: | 120 bzw. 160 Zeichen |
| – ein logischer Satz ergibt: | 1 physikalischer Satz |
| – Ausgabeform des logischen Satzes: | nur formatiert |

– logischer Satz kürzer als der physikalische: kein lesbares Satzendezeichen, der Rest entspricht Leerzeichen. Es ist nicht zu erkennen, wie lang der logische Satz war.

– leerer logischer Satz: 1 physikalischer Satz mit 120 Leerzeichen. Ein leerer logischer Satz und ein Satz bestehend aus 120 Leerzeichen sind auf dem Drucker nicht zu unterscheiden.

– logischer Satz länger als der physikalische: Es gibt 3 unterschiedliche Reaktionen:
  1. Automatischer Übergang zur nächsten Zeile
  2. Der Rest hinter dem 120. bzw. 160. Zeichen geht verloren.
  3. Fehlermeldung

**Die Lochkarte**

– 1. Richtung: Eingabe – Gerät: Lochkartenleser

– 2. Richtung: Ausgabe – Gerät: Lochkartenstanzer

– physikalischer Satz: 1 Lochkarte bestehend aus 12 Zeilen und 80 Spalten.

– ein logischer Satz ergibt: 1 physikalischer Satz

– EA-Form des logischen Satzes: formatiert und formatfrei

**Formatierte Eingabe-Ausgabe**:

– kleinste Einheit des physikalischen Satzes: 1 Zeichen, bestehend aus einer Lochung innerhalb einer Spalte. Der Code ist genormt.

– max. Länge eines physikalischen Satzes: 80 Zeichen

– logischer Satz kürzer als der physikalische: **Eingabe**: Es wird nur ein Teil der Lochkarte ausgewertet. Was auf dem Rest steht, bleibt unberücksichtigt.
**Ausgabe**: Es wird nur ein Teil der Lochkarte gestanzt; der Rest enthält Leerzeichen. Eine Satzendemarke gibt es nicht.

Facit: Die logischen Sätze müssen bei der Ein- und Ausgabe nicht gleich lang sein.

– leerer logischer Satz: **Eingabe**: Eine Lochkarte wird überlesen.
**Ausgabe**: Eine leere Lochkarte wird ausgegeben.

– logischer Satz länger als der physikalische: Es gibt 2 verschiedene Reaktionen:
1. Automatischer Übergang zur nächsten Lochkarte
2. Fehlermeldung

**Formatfreie Eingabe-Ausgabe**:

– kleinste Einheit des physikalischen Satzes: Eine Lochung auf einer Zeile und Spalte = 1 Bit

– max. Länge eines physikalischen Satzes: 80 x 12 Bits = 960 Bits

Die Inhalte der Größen des logischen Satzes werden in 12er-Bit-Gruppen aufgeteilt und auf die Spalten der Lochkarte abgebildet.

Für die Abbildung des logischen Satzes auf den physikalischen gelten die gleichen Regeln wie bei der formatierten Ein-Ausgabe. Häufig enthält die Lochkarte noch zusätzliche Lochungen zur Prüfung und eine Numerierung in den letzten acht Spalten.

**Der Lochstreifen**

– 1. Richtung: Eingabe – Gerät: Lochstreifenleser
– 2. Richtung: Ausgabe – Gerät: Lochstreifenstanzer
– physikalischer Satz: Alle Zeichen zwischen zwei Satzendezeichen (Wagenrücklauf, Zeilenvorschub)
– ein logischer Satz ergibt: 1 physikalischer Satz
– EA-Form des logischen Satzes: formatiert und formatfrei

**Formatierte Eingabe/Ausgabe**:

– kleinste Einheit des physikalischen Satzes: 1 Zeichen, dargestellt durch eine Sprosse, die quer zur Laufrichtung des Streifens 5 bzw. 8 Möglichkeiten für eine Lochung hat (5- bzw. 8-Spur-Lochstreifen). Der Code, welche Lochung welches Zeichen darstellt, ist genormt.

– max. Länge eines Satzes: Beliebig lang. Eine Begrenzung besteht nur durch die Gesamtlänge des Lochstreifens. Das Ende eines physikalischen Satzes ist durch ein besonderes Satzendekennzeichen markiert. Da sich der nächste physikalische Satz direkt anschließt, kann man beim physikalischen Satz nicht von einer physikalischen Einheit sprechen wie bei der Druckerzeile und der Lochkarte.

– logischer Satz kürzer als der physikalische Satz: **Eingabe**: Es wird nur ein Teil des physikalischen Satzes ausgewertet, der Rest wird überlesen.
**Ausgabe**: Gibt es nicht, da ein logischer Satz einen physikalischen Satz der gleichen Länge erzeugt.

– leerer logischer Satz: **Eingabe**: Es wird alles bis zum nächsten Satzendezeichen überlesen.
**Ausgabe**: Es wird direkt ein Satzendezeichen geschrieben.

– logischer Satz länger als der physikalische: Fehlermeldung.

Fazit: Ein Lochstreifen kann nur dann vollständig wieder gelesen werden, wenn die Formate aller Sätze, die er enthält, bekannt sind.

**Formatfreie Eingabe/Ausgabe**:

– kleinste Einheit des physikalischen Satzes: 1 Bit, dargestellt durch eine Möglichkeit der Lochung innerhalb einer Sprosse des 5- bzw. 8-Spur-Streifens.

Die Inhalte der Größen des logischen Satzes werden in 5- bzw. 8-Bit-Gruppen aufgeteilt und auf die Sprossen des Lochstreifens abgebildet. Für die Abbildung des logischen Satzes auf den physikalischen Satz gelten die gleichen Regeln wie bei der formatierten EA.

**Das Magnetband**

– Richtung: Ein-Ausgabe – Gerät: Magnetbandgerät
Platte

– Für den FORTRAN-Programmierer ist die Platte genauso organisiert wie ein Bandgerät.

– physikalischer Satz: 1 Block, bestehend aus einer festen Anzahl von Sprossen einschl. Blockzähler.

– ein logischer Satz ergibt: 1 oder mehr physikalische Sätze. Das Ende des logischen Satzes ist durch ein Satzendekennzeichen markiert. Der Rest des physikalischen Satzes kann leer sein. Es gibt aber auch Rechner, bei denen der physikalische Satz in dem Fall kürzer als der normale physikalische Satz ist.

Da die Information auf dem Band nicht gelesen werden kann, ist eine Unterscheidung zwischen Zeichen-Information und Bit-Information nicht nötig. Zeichen-Information kann ebenfalls als Bit-Information aufgefaßt werden, also nehmen wir auch keine Aufteilung in formatierte und unformatierte EA vor.

– kleinste Einheit des physikalischen Satzes: 1 Bit einer Sprosse. Die Sprosse hat 6 oder 8 Bit Information und 1 Parity-Bit, das eine gerade oder ungerade Parity aufzeigt, je nachdem, ob die Information formatiert oder unformatiert abgelegt wurde.

– max. Länge eines physikalischen Satzes: Im Prinzip unbegrenzt. Meistens = 1 Puffergröße.

– Lesen eines logischen Satzes:
Beim nächsten physikalischen Satz beginnend wird die auf dem Band stehende Information den einzelnen Größen des logischen Satzes zugewiesen. Ist das Blockende erreicht und damit der physikalische Satz zu Ende, ohne daß der logische Satz abgearbeitet ist, so wird automatisch zum nächsten physikalischen Satz (Block) übergegangen. Ist das Satzendekennzeichen gefunden worden und soll noch weitere Information gelesen werden, so erfolgt eine Fehlermeldung. Enthält dagegen der logische Satz auf dem Band noch Information, obwohl der logische Satz des Einlesebefehls bereits abgearbeitet ist, so wird auf dem Band der Rest bis zum Satzendekennzeichen überlesen.

Ein Magnetband kann nur dann wieder vollständig gelesen werden, wenn die Formate und Anzahl der Werte aller Sätze, die es enthält, bekannt sind.
Da beim Band eine physikalische Einheit nicht in Erscheinung tritt, braucht sich der Programmierer hierum nicht zu kümmern. Er sollte seine volle Aufmerksamkeit den logischen Sätzen widmen.
Alle logischen Sätze, die nacheinander auf ein Band oder auf die Platte geschrieben werden, werden unter dem Begriff „Datei" bzw. „file" zusammengefaßt. Diese Datei wird über die Gerätenummer angesprochen. Gleiche Gerätenummer bedeutet gleiche Datei.

## 6.6. Die Magnetband-Anweisungen

### 6.6.1. Die Anweisungen

ASA-FORTRAN kennt folgende Anweisungen:

| |
|---|
| REWIND n |
| BACKSPACE n |
| ENDFILE n |

wobei n die Gerätenummer einer Magnetband- oder Platten-Datei ist.

Durch den Befehl REWIND n wird das Gerät auf den Anfang positioniert. Handelt es sich bei dem Gerät um ein Bandgerät, so wird das Band an den Anfang zurückgespult. Bei der Platte wird auf den Anfang der Datei positioniert. Dieses Positionieren ist aber bei der Platte kein physikalischer Vorgang, daß z.B. ein Arm eine bestimmte Stelle anfährt, denn die Platte wird im time-sharing-Betrieb von vielen benutzt. Unter Positionieren muß man sich vielmehr vorstellen, daß eine Zelle, die eine Plattenadresse beinhaltet, neu besetzt wird. Wird die REWIND-Anweisung für eine Datei gegeben, die bereits am Anfang steht, so wirkt sie wie eine Leeranweisung (keine Wirkung).

Die Anweisung BACKSPACE n bewirkt, daß die Datei n um einen logischen Satz zurückgesetzt wird. Ist die Datei auf den Anfang positioniert, so wirkt die Anweisung wie eine Leeranweisung. Es gibt Rechenanlagen, bei denen diese Anweisung nur bei formatfrei geschriebenen Sätzen gegeben werden kann. Der Grund ist darin zu suchen, daß bei diesen Anlagen ein formatierter Satz nicht in einem physikalischen Block abgelegt ist, sondern daß er in einen Puffer eingetragen wird. Die folgenden formatierten Sätze werden ebenfalls in den Puffer fortlaufend eingetragen, und der volle Puffer wird auf das Band geschrieben. In diesem Fall ist es ein erheblicher Aufwand, einen logischen Satz zurückzusetzen.

Die Anweisung ENDFILE n schließt die Datei n ab. Es wird der Pufferinhalt ausgegeben, auch wenn er noch nicht voll ist und anschließend eine Datei-Endemarke auf das Band geschrieben. Die Datei-Endemarke ist ein eigener systemspezifischer logischer Satz.

### 6.6.2. Dateimanipulationen

**Die Datei (File)**
Im vorigen Abschnitt wurde die Datei als logische Zusammenfassung aller Sätze, die auf ein Gerät ausgegeben werden, definiert. Ursprünglich bezeichnete man

mit Datei alle Sätze, die auf ein Magnetband geschrieben wurden. Mit der Einführung der Platte wurde der Begriff Datei auch für zusammengehörige Sätze auf der Platte benutzt. Wir unterscheiden zwischen Band- und Plattendateien, je nachdem, auf welchem Träger sich die Datei befindet. Für den FORTRAN-Programmierer ist dies kein Unterschied, da die Plattendateien genau so behandelt werden, als wären es Banddateien.

Im FORTRAN-Programm werden die Dateien durch die Gerätenummern angesprochen und damit entstand die Denkweise, die Datei als ein „Gerät" aufzufassen, das Daten aufnimmt bzw. von dem man Daten einlesen kann. Unterschiedliche Gerätenummern kennzeichnen auch unterschiedliche „Geräte". Da nun mehrere Dateien sich auf dem Gerät „Platte" befinden können, stellt man sich unter Datei einen Speicherbereich auf der Platte vor, der durch eine Gerätenummer angesprochen werden kann. Der Begriff „Datei" wurde somit mehrdeutig, denn er kennzeichnet zum einen Information, zum anderen aber auch die Ablage dieser Information.

Wie Dateien kreiert und den Gerätenummern zugeordnet werden, variiert von Rechnertyp zu Rechnertyp und ist Gegenstand der Kommandosprache. Beim Eröffnen einer Datei wird auch angegeben, auf welchem Träger sie sich befindet.

Bei CDC ist die Datei-Gerätenummer-Zuordnung nicht Teil der Kommandosprache, sondern wird durch ein gesondertes PROGRAM-Statement im FORTRAN-Programm vorgenommen.

Es gibt Rechenanlagen, bei denen man in der Wahl der Gerätenummern (auch bei Bandgeräten und Platte) nicht frei ist, da die Zuordnung fest vorgegeben ist.

**Magnetband-Datei**

Auf einem Magnetband können sich mehrere Dateien befinden, die nacheinander abgelegt sind. Ob eine Datei sich über mehr als ein Band erstrecken darf, hängt vom Betriebssystem ab. Es gibt Systeme, die dies nicht zulassen. Wird eine Magnetband-Datei durch ein Programm bearbeitet, so wird bei jedem Lese- und Schreibzugriff das Band bewegt, und die entsprechende Stelle der Datei läuft am Lese- und Schreibkopf vorbei. Es ist deshalb einzusehen, daß von allen Dateien, die sich auf dem Band befinden, immer nur eine bearbeitet werden kann. Die Datei selbst kann wiederum nur sequentiell bearbeitet werden.

Wie können auf einem Band mehrere Dateien abgelegt werden?

1. Durch Systemkommandos werden Dateien, die sich auf der Platte befinden, nacheinander auf das Band geschrieben.
2. Eine Datei wird mit WRITE (n) Liste auf das Band geschrieben und durch eine Datei-Endemarke (ENDFILE) abgeschlossen. Nach dem Schreiben dieser Endemarke steht der Lese- und Schreibkopf hinter dieser Marke. Wird erneut

auf das „Gerät" n geschrieben, so werden die nächsten Sätze dahinter abgelegt. Auch diese Datei wird durch eine Datei Endemarke abgeschlossen usw.

Ob die Möglichkeit 2 benutzt werden kann, hängt vom Betriebssystem der Rechenanlage ab. Es gibt Systeme, die diese Betriebsart nicht zulassen. Man halte sich vor Augen, daß die Möglichkeit 2 unsauber ist, denn sie erlaubt es, unterschiedliche Dateien mit der gleichen Gerätenummer anzusprechen.

Das Anfordern und Freigeben von Bandgeräten ist Aufgabe des Betriebssystems. Der FORTRAN-Programmierer hat hierauf im allgemeinen keinen Einfluß, es sei denn durch Systemroutinen.

**Plattendatei**

Eine Plattendatei ist eine Datei, die sich auf der Platte befindet. Hier können mehrere Dateien gleichzeitig innerhalb eines Programms bearbeitet werden. Die Information einer Datei ist physikalisch nicht zusammenliegend abgelegt, sondern verteilt sich über die ganze Platte. Ursprünglich war die Platte eine stationäre Einheit, auf die nur Zwischenwerte geschrieben wurden, die nach Beendigung des Jobs verloren waren. Neuerdings gibt es Wechselplatten, die es erlauben, daß Plattentürme ausgetauscht werden. So kann man die auf die Platte geschriebene Information nach dem Lauf wie beim Magnetband sichern.

Die Plattendatei ist der Banddatei in mehreren Punkten überlegen:

1. Für jede Banddatei wird ein Bandgerät gebraucht, und da der Vorrat an Bandgeräten bei den meisten Anlagen begrenzt ist, ist damit die Anzahl an parallel bearbeitbaren Dateien begrenzt. Auf der Platte kann man fast beliebig viele Dateien einrichten.

2. Bei der Banddatei benötigt das Rückspulen eines Bandes sehr viel Zeit. Bei der Platte wird dagegen nur eine Zelle neu besetzt. Infolgedessen laufen Programme, die viele REWIND-Anweisungen enthalten, bei der Benutzung von Plattendateien wesentlich schneller als es bei Banddateien der Fall wäre. Wird dagegen die Datei nur sequentiell vom Anfang bis zum Ende gelesen, so kann es durchaus passieren, daß die Benutzung einer Banddatei zeitoptimaler ist, denn beim Band kann bei jedem Lesevorgang direkt ein Datentransport stattfinden, während bei der Platte zunächst der Arm positioniert werden muß und dann im Mittel eine halbe Plattenumdrehung gewartet werden muß, bis die Daten sich unter dem Lesekopf befinden.

3. Der wesentliche Vorteil der Platte ist die Möglichkeit zum RANDOM-Zugriff, der im ASA-FORTRAN nicht erlaubt ist. Im Abschnitt 6.7 Sonderformen wird hierauf näher eingegangen.

Wir haben also festgestellt, daß man in einem FORTRAN-Programm durch eine Gerätenummer einerseits ein Gerät, wie z.B. den Drucker oder den Kartenleser, andererseits aber auch eine Band- oder Plattendatei ansprechen kann. Die Magnetband-Steuer-Anweisungen dürfen aber sinnvollerweise nur auf Band- oder Plattendateien angewendet werden, denn einen Drucker kann man nicht auf den Anfang zurücksetzen.

Bei größeren Rechenanlagen werden jedoch die externen Geräte im OFF-LINE-Betrieb betrieben, und die anfallenden Daten werden zunächst in Dateien auf der Platte abgelegt. Zur Behandlung dieser Dateien gibt es zwei verschiedene Konzepte.

Konzept 1 besagt:
Die Dateien mit solchen Daten sind Plattendateien im üblichen Sinne, und die Gerätenummern in den EA-Anweisungen kennzeichnen nicht die externen Geräte, wie LKL oder Drucker, sondern kennzeichnen die Dateien, in denen die Information liegt, die vom LKL kommt bzw. an den Drucker später ausgegeben wird. Infolgedessen können die Steueranweisungen auch auf diese Dateien angewandt werden.

Konzept 2 besagt:
Die Zwischenspeicherung ist eine Eigenschaft des Betriebssystems. Der FORTRAN-Programmierer weiß eigentlich gar nichts davon; er soll so bedient werden, als würden die Geräte ON-LINE betrieben. Also kennzeichnet die Gerätenummer auch das Gerät, und eine Anwendung der Magnetband-Steueranweisungen bewirkt eine Fehlermeldung. Wenn die Ein-Ausgabedaten in Dateien stehen sollen, die dann vom Programm entsprechend manipuliert werden können, dann soll der Programmierer dies auch expliziert veranlassen und entsprechende Systemkommandos geben.

**Bearbeitung einer Datei**

Unter „Datei" sei im folgenden immer eine Magnetband- oder Plattendatei gemeint, wobei zwischen diesen nicht unterschieden wird, denn beide werden in FORTRAN gleich behandelt.

Der Anfangszustand einer Datei ist bei einigen Anlagen genau definiert: Es ist auf den Anfang der Datei positioniert. Da es aber Rechenanlagen gibt, bei denen die Bandgeräte nicht vom System auf einen definierten Anfangszustand gesetzt werden, sollte man, bevor auf ein Band geschrieben bzw. davon gelesen wird, die Anweisung

```
      REWIND n
```

geben, denn damit ist der Anfangszustand definiert.

Durch den Befehl

WRITE (19) Liste

wird ein Satz auf dem Band abgelegt.

Eine Ausgabe mit Format auf ein Band benötigt wesentlich mehr Zeit und sollte deshalb nur in Ausnahmefällen benutzt werden. Solche Ausnahmen wären:

1. Das Band soll zunächst nur die Ausgabedaten aufnehmen und anschließend mehrmals ausgedruckt werden (OFF-LINE-Band).

2. Es sollen Daten an ein anderes Programm übergeben werden, das z.B. in COBOL geschrieben ist, weshalb nur eine Übergabe von Zeichen erlaubt ist.

Eine weitere WRITE (19) Liste-Anweisung bewirkt, daß der zweite Satz in die Datei 19 eingetragen wird. Die Sätze werden in der Reihenfolge in die Datei abgelegt, in der die entsprechenden WRITE-Anweisungen ausgeführt werden. Die Liste kann durchaus bei jeder Anweisung andere Elemente enthalten und unterschiedlich strukturiert sein.

Sind alle Daten in die Datei 19 geschrieben worden, so wird sie durch die Anweisung

END FILE 19 abgeschlossen und
REWIND 19 spult das Band wieder in die Anfangsstellung zurück.

Handels es sich bei der Datei um eine Magnetbanddatei, so kann an dieser Stelle das Programm seine Arbeit beenden; man nimmt das Magnetband vom Gerät und kann die so auf das Band geschriebenen Daten durch ein anderes Programm später weiterbearbeiten.

Handelt es sich dagegen bei der Datei um eine Plattendatei, dann müssen die in die Datei geschriebenen Daten im gleichen Programm bzw. Job gelesen werden, da sie bei Beendigung des Jobs nicht wiederzufinden und damit verloren sind.

Unabhängig davon, ob nun die Datei im gleichen Programm, im gleichen Job oder durch einen extra Job wieder gelesen wird, der Lesevorgang ist genau so einfach, wie der Schreibvorgang, wenn man weiß, was auf dem Band steht und wie es auf das Band gebracht wurde.

Beginnend mit der Anfangsstellung wird durch eine Anweisung

READ (19) Liste

je ein Satz gelesen. Die Liste der READ-Anweisung muß allerdings genau soviele Elemente enthalten wie die Liste der WRITE-Anweisung, mit der dieser Satz geschrieben wurde. Sind in der Leseanweisung zu wenig Elemente aufgeführt, so gehen die restlichen Werte verloren, denn bei der nächsten Leseanweisung wird bereits der nächste Satz eingelesen und nicht erst die noch nicht gelesenen Werte des letzten Satzes. Werden dagegen in der Leseanweisung mehr Elemente angeführt, als Werte in diesem Satz auf dem Band stehen, so erfolgt eine Fehlermeldung.

Ist die Liste bei verschiedenen WRITE-Anweisungen unterschiedlich lang, so muß sie es auch bei den READ-Anweisungen sein. Sollte die Struktur der Sätze nicht von vornherein festliegen, so kann man sich derart helfen, daß man

a) immer ein ganzes Feld ausgibt, auch wenn es nur zum Teil gefüllt ist,

b) in dem Satz angibt, wieviele Elemente er enthält: z.B.

   WRITE (19) N, (WERTE (I), I = 1, N)

   Dieser Satz wird dann gelesen mit

   READ (19) N, (WERTE (I), I = 1, N)

Will man beim Lesen einen Satz überspringen und nicht auswerten, so kann man das mit

READ (19)

ohne Angabe einer Liste.

Bei der formatfreien Ein-Ausgabe müssen die Elemente der Ausgabeliste und die der dazugehörigen Eingabeliste Element für Element im Typ übereinstimmen, denn die Werte werden so, wie sie im Speicher stehen, hinaustransportiert und beim Einlesen auch unbesehen dem Listenelement wieder zugewiesen.

Man kann durchaus ein Feld ausgeben und es in entsprechend viele Variable wieder einlesen, aber im Typ müssen sie übereinstimmen. Daß der Wert der Variablen X beim Einlesen der Variablen U zugewiesen werden darf, leuchtet sicher jedem ein. Man ist also beim Einlesen nicht an die gleichen Namen gebunden. Werden aber innerhalb eines Programms Daten aus Speicherplatzmangel in einer Datei zwischengespeichert, so ist es sinnvoll, sie später unter diesem Namen wieder einzulesen, denn die Übersichtlichkeit würde sehr leiden, wenn gleiche Information unter verschiedenen Namen auftritt.

Die Datei-Endmarke (EOF d.h. End of File) bildet einen eigenen logischen Satz und beschließt die Datei. Wird durch eine READ-Anweisung diese Marke gelesen, so stellt das System das Ende der Datei fest und setzt einen Zeiger, der abgefragt werden kann. Diese Abfrage ist nicht durch ASA festgelegt. Infolgedessen gibt es je nach Hersteller verschiedene Lösungen.

Bei CDC-Anlagen gibt es die Abfrage

IF (EOF, n) $n_1$, $n_2$

wobei $n_1$ und $n_2$ Statementnummern sind. Mit dieser Abfrage kann geprüft werden, ob beim vorhergehenden READ von der Datei n die Datei-Endemarke gelesen wurde. Wenn ja, erfolgt ein Sprung nach $n_1$, wenn nein, wird bei $n_2$ fortgefahren. Der Zeiger wird dabei wieder gelöscht.

Der TELEFUNKEN-Rechner TR 4 löst das Problem der Zuordnung des Zeigers zu einer im Programm abfragbaren Größe folgendermaßen:

Durch den Aufruf einer Systemroutine EOF (i, L) wird einer Datei i eine logische Variable L zugeordnet, die nach einem READ-Statement abgefragt werden kann.

**Beispiel:**

```
LOGICAL LG
CALL EOF (20, LG)
  .
  .
  .
READ (20) X, Y, Z
IF (LG) STOP
  .
  .
  .
```

Eine weitere Lösung besteht darin, daß in Abweichung zum ASA-Standard das READ-Statement um einen Parameter erweitert wird.

READ (n, f, END = m) Liste
n = Gerätenummer
f = Format
m = Statementnummer, die angesprungen wird, wenn die EOF-Marke gelesen wird.

Wenn man streng nach ASA-Konventionen programmiert, muß man ohne diese Abfrage auskommen. Das bedeutet, daß man entweder genau weiß, wieviele Sätze aus dieser Datei gelesen werden dürfen; oder der letzte Satz muß eindeutig markiert sein und im Programm abgefragt werden.

Wir haben nun eine Datei beschrieben, sie abgeschlossen, wieder zurückgesetzt und dann wieder gelesen. Dies ist der Normalfall, wenn eine Datei zur Zwischenspeicherung benutzt wird.

Was passiert, wenn die REWIND-Anweisung gegeben wird, ohne daß vorher die Datei mit ENDFILE abgeschlossen wurde?

Innerhalb des Betriebssystems wird über den Zustand, in dem eine Datei sich befindet, Buch geführt. Es wird vermerkt, ob der letzte Zugriff ein schreibender oder ein lesender war, ob die Datei abgeschlossen wurde und ob sie zurückgesetzt wurde.

Erfolgt nach einem schreibenden Zugriff ein REWIND, so wird durch das System zunächst die Datei abgeschlossen und dann erst zurückgesetzt.

Erfolgt nach einem lesenden Zugriff ein REWIND, so wird die Datei sofort auf den Anfang positioniert.

Erfolgt nach einem WRITE direkt eine READ-Anweisung, ohne daß vorher zurückgesetzt wurde, so wird eine Fehlermeldung ausgegeben.

Dagegen ist es durchaus möglich, nach einem READ eine WRITE-Anweisung zu geben. Es wird dann hinter dem vorher gelesenen Satz weitergeschrieben und die vorher dort stehende Information überschrieben.

Möchte man in einer Datei einen Satz ändern, so ist das immer mit einem Duplizieren der Datei verbunden. Man liest aus der Datei 1 einen Satz nach dem anderen und schreibt ihn in die Datei 2. Wenn man den gewünschten Satz gefunden hat, ändert man ihn und schreibt ihn dann in die Datei 2. Anschließend werden alle restlichen Sätze der Datei 1 in die Datei 2 übertragen. Dieses Verfahren ist sicher sehr aufwendig, aber leider bei Dateien, die sequentiell bearbeitet werden, nicht zu umgehen. Eine Abhilfe bieten die Dateien mit direktem Zugriff, auf die im nächsten Abschnitt genauer eingegangen werden soll. Auf keinen Fall ist es möglich, in einer Datei den n. Satz alleine zu ändern, d.h. zu schreiben, ohne dabei die ganze Datei zu kopieren, auch wenn der neue Satz genau soviele oder sogar weniger Elemente als der ursprüngliche hat.

## 6.7. Sonderformen

Im folgenden werden spezielle Formen besprochen, die nicht zum ASA-STANDARD gehören, aber bei einer Reihe von Rechenanlagen Anwendung finden. Es handelt sich hier um Erweiterungen, die besondere Dienste anbieten oder aber um Möglichkeiten, die ein wesentlich schnelleres Arbeiten erlauben.

### 6.7.1. ERROR-Parameter

Es sei folgender Fall gegeben: Ein Programm wird erstellt, das große Datenmengen verarbeiten soll. Diese Daten werden von Hand und nicht durch einen Rechnerlauf erstellt. Infolgedessen können Ablochfehler vorhanden sein, z.B. kann ein Buchstabe statt einer Zahl abgelocht sein. Beim Einlesen dieser Daten wird bei der Formatumwandlung dieser Fehler erkannt, eine Fehlermeldung ausgegeben, und das Programm wird vom Betriebssystem abgebrochen.

Der Fehler wird nun korrigiert und erneut werden die Daten eingegeben. Wieder liest das Programm ein, bis der nächste Datenfehler auftritt. Bei jedem Programmlauf kann also nur ein Datenfehler entdeckt werden. Es ergibt sich der Wunsch, in einem Lauf alle Fehlermeldungen auf einmal zu erhalten.

Um diesem Wunsch Rechnung zu tragen, ist bei manchen Anlagen eine erweiterte Form der READ-Anweisung zulässig.

Die Anweisung lautet:

READ (n, f, END = m, ERR = k) L

n = Gerätenummer
f = Formatspezifikation (Diese Angabe kann fehlen)
END = Parameter in 6.6.2 erläutert (Diese Angabe kann fehlen)
ERR = Error Parameter
k gibt eine Statementnummer an, die angesprungen wird, wenn ein Datenfehler auftritt.
L = Eingabe-Liste

Da auch bei der Ausgabe Datenfehler auftreten können, ist auch für das WRITE-Statement eine entsprechende Form vorgesehen. Sie lautet:

WRITE (n, f, ERR = k) L

### 6.7.2. NAMELIST

Das NAME LIST-Statement ist eine Erweiterung, die eine formatfreie Eingabe erlaubt.

Eine Anweisung der Form

NAME LIST /$a_1$/$n_{11}$, $n_{12}$, . . . / $a_2$/$n_{21}$, $n_{22}$ . . .

definiert eine Liste mit dem Namen $a_1$ bestehend aus den Elementen $n_{11}$, $n_{12}$ . . . und eine weitere Liste mit dem Namen $a_2$, bestehend aus $n_{21}$, $n_{22}$ . . . . Jedes Element $n_{ij}$ ist entweder ein Variablenname, ein Feldelementname oder ein Feldname. Der Listenname $a_i$ entspricht den FORTRAN-Konventionen und besteht aus einem bis sechs $\alpha$-Zeichen, von denen das erste ein Buchstabe sein muß.

Die NAME LIST-Anweisung ist eine Vereinbarung und keine ausführbare Anweisung. Sie legt fest, unter welchem Namen eine Anzahl von Größen zusammengefaßt werden. Eine Variable bzw. ein Feldelement oder Feld darf in mehr als einer NAME LIST-Anweisung stehen.

Der Name der Liste „$a_i$" sollte im gleichen Programmteil nicht noch etwas anderes kennzeichnen, wie z.B. eine Variable oder ein Feld.

Eingelesen wird durch die Anweisung

READ (n, List-Name)

wobei n die Gerätenummer ist und List-Name der Name einer NAME LIST ist.

Die Eingabedaten werden in folgender Form erwartet:

- spezielles Sonderzeichen gefolgt von List-Namen
- Wertzuweisungen an die einzelnen Elemente in der Form: Variablenname = Wert, bzw. Feldname = $Wert_1$, $Wert_2$, ...
- spezielles Sonderzeichen gefolgt von „END".

Das spezielle Sonderzeichen ist bei IBM und bei CDC ein $ (Dollarzeichen), bei TELEFUNKEN ein & (kommerzielles Und).

**Beispiel:**

```
REAL OTTO (13)
NAME LIST/ANTON/OTTO, I, J
     .
     .
     .
READ (5, ANTON)
     .
     .
     .
END
```

Die Daten:

```
$ ANTON
  I = 15, J = -1
  OTTO = 0.12345, 1.2732, - 3.1415, 10*0.0
$ END
```

Die Wirkung ist, daß den Variablen und Feldelementen im Programm der auf den Eingabekarten zugeordnete Wert zugewiesen wird. Bei Feldern werden den einzelnen Feldelementen in der Reihenfolge der Ablage die einzelnen Werte der Reihe nach zugewiesen. Replikatoren werden dabei ausgewertet. Mit NAME LIST können auch logischen Größen logische Werte zugewiesen werden.

Die NAME LIST-Daten müssen durch ein spezielles Anfangselement und Abschlußelement eingeleitet und beendet werden.

Bei den Konstanten gelten die gleichen Regeln wie bei anderen Eingabedaten: Leerstellen innerhalb von Konstanten werden durch Nullen ersetzt.

Der Typ der Variablen, des Feldelements bzw. des Feldes muß mit dem Typ der zugeordneten Konstanten übereinstimmen. Da es sich hier um eine direkte Zuordnung handelt, darf die Indexangabe bei Feldelementen nur aus Konstanten bestehen.

Die Reihenfolge der Elemente in der NAME LIST-Vereinbarung und in den Datenkarten muß nicht übereinstimmen. Größen, die in den Datenkarten nicht auftreten, behalten ihren alten Wert.

Die syntaktische Form der Ausgabe entspricht der der Eingabe. Die Ausgabeanweisung lautet:

WRITE (n, List-Name)

Diese Form der Ausgabe hat den Vorteil, daß der Name der Größe mit ausgegeben wird und keine FORMAT-Angabe nötig ist. Somit wird sowohl der Anfänger als auch der erfahrenere Programmierer diese Form der Ausgabe gern anwenden, um bei der Fehlersuche einfach und verständlich sich Zwischenwerte auszudrucken.

Die Implementierung sieht folgendermaßen aus:
Die NAME LIST-Anweisung wird in einen Code umgesetzt, der den Namen der Liste und die Namen aller Listenelemente als Hollerithwert enthält. Außerdem beinhaltet der Code den Typ (Integer, real, double, complex oder logical), den Platz und die Dimension einer jeden Größe. Das WRITE-Statement ruft nun ein Unterprogramm auf, das diese Information benutzt, um den nötigen Ausdruck zu erzeugen.

### 6.7.3 Speicherdateien

Häufig tritt in Programmen der Wunsch auf, Daten aus der Textdarstellung in die Wertdarstellung umzuwandeln und umgekehrt. Solche Wandelroutinen sind bei der Ein-Ausgabe vorhanden, und wenn man sie benutzen will, so müßte man zunächst mit FORMAT in eine Datei schreiben, die Datei zurücksetzen und dann aus dieser Datei wieder lesen. Dieser Vorgang wäre aber sehr zeitaufwendig, da ein Transport auf ein externes Gerät stattfinden würde. Deshalb bieten einige Rechenanlagen die Möglichkeit, eine Speicherdatei zu benutzen. Diese Speicherdatei ist kein besonderes Gerät, sondern ein Speicherbereich im Kernspeicher, ähnlich einem Puffer, nur daß ein Puffer ein Zwischenglied zwischen dem Kernspeicher und einem externen Gerät ist, eine Speicherdatei aber keine Verbindung zu einem externen Gerät besitzt.

Die Speicherdatei kann nur einen logischen Satz aufnehmen. Wird in die Datei geschrieben, so kann direkt daraus wieder gelesen werden, ohne daß ein REWIND nötig ist.

Die Speicherdatei kann einmal durch eine Gerätenummer wie eine normale Datei im READ/WRITE-Statement angesprochen werden. Die Zuordnung Speicherdatei – Gerätenummer ist entweder fest vorgegeben oder kann durch den Aufruf einer Systemroutine vom Programm selbst festgelegt werden.

Die Ein-Ausgabe geschieht durch READ/WRITE-Anweisungen, wobei die festgelegte Gerätenummer jeweils angegeben ist. Die REWIND-Anweisung ist nicht nötig.

Die Datenwandlung aus einer Darstellung in eine andere besteht aus einem WRITE und einem READ. Es kann aber auch mehrmals aus dieser Datei gelesen werden, wobei jedesmal auf denselben Satz zugegriffen wird.

Würde zweimal nacheinander mit WRITE in die Datei etwas geschrieben, so würde der zweite Satz den ersten überschreiben. Das gleiche würde geschehen, wenn die FORMAT-Auswertung zwei logische Sätze ergeben würde.

Einen prinzipiell anderen Weg beschreitet CDC, die spezielle Statements geschaffen haben:

```
ENCODE (c, n, v) L
DECODE (c, n, v) L
```

Dabei bedeuten:

n = Statementnummer, oder Variable bzw. Feld mit den FORMAT-Spezifikationen
L = Ein-Ausgabe-Liste
v = Variablen- oder Feldname. Gibt an, wo der Startpunkt des „Zeichen"-Satzes ist.
c = ganzzahlige Konstante oder einfache Variable, die die Anzahl der Zeichen des Satzes angibt.

v und c definieren einen Speicherbereich; v gibt den Anfangspunkt und c die Länge in Zeichen an.

**ENCODE** (entspricht dem WRITE)
Die Information der Listenvariablen L wird entsprechend dem FORMAT n in den Speicherbereich, beginnend bei v, abgelegt. Die Werte der Ausgabeliste werden nach der Formatvorschrift in Zeichenfolgen umgewandelt, die bei v beginnend nacheinander abgelegt werden. Besteht der logische Satz aus weniger als c Zeichen, so wird der Rest mit Leerzeichen aufgefüllt. Enthält er dagegen mehr als c Zeichen, so erfolgt eine Fehlermeldung.

| FORMAT. Spezifik. | Das Listenelement | Im Zielspeicher |
|---|---|---|
| A | Textdarstellung | Textdarstellung |
| I | ganzzahliger Wert | Textdarstellung |
| E, F, G, D, C | Wert | Textdarstellung |
| L | Logischer Wert | Textdarstellung |
| H, X | – | Textdarstellung |

**DECODE** (entspricht dem READ)
Es werden c aufeinanderfolgende Zeichen, beginnend bei v, entsprechend dem FORMAT n umgewandelt und den einzelnen Listenelementen zugewiesen. Werden mehr als c Zeichen erwartet, so erfolgt eine Fehlermeldung. Tritt bei der Umwandlung ein Datenfehler auf (z.B. Buchstabe mit I-FORMAT gelesen), so erfolgt eine Fehlermeldung.

| FORMAT-Spezifik. | Im Speicher | Listenelement |
|---|---|---|
| A | Textdarstellung | Textdarstellung |
| I | Textdarstellung | ganzzahliger Wert |
| E, F, G, C, D | Textdarstellung | Wert |
| L | Textdarstellung | logischer Wert |

Wird in einem Programm eine Wert↔Text-Umwandlung gebraucht, so benötigt man bei ENCODE/DECODE nur eines dieser beiden Statements. Bei den Speicherdateien, auf die mit READ/WRITE zugegriffen wird, benötigt man grundsätzlich beide Anweisungen. Das liegt daran, daß bei CDC der Speicherbereich nicht festliegt, sondern nach Bedarf angegeben werden kann und der Transport gleich an die gewünschte Stelle geschieht.

Die Möglichkeiten, die eine solche Speicherdatei bietet, sind recht vielfältig, und aus dem Angebot sollen zwei Einsatzmöglichkeiten hier zur Verdeutlichung angeführt werden.

I. Umwandlung Text → Wert:
Falls eine Rechenanlage die Möglichkeit des ERROR-Parameters im READ-Statement nicht besitzt, soll das Programm selbst die Datenkarten auf Fehllochungen untersuchen und entsprechende Meldungen ausgeben.

Der Ablauf wäre:
- Einlesen der Lochkarte im A-Format.
- Abprüfen der einzelnen Zeichen.
- Bei Fehlern eine Meldung ausgeben und die nächste Karte einlesen.
- Ist keine Fehllochung vorhanden, den Zeichenstring mit dem A-Format in die Speicherdatei schreiben.
- Aus der Speicherdatei mit dem gewünschten Format lesen.

II. Umwandlung Wert → Text:
Diese Umwandlung kann benutzt werden, um ein variables Format aufzubauen, denn in einem variablen Format dürfen nur Zeichen, aber keine Zahlenwerte auftreten. Den Ablauf möge sich der Leser selbst überlegen.

**REREAD**
Wird mit READ gelesen, so wird zunächst die Information gepuffert und dann aus dem Puffer gelesen. Bei dem nächsten Lesebefehl wird der nächste logische Satz gelesen.

Ein zusätzliches Statement:

REREAD (i, n) L

i = Gerätenummer
n = Format
L = Eingabeliste

erlaubt es, den zuletzt gelesenen Satz noch einmal zu lesen. Auf die Art ist es z.B. möglich, zunächst einen Satz im A-Format zu lesen, die Zeichen einzeln zu untersuchen und anschließend den Satz nochmal im geeigneten Format zu lesen.

### 6.7.4. BUFFER-Routinen

Beim READ wird ein Block von Daten vom externen Gerät in einen Puffer gebracht, von wo die Daten durch einen zweiten Transport den angeführten Ein-Ausgabeelementen zugewiesen werden. Beim Transport größerer Datenmengen (Blöcke) ist es sinnvoll, sie direkt an die gewünschte Stelle zu bringen und nicht erst im Puffer zwischenzuspeichern. Hierdurch wird die Ein-Ausgabezeit wesentlich verkürzt.

CDC hat für diesen speziellen Fall die Anweisungen

BUFFER IN (n, p) A, B
und BUFFER OUT (n, p) A, B

geschaffen, auf deren Wirkung kurz eingegangen werden soll.

Im Gegensatz zu den READ/WRITE-Anweisungen werden bei den BUFFER-Anweisungen nicht einzelne Listenelemente transportiert, sondern ein zusammengehöriger Datenblock von A bis B.

Diese Daten werden bei BUFFER IN vom Gerät n an den durch A und B definierten Speicherbereich transportiert und bei BUFFER OUT entsprechend auf das Gerät n ausgegeben.

p kennzeichnet einen Parity-Schlüssel, auf den aber nicht weiter eingegangen werden soll, da er mit der CDC-spezifischen Ablage von Information auf Band/ Platte zusammenhängt.

Das BUFFER-Statement hat noch einen weiteren Effekt. Beim normalen EA-Verkehr dauert der Transport der Daten so lange, daß das Betriebssystem im Falle eines EA-Vorgangs auf ein anderes Programm umschaltet und so der Zentralrechner nicht auf das Ende des Transportes wartet. Bei BUFFER dagegen wird der Datentransport initialisiert, und dann wird in dem gleichen Programm fortgefahren. Das Programm darf noch nicht sofort auf die Daten zugreifen, denn die stehen noch gar nicht zur Verfügung, sondern kann andere Rechenprozesse durchführen. Vor dem ersten Zugriff auf die eingelesenen Daten ist mit der Anweisung

IF (UNIT, n)

abzufragen, ob der Datentransport inzwischen beendet ist. Für den „NEIN"-Fall ist eine Warteschleife zu programmieren. Wird das BUFFER-Statement nicht sinnvoll eingesetzt, so werden wesentlich höhere Zentralrechnerzeiten anfallen.

### 6.7.5. Der direkte Zugriff

Nach der Einführung der Platte als Träger von Dateien entstand der Wunsch, Plattendateien nicht nur sequentiell zu lesen, sondern auch gezielt auf einzelne Sätze zugreifen zu können und diese Möglichkeit auch dem FORTRAN-Programmierer zugänglich zu machen.

Um gezielt auf eine Datei zuzugreifen und einen bestimmten Satz einzutragen bzw. zu lesen, ist es nötig, daß jeder Satz eine Nummer als Markierung hat. Im READ/WRITE-Befehl ist dann nicht nur die Datei, sondern zusätzlich auch die Satznummer anzugeben.

Beim Beschreiben der Datei werden die einzelnen Sätze nicht nacheinander dicht gepackt in die Datei eingetragen, denn der n. Satz kann zunächst 20 Werte beinhalten, zu einem späteren Zeitpunkt aber 40 Werte. Dieser Platz muß dann zur Verfügung stehen. Deshalb ist es erforderlich, daß im Programm, bevor die Datei bearbeitet wird, definiert wird, wie lang maximal ein Satz werden kann. Diese maximale Länge wird für jeden Satz freigehalten. Außerdem ist es sinnvoll, für diese Datei zu definieren, wieviele Sätze maximal auftreten können, d.h. welche größte Satznummer auftreten kann.

Die DEFINE FILE-Anweisung legt diese Größen fest und muß durchlaufen werden, bevor der erste Zugriff auf die Datei geschieht.

DEFINE FILE d (m, l, s, v)

d = Dateiparameter = Gerätenummer
Konstante oder Variable
m = Satzparameter = Maximalanzahl der Datensätze in der Datei d
l = Längenparameter = maximale Länge eines Datensatzes

s = Übertragungsschlüssel: formatgebundene Ablage oder formatfreie
v = assoziierte Variable
wird nach jedem Lese- oder Schreibzugriff auf die um eins erhöhte Nummer des zuletzt übertragenen Datensatzes gesetzt.

In der READ/WRITE-Anweisung ist außer der Gerätenummer auch noch eine Satznummer anzugeben, die den gewünschten Satz kennzeichnet.

READ (d'z, f, END = m, ERR = n) Liste
WRITE (d'z, f, ERR = n) Liste

d = Gerätenummer
z = Parameter für den direkten Zugriff
Konstante, Variable, arithmetischer Ausdruck
Der ganzzahlige Anteil ergibt die Nummer des Datensatzes, der gelesen bzw. geschrieben wird. Nach dem Transport des z. Satzes wird die im zugehörigen DEFINE FILE assoziierte Variable auf z + 1 gesetzt.

Es kann nur auf die Dateien mit direktem Zugriff gearbeitet werden, für die eine DEFINE FILE gegeben wurde. Eine derartige Datei kann auch sequentiell bearbeitet werden, d.h. es wird keine Satznummer angegeben; dann werden die Sätze in aufsteigender Reihenfolge gelesen bzw. geschrieben.

## 6.8. Regeln zur Eingabe - Ausgabe

▷ Der Gerätenummer ist eine Variable zuzuordnen, die in den READ/WRITE-Anweisungen auftritt. Feste Gerätezuordnungen nach Möglichkeit vermeiden. Auf keinen Fall innerhalb eines Programms Konstante und Variable gemischt als Gerätenummer verwenden.

▷ Nach Möglichkeit das variable FORMAT vermeiden, da es nur sehr aufwendig zu kontrollieren ist.

▷ Die Anzahl der Listenelemente in der EA-Liste klein halten. Ganze Felder nicht mit impliziter DO-Schleife ausgeben!

▷ Mehrdimensionale Felder über EQUIVALENCE als eindimensionale Felder ausgeben.

▶ 20 Werte auf 2 Lochkarten werden schneller mit einem READ eingelesen als mit 2 aufeinanderfolgenden. Das gleiche gilt für die Ausgabe äquivalent.

▷ Gehört ein FORMAT nur zu einem READ/WRITE-Statement, so sollte es direkt danach stehen. Nur wenn es zu mehr als einer EIN-AUSGABE-Anweisung gehört, sollte man es an das Ende des Programmteils legen.

▷ Die Statementnummern für ein FORMAT-Statement sollen sich schon in der Größe von den anderen Statementsnummern unterscheiden, z.B. erst ab 1000.

▷ Ist mit dem Einlesen eine eigene Abprüfung der Daten verbunden, so daß der komplette Einlesevorgang eine ganze Reihe von Statements erfordert, so sollte man diesen Komplex aus dem Programm herauslösen und in einem gesonderten Unterprogramm unterbringen. Bei der Ausgabe ist sinngemäß gleich zu verfahren. Auf die Weise hat man eine definierte Schnittstelle gegenüber dem verarbeitenden Programm, was zu einer erhöhten Übersichtlichkeit beiträgt.

▷ Eingelesene Daten (keine Zwischenwerte) sollten prinzipiell nach dem Einlesen protokolliert werden, damit man bei einem auftretenden Fehler anhand des Ablaufprotokolls die eingegebenen Daten prüfen kann.

▷ Leerzeilen sollen mit dem Vorschubsteuerzeichen erzeugt werden.

▷ Bei der Ausgabe von Daten ist zu prüfen, ob die Daten im DIN A4-Format gehalten werden können.

▷ Die eingelesenen Daten sollten, soweit es möglich ist, auf Richtigkeit überprüft werden. Wird ein Fehler festgestellt, so sollte die Fehlermeldung direkt hinter der protokollierten falschen Datenkarte stehen. Dann ist mit der Prüfung der Eingabedaten fortzufahren, und erst nach der Prüfung aller Datenkarten bricht das Programm vor der Verarbeitung ab. Auf die Weise werden in einem Lauf gleich alle Daten geprüft.

# 7. Unterprogrammtechnik

## 7.1. Unterprogramm-Typen

In FORTRAN unterscheidet man 3 Formen von Unterprogrammen:

1. die Anweisungsfunktion
2. die FUNCTION
3. die SUBROUTINE

Es gibt 2 Arten der Realisierung.
Bei der einen werden immer dann, wenn in der FORTRAN-Quelle diese Funktion auftritt, die entsprechenden Befehle generiert und in die Befehlsfolge direkt eingebaut. In diesem Fall spricht man von eingebauten Funktionen (Intrinsic Functions).

Bei der anderen Art der Realisierung wird für den Aufruf des Unterprogramms ein Sprung in ein anderes Programmteil erzeugt, und beim Montieren werden diese Teile zusammengebaut. Die Befehlsfolge für das Unterprogramm ist, unabhängig von der Anzahl der Aufrufe, nur einmal vorhanden. Solche Unterprogramme nennen wir externe Funktionen (External Functions).

Die eingebauten Funktionen benötigen bei häufigem Auftreten mehr Speicherplatz, brauchen dafür aber beim Durchlaufen weniger Zeit als die externen Funktionen.

### 7.1.1. Die Anweisungsfunktion

Die Anweisungsfunktion besteht in der FORTRAN-Quelle aus einer einzigen Anweisung und hat nur in dem Programmteil Gültigkeit, in dem sie stehen.

Der Aufbau ist:

```
name (formale Parameter) = arithm. Ausdruck
```

| | |
|---|---|
| name | ist der Name der Funktion und repräsentiert das Ergebnis. Durch den Typ des Namens wird der Typ des Ergebnisses festgelegt. |
| formale Parameter | sind Namen, die durch Kommata voneinander getrennt sind. |

arithm. Ausdruck ist ein beliebiger arithmetischer Ausdruck, der folgende Operanden enthalten kann:
a) Konstante
b) einfache Variable
c) Feldelemente
d) die Namen der formalen Parameter als Variable oder Indizes
e) den Namen und die aktuellen Parameter einer anderen Anweisungsfunktion, die im gleichen Programmteil vorher definiert wurde. Allerdings darf die Aufrufreihenfolge nicht rekursiv sein.

**Beispiele:**

```
SIQUA (X) = 0.5 (1 - COS (2 * X))
SINP (X, Y) = SIN (X) * COS (Y) + COS (X) * SIN (Y)
```

Die Anweisungsfunktion ist eine Vereinbarung und keine ausführbare Anweisung. Infolgedessen sollte der Programmierer sie aus Übersichtlichkeitsgründen bei den Vereinbarungen anführen. Am besten ist es, wenn durch Kommentarkarten auf ihre Existenz ausdrücklich hingewiesen wird, denn bei flüchtigem Durchsehen kann man sie leicht für eine Wertzuweisung an ein Feldelement halten.

Da eine Anweisungsfunktion nur in dem Programmteil Gültigkeit haben soll, in dem sie steht, kann sie nur als eingebaute Funktion realisiert sein.

### 7.1.2. FUNCTION-Unterprogramme

Ein FUNCTION-Unterprogramm ist ein selbständiger Programmteil. Die FUNCTION-Anweisung eröffnet ein solches Unterprogramm. Sie lautet:

| t FUNCTION name ($p_1$, $p_2$, . . . , $p_n$) |
|---|

mit:

t = Typ des Ergebnisses, kann bei impliziter Vereinbarung fehlen.
name = symbolischer Name für die Funktion, mit der sie aufgerufen wird
$p_i$ = formaler Parameter

Das Unterprogramm besteht aus allen Anweisungen, die zwischen dem FUNCTION- und dem nächsten END-Statement liegen.

Wenn der Name des FUNCTION-Programmteils nicht implizit den Ergebnistyp angibt, sondern t zusätzlich angegeben ist, dann muß in jedem Programmteil, das diese FUNCTION aufruft, für den Namen ebenfalls eine explizite Typangabe vorhanden sein.

FORTRAN verlangt, daß mindestens ein formaler Parameter vorhanden ist. Im FUNCTION-Unterprogramm dürfen COMMON-Blöcke auftreten.

In der Funktion wird vor dem Rücksprung dem Funktionsnamen der errechnete Wert zugewiesen und dann mit

RETURN

zurückgesprungen.

Der Aufruf einer FUNCTION geschieht durch

name (aktuelle Parameter).

Die Funktion wird angesprungen und durchlaufen. Nach dem Rücksprung steht der errechnete Wert an der Stelle des Aufrufs zur Verfügung und kann weiterverarbeitet werden. Ein Rücksprung an eine andere Stelle des aufrufenden Programms wäre nur sinnvoll, wenn die geforderte Leistung nicht erbracht werden kann. Das Ergebnis eines FUNCTION-Unterprogramms ist immer nur ein Wert, der dann weiterverarbeitet wird.

Die Weiterverarbeitung besteht im allgemeinen aus:

- Zuweisung an eine Variable bzw. Feldelement
- Auftreten als Operand in einem arithmetischen Ausdruck
- Auftreten als aktueller Parameter bei einem Unterprogramm-Aufruf.

**Beispiele:**

FUN (A, B) sei ein Funktionsaufruf

```
X = FUN (C, D)
Y = Z * FUN (U, V) / (1 - Z**2)
CALL UP 1 (I, F, FUN (ANTON, BERTA))
```

Bei der Bearbeitung von mathematisch-naturwissenschaftlichen Problemen treten eine Reihe von Funktionen immer wieder auf. Solche Funktionen wie Sinus, Cosinus, Logarithmus, Exponentialfunktion u.a.m. enthält FORTRAN als Standardfunktionen. Aber nicht nur solche rein mathematischen Routinen gehören zu den Standardfunktionen, sondern auch Umwandlungsroutinen aus Gleitpunkt nach Festpunkt oder Absolutbetrag einer Zahl bestimmen u.a.m.

FORTRAN schreibt vor, ob eine Standardfunktion als externe oder als eingebaute Funktion realisiert wird. Soll statt einer eingebauten Funktion eine eigene mit dem gleichen Namen verwandt werden, so muß EXTERNAL name gegeben werden. Die Angabe EXTERNAL ist nicht notwendig, wenn eine externe Funktion durch eine eigene ersetzt werden soll.

### 7.1.3. SUBROUTINE-Unterprogramme

Diese Unterprogramme werden eingeleitet durch die Anweisung:

| |
|---|
| SUBROUTINE name ($p_1, p_2, \ldots, p_n$) |

bzw.

| |
|---|
| SUBROUTINE name |

name ist der Name des Unterprogramms; er darf im ganzen Programm nur in **einer** SUBROUTINE-Anweisung vorkommen.

$p_i$ formaler Parameter. Bei einem SUBROUTINE-Unterprogramm darf die Liste der formalen Parameter fehlen. (Gegensatz zu FUNCTION!)

Wie bei der FUNCTION besteht das Unterprogramm aus allen Anweisungen, die zwischen der SUBROUTINE- und der nächsten folgenden END-Anweisung liegen.

Das Unterprogramm bekommt seine Werte, mit denen es arbeitet, entweder über Parameter oder über COMMON-Blöcke. Die Parameterliste darf ganz fehlen.

Aufgerufen wird ein SUBROUTINE-Unterprogramm durch die Anweisung:

| |
|---|
| CALL name ($s_1, s_2, \ldots, s_n$) |

name ist der Name des SUBROUTINE-Unterprogramms.

$s_i$ ist der aktuelle Parameter. Es sind genauso viele aktuelle Parameter vorhanden, wie in der SUBROUTINE-Anweisung formale Parameter auftreten. Die Parameter entsprechen sich in der Reihenfolge ihres Auftretens. Der aktuelle Parameter muß stets vom gleichen Typ sein wie der zugehörige formale Parameter.

Diese Regeln gelten bei den Parametern der FUNCTION-Unterprogramme entsprechend.

Das SUBROUTINE-Unterprogramm liefert im Sinne des FUNCTION-Unterprogramms kein Ergebnis, das dann zur Weiterverarbeitung bereitsteht. Wenn im UP Werte berechnet werden, werden sie in Parameter- bzw. COMMON-Größen abgespeichert und stehen anschließend im aufrufenden Programm zur Verfügung. Ein SUBROUTINE-Unterprogramm kann auch Daten übergeben bekommen, die es aufbereitet und dann auf ein externes Gerät ausgibt. Ein Ergebnis im üblichen Sinne wird in diesem Fall an das aufrufende Programm nicht zurückgegeben.

Nach der Ausführung des Unterprogramms wird beim Rücksprung die nächste Anweisung nach dem CALL-Aufruf angesprungen. Einige FORTRAN-Dialekte lassen es zu, daß beim Rücksprung eine andere Stelle im aufrufenden Programm angesprungen wird, die als Parameter angeführt ist. Auf diese Form soll weiter unten noch eingegangen werden.

Eine zusätzliche Erweiterung des ASA-Standard FORTRAN besteht darin, daß ein Unterprogramm nicht nur einen Eingang hat, sondern mehrere. Dies hat folgenden Grund: Häufig ist beim ersten Aufruf eine Normierung der beteiligten Größen nötig, bei den folgenden Aufrufen muß die Normierung dagegen übersprungen werden. Es wäre dann sehr sinnvoll, wenn man einen zweiten Eingang in dieses Unterprogramm hätte. Es besteht zwar die Möglichkeit, einen Parameter mizuliefern, der zunächst den Wert 1 und bei den folgenden Aufrufen den Wert 2 hat, um in dem Unterprogramm über ein computed GO TO den Normierungsteil bei den späteren Aufrufen zu überspringen, aber ein weiterer Eingang in das UP ist übersichtlicher. Aus diesem Grund besitzen einige FORTRAN-Compiler als Erweiterung des ASA-FORTRAN die Möglichkeit, mit

| ENTRY name ($p_1, p_2, \ldots, p_n$) |
|---|

einen weiteren Eingang in ein SUBROUTINE-Unterprogramm zu definieren.

name unterscheidet sich vom Namen der SUBROUTINE-Anweisung.

$p_i$ formaler Parameter

Da das ENTRY-Statement nicht durch ASA normiert ist, treten bei verschiedenen Compilern unterschiedliche Konventionen auf.

1. Es gibt Compiler, die keine zusätzliche Parameterliste beim ENTRY-Statement zulassen, sondern ihm automatisch die gleiche Parameterliste zuordnen, wie sie in der zugehörigen FUNCTION bzw. SUBROUTINE-Anweisung auftritt.

2. Andere Compiler lassen beim ENTRY-Statement Parameter zu, wobei keine Übereinstimmung mit der Parameterliste der entsprechenden FUNCTION oder SUBROUTINE-Anweisung vorgeschrieben ist.

Tritt ein ENTRY in einem FUNCTION-Unterprogramm auf, so wird trotzdem das Ergebnis nur dem FUNCTION-Namen zugewiesen, bevor zurückgesprungen wird.

Der Einsprung in ein SUBROUTINE-Unterprogramm an die durch ENTRY definierte Stelle geschieht durch

CALL name ($s_1, s_2, \ldots, s_n$)

name ist der ENTRY-Name

$s_i$ ist ein aktueller Parameter.

Auch wenn die ENTRY-Anweisung keine formalen Parameter enthält (Fall 1), sind im Aufruf aktuelle Parameter anzugeben, wenn die zugehörige SUBROUTINE-Anweisung formale Parameter enthält. Die ENTRY-Anweisung darf nicht innerhalb einer Schleife liegen.

## 7.2. Parameterübergabe

Die Parameterübergabe ist ein typisches Kennzeichen der Unterprogrammtechnik und soll uns im folgenden genauer beschäftigen.

Als Parameter können übergeben werden:
- Werte
- Befehle
(– Marken)

„Marken" ist in Klammern gesetzt, da diese Möglichkeit in ASA-FORTRAN nicht vorgesehen und nur bei einigen Compilern erlaubt ist.

Zum Vergleich: Mit COMMON können nur Werte übergeben werden.

Bei der Realisierung der Parameterübergabe werden die Adressen der aktuellen Größen bereitgestellt. Die Auswertung durch das aufgerufene Unterprogramm geschieht

- durch den Zugriff auf diese Adressen, um
  a) von dort Information (Werte) zu holen
  b) dort Information (Werte) abzulegen
- durch den Ansprung dieser Adresse und anschließende Ausführung der dort abgelegten Befehle.

Parameterübergabe bedeutet: Bereitstellen von Adressen.

### 7.2.1. Werte

Folgende Größen können zur Übergabe von Werten als aktuelle Parameter auftreten:

1. Konstante
2. Variable
3. Feldelement
4. Feld mit festen Grenzen
5. Feld mit variablen Grenzen
6. arithmetischer oder boolescher Ausdruck
7. Funktionswert
8. formaler Parameter, der einen Wert darstellt.

Um welchen Typ es sich bei diesen Werten handelt, ist für die Übergabe belanglos. Ein INTEGER-Wert wird genauso übergeben, wie ein LOGICAL-Wert. Der Typ spielt erst bei der Weiterverarbeitung eine Rolle.

zu 1: Bei der Übergabe einer Konstanten steht die Konstante selbst in einer Speicherzelle, deren Adresse an das aufgerufene Unterprogramm übergeben wird. Bei Rechenanlagen, die die Konstanten nicht schreibgeschützt ablegen, kann es passieren, daß innerhalb des Unterprogramms ein Wert an einen Parameter zurückgeliefert wird, der fälschlicherweise aktuell durch eine Konstante besetzt ist. Dadurch wird der Wert der Speicherzelle verändert, so daß der Name der Konstanten nicht mehr mit ihrem Wert übereinstimmt.

zu 2 und 3: Bei der Übergabe einer Variablen bzw. eines Feldelements wird die Adresse dieser Größe an das Unterprogramm übergeben. Ein Datentransport ist sowohl vom aufrufenden Programm an das aufgerufene Programm als auch umgekehrt möglich.

zu 4: Tritt ein Feldname als aktueller Parameter auf, so muß im entsprechenden Unterprogramm der dazugehörige formale Parameter durch eine Typ- oder DIMENSION-Anweisung als Feld definiert sein. In dieser Anweisung steht der Name des formalen Parameters mit einer festen Feldangabe (Konstante). Die Dimensionierung im Unterprogramm muß mit der im Hauptprogramm nicht übereinstimmen. Auch die Anzahl der Dimensionen braucht nicht gleich zu sein.

Es gibt Compiler, die zu Testzwecken eine dynamische Kontrolle in das übersetzte Programm eincompilieren, wodurch die im Programm auftretenden Indizes überprüft werden, ob sie größer als der maximal definierte Wert werden. Ist ein UP in diese Testversion übersetzt worden, so gelten in dem UP die dort definierten Grenzen und nicht die, die beim aktuellen Feld aufgeführt sind.

Die Datenübergabe beim Parameter „Feld" geschieht auf zwei verschiedene Arten. Entweder wird die Anfangsadresse des Feldes direkt übergeben, oder aber es wird auf einen Speicherbereich (Informationsblock) verwiesen, wo außer der Anfangsadresse noch weitere Informationen über das Feld, wie Typ, Dimensionierung usw., abgelegt sind. Von dort besorgt sich das UP dann die Anfangsadresse.

zu 5: Bei vielen Unterprogrammen, insbesondere bei Matrixberechnungen, möchte der Programmierer sich nicht festlegen, sondern seine Felder jedesmal beim Aufruf des Unterprogramms anders dimensionieren. Dies wird ihm dadurch ermöglicht, daß in FORTRAN die Dimension eines Feldes ebenfalls als Parameter mit übergeben werden kann.

Die Vereinbarung im UP kann dann so lauten:

```
      FUNCTION SUM (A, N)
      DIMENSION A (N)
          .
          .
          .
```

Aufgerufen werden kann diese FUNCTION mit unterschiedlichen Feldern und Feldgrenzen.

Für das Feld A wird im Unterprogramm SUM kein Speicherplatz reserviert, sondern das UP bearbeitet Felder, die in übergeordneten Programmteilen dimensioniert sind und denen dort Speicherplatz zugewiesen wurde. Durch DIMENSION A (N) wird also kein neues Feld mit variabler Grenze vereinbart. Würde das Feld A nicht als formaler Parameter auftreten, dann wäre es ein lokales Feld, das variabel lang wäre. Da der Compiler beim Übersetzen dem entstehenden Programmodul keine festen Grenzen zuordnen könnte (siehe 2.5), ist dies verboten. Wir stellen nochmal fest: FORTRAN kennt keine dynamischen Felder.

Wenn mehrdimensionale Felder mit variablen Grenzen übergeben werden, so ist folgendes zu beachten:

**Beispiel:**

Folgendes UP führt eine Matrix-Addition durch:

```
      SUBROUTINE MAT ADD (X, Y, Z, M, N)
      DIMENSION X (M, N), Y (M, N), Z (M, N)
      DO 10 I = 1, M
      DO 10 J = 1, N
   10 Z (M, N) = X (M, N) + Y (M, N)
      RETURN
```

Die Felder, X, Y und Z sind mit M und N variabel dimensioniert.

Das aufrufende Programm kann folgendermaßen aussehen:

```
      :
      :
DIMENSION A (10, 10), B (10, 10), C (10, 10)
      :
      :
CALL MAT ADD (A, B, C, 10, 10)
      :
      :
END
```

Dann werden die vollen Matrizen A und B addiert, und das Ergebnis wird in C abgelegt.

Wenn aber nun die Felder A und B nur bis A (5, 5) bzw. B (5, 5) gefüllt sind, ist folgender Aufruf falsch:

```
DIMENSION A (10, 10), B (10, 10), C (10, 10)
      :
      :
CALL MAT ADD (A, B, C, 5, 5)
      :
      :
END
```

Warum?

Die Datenorganisation von Haupt- und Unterprogramm passen nicht zueinander. Sehen wir uns das Feld A im HP an:

| 10 E | 10 E | 10 E |
|---|---|---|
| A (1, 1) . . . A (10, 1) | A (1, 2 . . . A (10, 2), | A (1, 3). . . usw. |

Wird aber als Feldgrenze 5 übergeben, so erwartet das UP folgenden Aufbau des Feldes X

| 5 | 5 | 5 | 5 | 5 |
|---|---|---|---|---|
| X (1, 1) - X (5, 1) | X (1, 2) - X (5, 2) | X (1, 3) - X (5, 3) | X (1, 4) - X (5, 4) | X (1, 5) - X (5, 5) |

Das gleiche passiert bei den Feldern B und Y bzw. C und Z.

Das UP MAT ADD addiert die ersten 25 Werte der übergebenen Felder und hat damit seine Aufgabe erfüllt.

Unser Unterprogramm MAT ADD muß also die Grenzen der Felder unabhängig von der Bearbeitungsgrenze mit übergeben bekommen.

```
      SUBROUTINE MAT ADD (X, Y, Z, MG, NG, M, N)
      DIMENSION X (MG, NG), Z (MG, NG)
      DO 10 I = 1, M
      DO 10 J = 1, N
   10 Z (M, N) = X (M, N) + Y (M, N)
      RETURN
      END
```

Ist die Bearbeitungsgrenze gleich der Feldgrenze (Fall 1), so sähe der Aufruf so aus:

```
   DIMENSION A (10, 10), B (10, 10), C (10, 10)
        .
        .
        .
   CALL MAT ADD (A, B, C, 10, 10, 10, 10)
        .
        .
        .
   END
```

Im anderen Fall (Fall 2) würde folgender Aufruf auftreten:

```
   DIMENSION A (10, 10), B (10, 10), C (10, 10)
        .
        .
        .
   CALL MAT ADD (A, B, C, 10, 10, 5, 5)
        .
        .
        .
   END
```

Jetzt würde die Addition richtig ausgeführt.

Unterprogramme mit variabler Felddimensionierung dauern in der Ausführung länger als die Unterprogramme mit fest dimensionierten Feldern. Das liegt daran, daß beim Einsprung in das Programm zusätzlich die Feldgrenzen in die Berechnungsformeln für die Indexberechnung und in Feldbeschreibungen (Informationsblöcke) für die dynamischen Kontrollen eingetragen werden müssen. Bei nur einem Aufruf fällt das nicht ins Gewicht; bei sehr vielen Aufrufen kann der Rechenzeitverlust sich bemerkbar machen.

zu 6: Erscheint ein arithmetischer oder boolescher Ausdruck als aktueller Parameter, so wird in dem aufrufenden Programm zunächst dieser Ausdruck berechnet und das Ergebnis einer Hilfsgröße zugewiesen. Die Adresse dieser Hilfsgröße wird dann an das UP übergeben, und das UP greift auf die Größe zu wie auf jede andere Variable oder Konstante. Der in dieser Hilfsgröße abgelegte Wert wird im aufrufenden Programm nicht weiter bearbeitet. Infolgedessen kann eine Parameterposition, über die aus dem UP Ergebnisse an das aufrufende Programm geliefert werden, nicht mit einem arithmetischen Ausdruck als aktuellem Parameter besetzt werden, weil dann das Ergebnis des UP auf eine Hilfsgröße abgelegt wird und damit im aufrufenden Programm nicht mehr zur Verfügung steht.

zu 7 und 8: Es gilt das unter 6 Gesagte entsprechend.

### 7.2.2. Befehle

Tritt ein FUNCTION- oder SUBROUTINE-Name als aktueller Parameter auf, so soll die Befehlsfolge dieses UP's übergeben werden und nicht ein Wert, der beim Durchlaufen dieser Befehlsfolge entsteht. Man unterscheide deshalb genau zwischen Funktion und Funktionswert. Soll die Funktion selbst übergeben werden, so wird nur der UP-Name aufgeführt. Bei der Übergabe eines Funktionswertes ist der aktuelle Parameter mit dem UP-Aufruf, bestehend aus Funktionsname und aktuellen Parametern, für diese Funktion besetzt. Ein solcher Funktionsname kann aber nie ein SUBROUTINE-Name sein, denn einer SUBROUTINE ist kein Funktionswert zugeordnet.

Wird dagegen nur der UP-Name als aktueller Parameter aufgeführt, so wird die Anfangsadresse dieser Routine als Parameter an das aufgerufene Programm übergeben, und es besteht nun die Möglichkeit, dieses UP anzuspringen.

Im aufrufenden Programm besteht jedoch die Schwierigkeit, dem Compiler zu verdeutlichen, ob ein aktueller Parameter ein Unterprogramm-Name oder ein Variablen-Name ist, denn vom Aufbau sind sie nicht zu unterscheiden.

Der Anweisung

```
CALL IRMA (ANTON, ERICH, PAUL)
```

ist nicht anzusehen, ob die Namen ANTON, ERICH, PAUL Variablen- oder Funktions-Namen sind. Auch aus der Umgebung kann es nicht immer eindeutig ersehen werden, denn bei der Bearbeitung dieser CALL-Anweisung sind die darauffolgenden Anweisungen noch nicht bekannt, die evtl. Aufschluß über die Bedeutung dieser Größen geben könnten. Man benötigt demnach eine Kennzeichnung zur Unterscheidung. Da Variablen-Namen wesentlich häufiger als aktuelle Parameter auftreten, reicht es, wenn die Funktions-Namen extra gekennzeichnet sind. Dies geschieht durch die Vereinbarung

| EXTERNAL $name_1, name_2, \ldots, name_k$ |
|---|

Diese Vereinbarung bewirkt, daß die Unterprogramme name 1, name 2 usw. an das Programm mit anmontiert werden und zur Verfügung stehen, wenn sie benötigt werden.

### 7.2.3. Marken

Es sei ausdrücklich darauf hingewiesen, daß im ASA-FORTRAN eine Übergabe von Marken nicht erlaubt ist. Einige FORTRAN-Compiler lassen sie jedoch zu, und deshalb sei hier kurz darauf eingegangen.

Eine Übergabe von Marken ist möglich durch:

1. ASSIGN
2. spezieller Parameter.

In Abschnitt 5.2.3 haben wir gesehen, daß durch die ASSIGN-Anweisung eine Marke, d.h. die Adresse eines Befehls, in einer Speicherzelle abgelegt wird. Diese Speicherzelle kann bei einem UP-Aufruf als aktueller Parameter an das UP weitergeleitet und im UP dann als Sprungziel benutzt werden.

**Beispiel:**

Im rufenden Programm steht:

```
           .
           .
           .
      ASSIGN 5 TO J
      CALL UP 1 (A, X, J)
           .
           .
           .
      GO TO 10
    5 WRITE (6, 1000)
 1000 FORMAT (10 X, 6 H FEHLER)
   10 CONTINUE
           .
           .
           .
```

Im UP 1 steht:

```
      SUBROUTINE UP 1 (A, B, M)
      INTEGER M
           .
      GO TO M
           .
      RETURN
      END
```

Aus den FORTRAN-Handbüchern der Hersteller kann man ersehen, ob diese Form an der jeweiligen Anlage erlaubt ist.

Die hier aufgezeigte Möglichkeit widerspricht den ASA-Konventionen, da ASA verlangt, daß bei einem assigned GO TO die Sprungziele in einer Klammer anzuführen sind und dort nur Marken stehen dürfen, die innerhalb dieses UP's gelten.

Ist diese Form des assigned GO TO bei einer Anlage erlaubt, dann kann die Variable, der das Sprungziel durch die ASSIGN-Anweisung zugewiesen wird, auch eine COMMON-Größe sein. Dies würde es ermöglichen, daß innerhalb eines Programms zwischen den einzelnen Programmteilen beliebig hin- und hergesprungen wird.

Mag das auch in Einzelfällen ein günstiger Programmiertrick sein, es ist dringend von dieser Art der Programmierung abzuraten, da man dem einzelnen Sprungbefehl nicht mehr ansieht, wo er hinführt. Das Programm soll durch die Aufteilung in Unterprogramme übersichtlicher werden, die einzelnen Blöcke sollen in sich abgeschlossen und die Schnittstellen sauber definiert sein. Eine derartige Sprungtechnik würde aber die Übersichtlichkeit erheblich beeinträchtigen.

Die zweite Methode, die ebenfalls bei einigen Compilern zu finden ist, ermöglicht die Übergabe von Marken in folgender Form:

Beim Aufruf werden die möglichen Rücksprungziele als aktuelle Parameter aufgeführt. Der aktuelle Parameter ist die Statementnummer selbst, versehen mit einem speziellen Sonderzeichen, damit der Compiler beim Übersetzen erkennt, daß es sich hier um eine Statementnummer und nicht um eine Konstante handelt.

**Beispiel:**

Ein Unterprogramm soll aufgerufen werden, das beim Rücksprung außer dem Normalausgang eine der drei Marken 10, 20 oder 30 zusätzlich anspringen kann. Der Aufruf lautet:

```
CALL UP 1 (A, & 10, B, C, & 30, I, & 20)
```

Bei einigen Compilern muß statt & 10, & 20 die Form **$** 10, **$** 20 heißen.

Man beachte, daß bei diesem Aufruf die Marken Statementnummern sind, die in diesem Programmteil auftreten müssen. Der Compiler übergibt die direkten Sprungadressen als Parameter und nicht, wie im ersten Fall, die Adresse einer Speicherzelle, in der die Sprungadresse steht. Infolgedessen kann bei dieser Form der Rücksprung nur in das aufrufende Programm geschehen. Bei der Kontrolle des aufrufenden Programms erkennt man bei einem solchen Aufruf sofort, wie der Kontrollfluß weiterverlaufen kann. Ein Rücksprung zu Anweisungsnummern, die nicht als aktuelle Parameter im Unterprogrammaufruf stehen, ist nicht möglich. Allerdings ist es auch nicht möglich, in Abhängigkeit von den Ergebnissen ein Sprungziel in einem Aufruf dynamisch zu verändern.

Da beim UP-Aufruf und bei der UP-Vereinbarung die Anzahl der aktuellen und der formalen Parameter übereinstimmen muß, müssen in der Liste der formalen Parameter an der Stelle der Marken Platzhaltegrößen stehen. Dies geschieht durch das Zeichen * . Damit lautet die Vereinbarung des UP 1:

```
SUBROUTINE UP 1 (X, *, Y, Z, *, I, *)
```

Der Rücksprung geschieht durch die Anweisung

```
RETURN i
```

wobei i eine positive Variable oder Konstante vom Typ INTEGER ist.

Fehlt i, so wird das aufrufende Programm normal mit der nächsten Anweisung hinter dem Aufruf fortgesetzt.

Bei RETURN 1 wird das 1. angegebene Sprungziel im aufrufenden Programm angesprungen, d.h. im obigen Beispiel die Anweisungsnummer 10. Entsprechend wird bei RETURN 2 die Anweisungsnummer 30 angesprungen und bei RETURN 3 die Statementnummer 20. Die Übergabe von Marken und der berechnete Rücksprung ist nur bei SUBROUTINE-Unterprogrammen sinnvoll.

Bei Rechenanlagen, die diese Möglichkeiten nicht bieten, leistet die altbewährte Methode der Übergabe einer Kenngröße die gleichen Dienste. Die Kenngröße wird im Unterprogramm besetzt, und im aufrufenden Programm steht hinter dem Aufruf ein computed GO TO, das durch die Kenngröße gesteuert wird und dann die gewünschte Marke anspringt.

## 7.3. Realisierung der UP-Technik

Um die Vorgänge bei der Unterprogrammorganisation besser zu verstehen, wird im folgenden darauf eingegangen, wie diese Unterprogrammorganisation hardwaremäßig unterstützt wird. Natürlich hat dabei jeder Hersteller seine speziellen Feinheiten, und es würde zu weit gehen, hier auf alle Möglichkeiten einzugehen. Der Zweck dieses Buches ist es, prinzipielle Lösungsmöglichkeiten aufzuzeigen und dadurch beim Leser das Interesse an der eigenen speziellen Lösung zu wecken. Gerade bei der UP-Technik variieren die verschiedenen Lösungswege sehr stark. Infolgedessen kann also das im folgenden Beschriebene nicht allgemein gültig sein. (Das will es auch gar nicht.)

### 7.3.1. Der Einsprung und der Rücksprung

Für den Sprung in ein Unterprogramm gibt es hardwaremäßig einen speziellen Befehl, den wir „SU-Sprung" (Springe in Unterprogramm) nennen wollen. Für den Aufruf eines Unterprogramms erzeugt der Compiler einen solchen SU-Sprung. Bei der Ausführung dieses Befehls wird der 1. Befehl des UP angesprungen und gleichzeitig die Adresse des SU-Befehls an einer definierten Stelle eingetragen. Hierzu bietet sich an:

1. eine genau definierte Stelle im angesprungenen Unterprogramm, z.B. der Adreßteil des 1. Befehls,
2. ein spezielles Register.

Im Fall 1 besteht der Befehlsteil des 1. Befehls eines Unterprogramms aus einem Leerbefehl. In den Adreßteil wird die Adresse, von wo das UP aus angesprungen wurde, eingetragen. Das Unterprogramm wird durchlaufen, und beim Rücksprung wird über den Adreßteil des 1. Befehls in das aufrufende Programm zurückgesprungen. Abb. 7.1 zeigt den schematischen Ablauf.

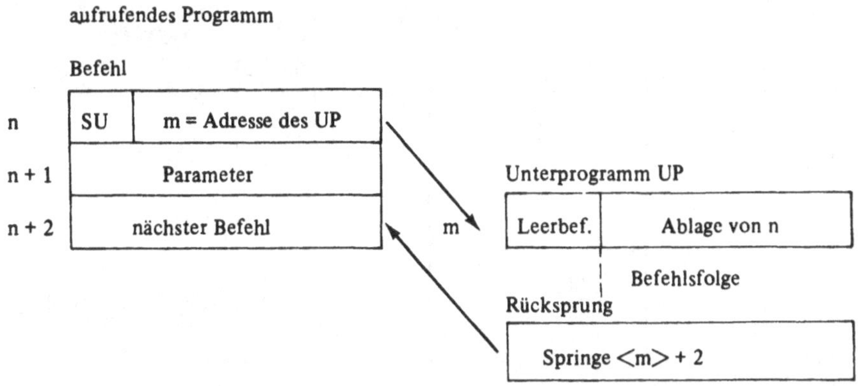


Abb. 7.1 Einsprung und Rücksprung

Bei der Ausführung des SU-Sprungs, der auf der Adresse n steht, wird die Adresse m (1. Befehls des Unterprogramms) angesprungen und hier im Adreßteil die Adresse n abgelegt. Ob es nun genau n ist oder aber n + 1, spielt prinzipiell keine Rolle; in unserem Fall wollen wir annehmen, es sei n. Anschließend an den SU-Sprung liegt im aufrufenden Programmteil normalerweise eine Angabe über die Parameter. Es kann sein, daß hier sofort alle Parameter in einem Parameterblock aufgeführt sind, es kann aber auch sein, daß hier nur ein Verweis eingetragen ist, wo dieser Parameterblock im Speicher zu finden ist. Auf den Aufbau und das Arbeiten mit diesem Parameterblock wird weiter unten noch eingegangen.

Beim Rücksprung muß dieser Parameterblock bzw. Parameterhinweis übersprungen werden. Ist der Parameterblock direkt abgelegt, so erkennt der Compiler bei der Übersetzung des Unterprogramms an der Anzahl der formalen Parameter, wie groß dieser Block im aufrufenden Programm ist und addiert eine entsprechende Größe zu der in m abgelegten Adresse und erhält so die Adresse des nächsten Befehls im aufrufenden Programm, die dann beim Rücksprung angesprungen wird. Hieraus ergibt sich die Forderung, daß die Anzahl der aktuellen Parameter gleich der Anzahl der formalen Parameter sein muß.

Besteht eine starke Aufrufverschachtelung, die über mehrere Stufen reicht, so enthält jedes an der Aufrufverschachtelung beteiligte UP die Adresse, von wo es aufgerufen wurde. So kann man von der innersten Stufe aus genau verfolgen, welche Unterprogramme an der Verschachtelung beteiligt sind. Diese UP-Organisation ist aber nur möglich, weil in FORTRAN rekursive Aufrufe verboten sind. Ein rekursiver Aufruf bedeutet, daß ein UP nacheinander von zwei verschiedenen Stellen aufgerufen wird, ohne daß zwischendurch an die Stelle des ersten Aufrufes zurückgesprungen wurde. Infolgedessen müssen bei einer rekursiven Technik beide Ansprungadressen aufbewahrt werden, und das ist, wie gesagt, bei dieser Organisation nicht möglich.

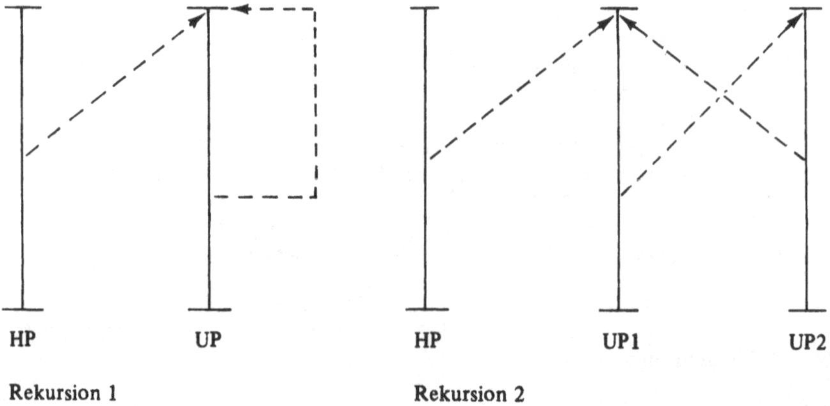


Abb. 7.2 Beispiele für rekursive Aufrufe

Die Abbildung 7.2 zeigt zwei Beispiele für rekursive Aufruftechniken.

Wird die Ansprungadresse nicht in einer Speicherzelle des angesprungenen UP's, sondern in einem Register abgelegt, so ändert das am Verfahren wenig. Da eine Unterprogrammverschachtelung auftreten kann, muß entweder jedes UP zunächst aus diesem Register die Adresse holen und in einer lokalen Größe sicherstellen, oder aber es muß eine ganze Gruppe von Registern zur Verfügung stehen, wobei ein Zeiger hardwaremäßig immer um 1 weitergeschaltet wird, wenn ein Unterprogrammsprung stattfindet und um 1 zurückgestellt wird, wenn ein Rücksprung auftritt.

### 7.3.2. Die Übergabe der Daten

Die Übergabe von COMMON-Größen zwischen Programmteilen ist weiter oben schon besprochen worden. Bei diesen Daten kann das UP direkt zugreifen, da vom Montierer die entsprechende Adresse aufgebaut wurde.

Wenden wir uns nun den Parametern zu und sehen wir uns an, wie das Unterprogramm auf die aktuellen Größen zugreift. In dem Kapitel „Parameterübergabe" wurde aufgezeigt, daß beim Aufruf des Unterprogramms für die Übergabe von Werten die Adressen, wo diese Werte stehen, bereitgestellt werden. Dieses Bereitstellen bedeutet, daß entweder direkt nach dem SU-Sprung in den darauffolgenden Speicherzellen diese Adressen abgelegt sind, ober aber sie stehen in einem gesonderten Speicherbereich, und beim SU-Sprung steht ein Hinweis auf diesen Speicherbereich. In diesem Speicherbereich, den wir Parameterblock nennen wollen, belegt der n. Parameter die n. Speicherzelle.

Beim Ansprung wird dem UP gemeldet, von wo aus es angesprungen wurde. Damit besteht die Möglichkeit, auf die Anfangsadresse des Parameterblocks zuzugreifen, denn sie steht direkt beim SU-Sprung. Tritt im Unterprogramm ein Zugriff auf eine formalen Parameter auf, so wird abgezählt, um den wievielten Parameter es sich handelt und ein Zugriff über die Adresse des Parameterblocks auf die Adresse des n. Parameters vom Compiler erzeugt. Hier steht die Adresse des aktuellen Wertes. Bei jedem Zugriff auf einen formalen Parameter (Speichern sowie Holen– wird folgende Adressenmodifizierung durchlaufen:

Adresse des 1. Befehls des UP

↓

Ansprungadresse (SU-Befehl im aufrufenden Programm)

↓

Parameterblockadresse

↓

n. Wert im Parameterblock = Adresse des n. Parameters

↓

n. Parameter (Wert)

Falls es sich bei dem Parameter um ein Feld handelt, muß noch eine weitere Modifikation der Feldanfangsadresse mit dem Index des Feldes geschehen, bevor auf den Wert zugegriffen werden kann. Da dieser Zugriff jedesmal geschieht, wenn in einer Anweisung der Name eines formalen Parameters auftritt, nennt man diese Zugriffsart: call by name.

Anhand des geschilderten Verfahrens erkennen wir, daß die aktuellen und die formalen Parameter nur über die Stellung miteinander gekoppelt sind.

Ist ein formaler Parameter implizit oder explizit vom Typ INTEGER, so erzeugt der Compiler auch die für diesen Typ gültigen Festpunktbefehle. Der als aktueller Parameter übergebene Wert darf dann nicht vom Typ REAL sein. Die aktuellen und die formalen Parameter müssen im Typ übereinstimmen, da im Gegensatz zur Zuweisung immer der Wert direkt übernommen wird und keine Umwandlungsroutinen angeschlossen werden können.

Aus dem oben Gesagten ist eindeutig zu ersehen, daß der Zugriff über Parameter wesentlich aufwendiger ist als bei lokalen oder COMMON-Größen. Da erscheint es sinnvoll, alle die Größen, die in einem UP mehrfach benutzt werden, zu Beginn des UP einer lokalen Größe zuzuweisen und dann hierauf zuzugreifen. Man benötigt in diesem Fall zwar zusätzlichen Speicherplatz, aber das UP wird schneller abgearbeitet. Für dieses Umspeichern kommen nur Variable in Frage und keine Felder, da bei Feldern der Aufwand zu groß wird. Bevor dann in das aufrufende Programm zurückgesprungen wird, muß der Wert der lokalen Größe wieder dem entsprechenden Parameter zugewiesen werden.

Bei einigen Compilern ist diese Technik für Variable fest eingebaut. In der Liste der formalen Parameter kann man bei den Variablen zwei Formen unterscheiden.

Ist der Variablenname in Schrägstriche eingeschlossen, so wird bei jedem Zugriff auf den formalen Parameter über die oben aufgezeigte Ersetzungskette auf den aktuellen Parameter zugegriffen. Die Werte von Aktuell- und Formal-Parameter sind während der Ausführungszeit gleich (call by name). Bei Feldern ist dies immer der Fall.

Ist dagegen in der Liste der formalen Parameter der Variablenname nicht eingeschlossen, so holt sich das UP bei Beginn des UP den Wert (englisch: value) des aktuellen Parameters; während der Ausführung des UP bleibt der Wert des Parameters erhalten und erst beim Rücksprung erhält der Aktuellparameter seinen endgültigen im UP errechneten Wert (call by value).

**Beispiel**: SUBROUTINE UP (A,/B/,C)

$$\begin{array}{ll} B: & \text{call by name} \\ \left.\begin{array}{l} A \\ C \end{array}\right\} \text{falls} & \left\{\begin{array}{ll} \text{Variable:} & \text{call by value} \\ \text{Feld} \quad : & \text{call by name} \end{array}\right. \end{array}$$

Bei der SUBROUTINE wird das Ergebnis des UP in den betroffenen Parametern bzw. COMMON-Größen abgelegt, bei einem FUNCTION-Unterprogramm steht es direkt zur Weiterverarbeitung zur Verfügung. Dies wird auf folgende Art und Weise erreicht.

Bei einer FUNCTION lautet die Regel, daß das Ergebnis dem Namen der Funktion zuzuweisen ist, bevor zurückgesprungen wird. Diesem Namen ist nicht eine spezielle Speicherzelle zugeordnet, sondern ein besonderes Register. Bei der Zuweisung an den Funktionsnamen wird also der Wert nicht in den Speicher abgelegt, sondern in das Arbeitsregister geholt und dann zurückgesprungen. Das aufrufende Programm hat dann den Wert zur Weiterverarbeitung direkt zur Verfügung. Hiermit wird auch klar, warum bei einem FUNCTION-Aufruf als Ergebnis nur ein Wert anfallen kann. Würde man eine FUNCTION mit CALL aufrufen, so könnte man auf das Ergebnis nicht zugreifen. Da dem Funktionsnamen keine Speicherzelle zugeordnet ist, darf er in ASA nicht auf der rechten Seite einer Zuweisung stehen und auf der linken Seite nur direkt vor dem Rücksprung.

## 7.4. Codeprozeduren

In FORTRAN kann man zwar viel, aber nicht alles. Speziell bei der Aufgabe, Bitmanipulationen ausführen zu müssen, taucht der Wunsch nach Codeprozeduren auf. Eine Codeprozedur ist ein Unterprogramm, das in Assembler geschrieben ist und von einem FORTRAN-Programm aufgerufen werden kann. Ein weiterer Grund für den Wunsch nach Codeprozeduren ist, daß sie durch Ausnutzung spezieller Maschinenbefehle zeitoptimal ablaufen.

Um eine Codeprozedur schreiben zu können, muß man mit den speziellen Anschlußbedingungen von Unterprogrammen vertraut sein. Insbesondere muß man wissen, wie Unterprogramme aufgerufen werden, wie die aktuellen Parameter durch den Compiler abgelegt werden und wie der Rücksprung zu organisieren ist.
Alle Aufgaben, die sonst der Compiler erledigt, muß man dann in der Assemblersprache selber programmieren. Im allgemeinen wird man in der Codeprozedur nur über Parameter seine Werte von außen erhalten, da der Zugriff auf COMMON-GRÖSSEN durch extra Konventionen geregelt ist. Eine weitere Schwierigkeit besteht, wenn man in einer Codeprozedur ein Ein-Ausgabegerät ansprechen will, das auch vom FORTRAN-Programm benutzt wird. Im FORTRAN-Programm ist dieses Gerät nur durch seine Gerätenummer bekannt. Für die Codeprozedur ist aber die Gerätenummer eine Konstante bzw. Variable wie jede andere auch.

## 7.5. Regeln

### 7.5.1. UP-Organisation

▷ Es gibt zwei Arten von Unterprogrammen:

1. steuernde Unterprogramme
2. Arbeits-Unterprogramme.

In den Arbeits-Unterprogrammen werden bestimmte Leistungen erbracht. Die steuernden UP organisieren diese Leistungen. Zum Beispiel ist ein UP, das hauptsächlich andere UP aufruft und nur ein paar Abfragen von Steuergrößen beinhaltet, ein solches steuerndes UP. Programme, die aus sehr vielen Unterprogrammen bestehen und eine UP-Hierarchie über mehrere Ebenen besitzen, sollten aus Übersichtlichkeitsgründen eine strenge Trennung zwischen Steueraufgaben und Arbeitsaufgaben haben. Es ist übersichtlicher, wenn diese Aufgaben nicht zusammen in einem UP auftreten.

▷ Man scheue sich nicht, ein Programm in UP's zu zerlegen, auch wenn diese UP's beim Programmablauf nur einmal aufgerufen werden. Die Unterteilung hat zur Folge, daß die Zustände an den Schnittstellen sauber definiert und leichter abzuprüfen sind.

▷ Ein Unterprogramm sollte die Größe von ca. 4 Protokollseiten (250 LK) im allgemeinen nicht überschreiten.

▷ Bei einer solchen Aufteilung des Programms sollte man die Programmteile als SUBROUTINE definieren und nicht als FUNCTION, denn im allgemeinen sind mehr als nur ein Wert an das aufrufende Programm zu übergeben. Man beachte, daß auch bei der Berechnung eines Funktionswertes zusätzlich mitgeteilt werden muß, ob die Leistung von dem UP erbracht werden konnte.

▷ Ein CALL-Aufruf ist wesentlich augenfälliger als ein FUNCTION-Aufruf.

▷ Kann ein UP die geforderte Leistung nicht erbringen, so sollte es dies an das aufrufende Programm mitteilen und nicht selber den Programmlauf mit STOP beenden. Ob nun das UP oder aber der aufrufende Programmteil eine entsprechende Meldung in das Ablaufprotokoll schreibt, hängt von der Art des Fehlers ab. Eine Aussage hierzu sollte auf alle Fälle ausgegeben werden.

▷ Anweisungsfunktionen sollten durch Kommentarkarten deutlich hervorgehoben werden.

▷ Wird eine Anweisungsfunktion in mehreren Programmteilen gebraucht, so sollte sie als FUNCTION definiert werden. Sie braucht dann nicht in jedes Programmteil einzeln eingebaut zu werden.

▷ Beim Aufruf von FUNCTION-UP's beachte man, ob der Typ implizit oder explizit definiert ist.

▷ Wird ein UP nicht für ein bestimmtes Programm geschrieben, sondern soll es in einer Bibliothek als allgemeines UP zur Verfügung stehen, so sollte die Datenübergabe ausschließlich über Parameter und nicht über COMMON geschehen, weil im aufrufenden Programmteil wohl COMMON-Größen als aktuelle Parameter auftreten dürfen, eine COMMON-Größe aber nicht in zwei COMMON-

Blöcken auftreten darf. Bei solchen Unterprogrammen ist auch darauf zu achten daß bei Ein-Ausgabeoperationen die Gerätenummer nicht als Konstante auftritt, sondern als Parameter übernommen wird.

▷ Ein Programm bestehe aus 6 Komponenten der 1. Stufe. Jede Komponente bestehe wieder aus einer Reihe von Komponenten der 2. Stufe usw. Bei der Wahl der Unterprogrammnamen verzichte man lieber auf so sinnfällige Namen wie SUCH oder SORT und wähle lieber Namen, die die Zugehörigkeit zu einer bestimmten Komponente der 1. oder 2. Stufe erkennen lassen. Besteht ein Programm erst mal aus über 100 Unterprogrammen, so ist diese Namenssystematik nachträglich nur schwer durchzuführen.

▷ In jedem Unterprogramm sollte zu Beginn durch Kommentarkarten seine Aufgabe und die Bedeutung der Parameter beschrieben sein. Außerdem sollte hier angegeben sein, welche anderen Unterprogramme von diesem aufgerufen werden

▷ Bei der Verwendung von Unterprogrammen mit dynamischen Feldvereinbarungen überprüfe man, wie häufig diese Unterprogramme angesprungen werden. Wird z.B. ein Unterprogramm sehr oft aufgerufen, dann untersuche man, ob sich die Feldlängen bei jedem Aufruf verändern. Ist das nicht der Fall, dann schaffe man in dem UP einen zweiten Eingang. Der Haupteingang wird nur beim ersten Mal angesprungen, hier geschieht die Feldvereinbarung. Anschließend wird nur noch der Nebeneingang in das UP verwendet, das nun so schnell abläuft, als würde eine statische Feldvereinbarung vorliegen.

### 7.5.2. Datenübergabe

▷ Das Rechnen mit COMMON-Daten ist wesentlich schneller als das Arbeiten mit Parametern.

▷ Die vom UP übernommenen Daten müssen auf ihre Gültigkeit überprüft werden. Lieber eine Prüfung zuviel im Programm, denn kein Programmierer ist gegen Fehler gefeit.

▷ Bei der Berechnung eines FUNCTION-Wertes fällt zwar nur ein Ergebnis an. Wird aber innerhalb dieser FUNCTION ein Fehler festgestellt, dann sollte eine COMMON-Größe gesetzt werden, die im aufrufenden Programm zusätzlich abgefragt wird. Es ist auch möglich, dies über einen der Parameter an das aufrufende Programm zu melden.

# 8. Textverarbeitung

## 8.1. Allgemeines

FORTRAN ist eine problemorientierte Programmiersprache, um mathematisch-naturwissenschaftliche Probleme leichter formulieren zu können. Für Textverarbeitung ist sie nicht gedacht, und reine Textverarbeitungsaufgaben sollte man in einer anderen Programmiersprache, z.B. COBOL, schreiben. Trotzdem kann aber auch der FORTRAN-Programmierer vor die Notwendigkeit gestellt werden, Text verarbeiten zu müssen, z.B. wenn der Anwender fordert, daß die Eingabe formatfrei ist, oder aber, wenn Zeichenketten untersucht werden sollen, bevor dann mit ihnen weitergerechnet wird. Bei allen diesen Möglichkeiten ist die anschließende Berechnung das Wesentliche und nicht die Eingabe mit ihrer Textüberprüfung. Gewöhnlich ist es sogar so, daß diese Textverarbeitung nur einen Bruchteil der Gesamtrechenzeit benötigt.

Wie schon gesagt – wäre das nicht der Fall, dann sollte man die Wahl einer anderen Programmiersprache ins Auge fassen.

Eine Kopplung von Programmteilen, bei denen die Textverarbeitung in COBOL und die Berechnung mathematischer Formeln in FORTRAN geschrieben ist, kann nur bei wenigen Rechenanlagen durchgeführt werden und soll deshalb hier nicht weiter verfolgt werden.

Wer Textverarbeitung mit FORTRAN macht, muß sich zunächst mit den Maschinengegebenheiten der Anlage, auf der das Programm laufen soll, vertraut machen, denn die Textverarbeitung ist maschinenabhängiger als die Verarbeitung von Zahlenwerten. Zu diesen Maschinenabhängigkeiten gehören:

- Wie wird ein Zeichen durch mehrere Bit dargestellt?
- Wieviele Zeichen können in einem Wort stehen?
- Welche Unterstützung bietet das Betriebssystem in Form von vorhandenen Codeprozeduren?

Da diese Fragen für die verschiedenen Anlagen unterschiedlich beantwortet werden müssen, sollte der Programmierer die für seine Textverarbeitung nötigen Leistungen auf Unterprogramme konzentrieren, die in ihrer Leistung und Schnittstelle sauber definiert sind und sie nicht über das ganze Programm verteilen. So hat er es ggf. leichter, von einer Anlage zu einer anderen überzuwechseln.

## 8.2. Darstellung

Je nach Rechenanlage werden zur Darstellung eines Zeichens 6 oder 8 Bit benutzt. Mit 6 Bit kann man 64 Zeichen darstellen. Das reicht im allgemeinen, denn man hat dann

10 Zeichen für die Ziffern 0 bis 9
24 Zeichen für die Buchstaben A bis Z
30 Zeichen für die Sonderzeichen.

Will man aber z.B. zwischen den großen und den kleinen Buchstaben unterscheiden, so benötigt man weitere 24 Zeichen, und dann reichen 6 Bit nicht mehr aus.
Die Zuordnung Zeichen ↔ Bitkombination ist maschinenabhängig und muß dem Manual der Rechenanlage entnommen werden. Hierfür gibt es keine Vorschriften. Abbildung 8.1 zeigt die Zeichen-Bit-Zuordnung für die CDC 6400 und Abbildung 8.2 zeigt sie für die TR440.
Ebenfalls maschinenabhängig ist die Anzahl an Zeichen, die man in einem Wort ablegen kann sowie die Anordnung, wie die Zeichen abgelegt werden.

Die CDC 6400 erlaubt es, bis zu 10 Zeichen in einem Maschinenwort (60 Bit lang) abzulegen, während die TR 440 (48 Bit lang) nur 4 Zeichen pro Wort als FORTRAN-Textdarstellung zuläßt. Die Abbildung 8.3 zeigt die Darstellung mehrerer Zeichen in einem Wort bei der CDC 6400 und der TR 440.
Den Typ „Hollerith" gibt es in FORTRAN nicht, d.h. Zeichen können in Variablen und Feldern von beliebigem Typ abgelegt werden; es gibt keine Einschränkung. Um sich vor gemeinen Fehlern zu bewahren, sollte der FORTRAN-Programmierer peinlich genau darauf achten, daß er Text prinzipiell wie Größen vom Typ INTEGER behandelt. Jegliche „MIXED MODE"-Operation ist zu vermeiden. Nur mit Größen vom Typ INTEGER ist eine Textverarbeitung, wie sie in Kapitel 8.4 beschrieben wird, möglich.

Bei der Ein-Ausgabe im A-Format werden die Bitgruppen als Zeichen interpretiert. Bei dem Arbeiten (Zuweisung, Vergleich) mit den Größen, die Text enthalten, wird so verfahren, als ob es sich um Zahlenwerte handelt. Man halte sich also stets vor Augen, daß die Zeichen, die in einem Wort stehen können, als eine Einheit angesehen und immer nur zusammen angesprochen werden. So wie ein Zahlenwert aus mehreren Ziffern besteht und man nur über besondere Umformungen an die einzelnen Ziffern herankommt, so bedarf es ebenfalls komplizierter Umformungen, um die einzelnen Zeichen, die in einem Wort stehen, zu separieren. Ist der Text kürzer, als ein Wort Zeichen aufnehmen kann, so wird er linksbündig abgelegt und der Rest mit Leerzeichen aufgefüllt, so wie eine Zahl (allerdings rechtsbündig) abgelegt und die führenden Stellen mit Nullen aufgefüllt werden. Will man jede Ziffer einer Zahl einzeln handhaben, so ist es sinnvoll, nicht die ganze Zahl in einem Wort abzulegen, sondern für jede Ziffer

| Source Language Character | Console Display Code | External BCD Code | Punch position in a Hollerith Card Column |
|---|---|---|---|
| A | 01 | 61 | 12-1 |
| B | 02 | 62 | 12-2 |
| C | 03 | 63 | 12-3 |
| D | 04 | 64 | 12-4 |
| E | 05 | 65 | 12-5 |
| F | 06 | 66 | 12-6 |
| G | 07 | 67 | 12-7 |
| H | 10 | 70 | 12-8 |
| I | 11 | 71 | 12-9 |
| J | 12 | 41 | 11-1 |
| K | 13 | 42 | 11-2 |
| L | 14 | 43 | 11-3 |
| M | 15 | 44 | 11-4 |
| N | 16 | 45 | 11-5 |
| O | 17 | 46 | 11-6 |
| P | 20 | 47 | 11-7 |
| Q | 21 | 50 | 11-8 |
| R | 22 | 51 | 11-9 |
| S | 23 | 22 | 0-2 |
| T | 24 | 23 | 0-3 |
| U | 25 | 24 | 0-4 |
| V | 26 | 25 | 0-5 |
| W | 27 | 26 | 0-6 |
| X | 30 | 27 | 0-7 |
| Y | 31 | 30 | 0-8 |
| Z | 32 | 31 | 0-9 |
| 0 | 33 | 12 | 0 |
| 1 | 34 | 01 | 1 |
| 2 | 35 | 02 | 2 |
| 3 | 36 | 03 | 3 |
| 4 | 37 | 04 | 4 |
| 5 | 40 | 05 | 5 |
| 6 | 41 | 06 | 6 |
| 7 | 42 | 07 | 7 |
| 8 | 43 | 10 | 8 |
| 9 | 44 | 11 | 9 |
| + | 45 | 60 | 12 |
| – | 46 | 40 | 11 |
| * | 47 | 54 | 11-8-4 |
| / | 50 | 21 | 0-1 |
| ( | 51 | 34 | 0-8-4 |
| ) | 52 | 74 | 12-8-4 |
| S | 53 | 53 | 11-8-3 |
| = | 54 | 13 | 8-3 |
| blank (space) | 55 | 20 | space |
| , | 56 | 33 | 0-8-3 |
| . | 57 | 73 | 12-8-3 |

Abb. 8.1 Zeichen-Bit-Zuordnung bei CDC 6400

| OOOO | OOOL | OOLO | OOLL | OLOO | OLOL | OLLO | OLLL | LOOO | LOOK | LOLO | LOLL | LLOO | LLOL | LLLO | LLLL | | |
|---|---|---|---|---|---|---|---|---|---|---|---|---|---|---|---|---|---|
| 0 | 1 | 2 | 3 | 4 | 5 | 6 | 7 | 8 | 9 | A | B | C | D | E | F | | |
| 0 NUL | 16 NL6 | 32 SUB | 48 BEL | 64 | 80 | 96 „ | 112 % | 128 Λ | 144 + | 160 ( | 176 0 | 192 A | 208 Q | 224 a | 240 q | 0 | OOOO |
| 1 NU1 | 17 NL5 | 33 EM | 49 DC1 | 65 | 81 | 97 ’ | 113 § | 129 V | 145 – | 161 ) | 177 1 | 193 B | 209 R | 225 b | 241 r | 1 | OOOL |
| 2 NU2 | 18 NL4 | 34 CAN | 50 DC2 | 66 | 82 | 98 ´ | 114 # | 130 ¬ | 146 | 162 ] | 178 2 | 194 C | 210 S | 226 c | 242 s | 2 | OOLO |
| 3 NU3 | 19 NL3 | 35 | 51 DC3 | 67 | 83 | 99 ` | 115 $ | 131 | 147 / | 163 [ | 179 3 | 195 D | 211 T | 227 d | 243 t | 3 | OOLL |
| 4 NU4 | 20 NL2 | 36 | 52 DC4 | 68 | 84 | 100 | 116 ¢ | 132 | 148 | 164 | 180 4 | 196 E | 212 U | 228 e | 244 u | 4 | OLOO |
| 5 NU5 | 21 NL | 37 TE | 53 FL | 69 | 85 | 101 ˆ | 117 | 133 | 149 | 165 | 181 5 | 197 F | 213 V | 229 f | 245 v | 5 | OLOL |
| 6 SOH | 22 CR | 38 | 54 | 70 | 86 | 102 ° | 118 @ | 134 ↑ | 150 | 166 ⟨ | 182 6 | 198 G | 214 W | 230 g | 246 w | 6 | OLLO |
| 7 STX | 23 NF | 39 | 55 | 71 | 87 | 103 ~ | 119 & | 135 | 151 = | 167 ⟩ | 183 7 | 199 H | 215 X | 231 h | 247 x | 7 | OLLL |
| 8 ETX | 24 VT | 40 | 56 | 72 | 88 | 104 | 120 * | 136 | 152 ‡ | 168 (MZ) } | 184 8 | 200 I | 216 Y | 232 i | 248 y | 8 | LOOO |
| 9 EOT | 25 VT3 | 41 | 57 | 73 | 89 | 105 | 121 | 137 | 153 | 169 | 185 9 | 201 J | 217 Z | 233 j | 249 z | 9 | LOOL |
| 10 ENQ | 26 VT4 | 42 | 58 | 74 | 90 | 106 | 122 | 138 | 154 | 170 , | 186 | 202 K | 218 Ä | 234 k | 250 ä | A | LOLO |
| 11 ACK | 27 VT5 | 43 | 59 | 75 | 91 | 107 \ | 123 | 139 \| | 155 < | 171 : | 187 | 203 L | 219 Ö | 235 l | 251 ö | B | LOLL |
| 12 DLE | 28 VT6 | 44 BS | 60 IS4 | 76 | 92 | 108 ( | 124 ¤ | 140 | 156 > | 172 ; | 188 | 204 M | 220 Ü | 236 m | 252 ü | C | LLOO |
| 13 NAK | 29 VT7 | 45 ESC | 61 IS3 | 77 | 93 | 109 ) | 125 | 141 $_{10}$ | 157 ≦ | 173 ! | 189 | 205 N | 221 | 237 n | 253 ß | D | LLOL |
| 14 SYN | 30 VT8 | 46 SO | 62 IS2 | 78 | 94 | 110 _ | 126 | 142 | 158 ≧ | 174 ? | 190 | 206 O | 222 | 238 o | 254 | E | LLLO |
| 15 ETB | 31 NL7 | 47 SI | 63 IS1 | 79 | 95 | 111 ‾ | 127 π | 143 | 159 | 175 SP | 191 (PZ) { | 207 P | 223 | 239 p | 255 DEL | F | LLLL |

Abb. 8.2 Zeichen-Bit-Zuordnung bei TR 440

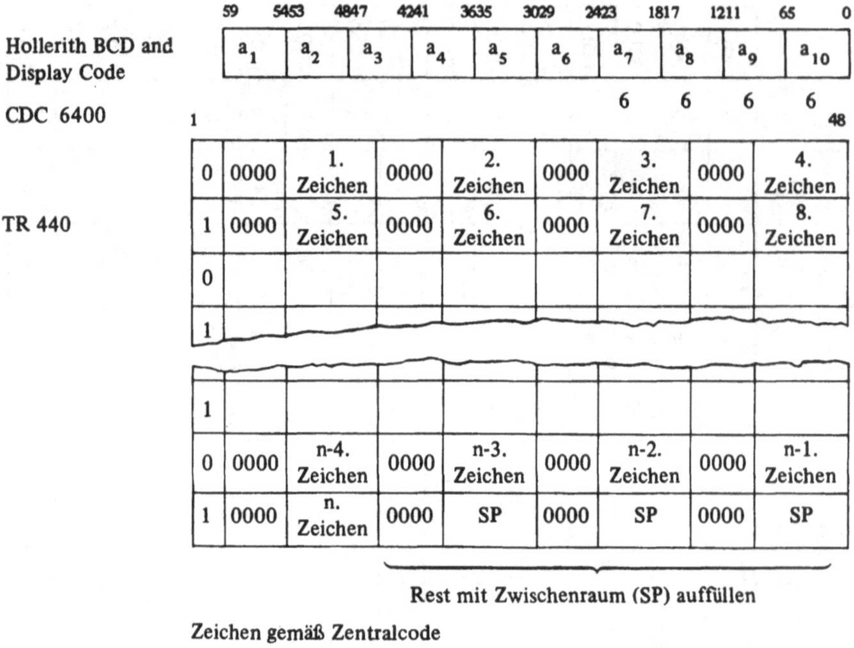


Abb. 8.3 Interne Darstellung von Literalkonstanten

ein Wort zu belegen. Genau das gleiche gilt auch für die Textverarbeitung. Wenn die Zeichen einzeln im Programm bearbeitet werden, ist es am günstigsten, den Text in Einzelzeichen aufzulösen, die im A1-Format in Variablen oder einem Feld abgelegt sind. Die Verarbeitung ist in diesem Fall am schnellsten und einfachsten; man benötigt jedoch wesentlich mehr Speicherplatz. Es hängt vom speziellen Problem ab, ob man 1 oder mehr Zeichen in einem Wort ablegt.

## 8.3. Text-Ein-Ausgabe

Text kann auf verschiedene Art und Weise in Variablen und Feldern abgelegt werden. Es bestehen folgende Möglichkeiten:

Eingabe: DATA
Einlesen mit A-Format
Einlesen mit H-Format
Hollerith-Konstante als aktueller Parameter (Zuweisung)

Ausgabe: Ausgabe mit A-Format
Ausgabe mit H-Format

Die Zuweisung ist in Klammer gesetzt, da sie im ASA-FORTRAN nicht zulässig ist und nur von einigen Compilern verarbeitet wird.

In FORTRAN gibt es zwei Darstellungsmöglichkeiten für Hollerith-Konstante, wobei die zweite nicht zum Standard gehört, wegen ihrer einfachen Form jedoch bei den Programmierern sehr beliebt ist.

- als H-Konstante in der Form
  n H ⟨ Text, bestehend aus n Zeichen ⟩
- als Text, eingeschlossen in 2 Sonderzeichen, die nicht zum Text gehören, z.B. ' (Apostroph)

**Beispiel:**

```
4 H OTTO
'ANTON'
```

### 8.3.1. Hollerith-Zuweisung durch DATA

ASA-FORTRAN erlaubt die Zuweisung von Hollerith-Konstanten an Variable und Felder nur durch die DATA-Anweisung.

**Beispiele:**

a)
```
INTEGER ZIF (10)
DATA ZIF /1H0, 1H1, 1H2, 1H3, 1H4, 1H5, 1H6, 1H7, 1H8, 1H9/
```

b)
```
DATA ENDE /4HENDE
```

c)
```
INTEGER NAME (6)
DATA NAME/24 H MAIER, ␣ ANTON-RICHARD ␣␣␣ ␣/
```

Vorausgesetzt wird, daß in einem Wort 4 Zeichen abgelegt werden können.

Ein Text, bestehend aus 4 Zeichen, füllt genau ein Wort (Fall b).
Eine Zeichenkette, die aus mehr als 4 Zeichen besteht, wird vom Compiler in Gruppen zu 4 Zeichen unterteilt und den einzelnen angeführten Listenelementen zugewiesen. Im Fall c bedeutet die Angabe des Feldes NAME, daß 6 Feldelemente zu füllen sind. Der reine Text vom ersten „M" bis zum letzten „D" enthält genau 20 Zeichen. Diese 20 Zeichen belegen aber nur 5 Worte. Die Angabe 20H . . . würde zu einem Fehler führen, da 6 Listenelemente zu füllen sind. Der Text muß also durch zusätzliche Leerzeichen erweitert werden. Bei zweidimensionalen Feldern wird der Text spaltenweise in aufeinanderfolgenden Speicherzellen abgelegt.

### 8.3.2. Ein-Ausgabe im A-Format

Es sei wiederum vorausgesetzt, daß maximal 4 Zeichen in einem Wort stehen können.

Die Formatspezifikation für die Ein-Ausgabe von Text lautet

A n

n ist eine ganze Zahl.
Die Feldweite beträgt n Zeichen einschließlich der Leerzeichen.

Bei der Eingabe werden die in diesem Feld stehenden Zeichen einem Eingabelistenelement zugeordnet.

Ist n kleiner als 4, so werden die Zeichen linksbündig in dem Wort abgelegt, und der Rest wird mit Leerzeichen aufgefüllt. Ist n gleich 4, so werden die Zeichen in dem Wort abgelegt.

Ist n größer als 4, so werden aus dem Feld mit der Länge n die 4 letzten, d.h. rechtsbündig in diesem Feld stehenden Zeichen in dem Wort abgelegt, die davorstehenden Zeichen gehen verloren.

Bei der Ausgabe wird davon ausgegangen, daß 4 Zeichen in einem Wort stehen. Ist $n \leq 4$, so werden die ersten n Zeichen (linksbündig im Wort stehend) ausgegeben. Ist n größer als 4, so werden die 4 Zeichen durch führende Leerzeichen auf n Zeichen ergänzt und dann ausgegeben. Die rechtsbündig stehenden letzten 4 Zeichen stammen aus dem Wort.

### 8.3.3. Ein-Ausgabe im H-Format

Wie im Kapitel 6 Ein-Ausgabe schon beschrieben wurde, wird der durch das H-Format eingelesene Text im Format abgelegt und kann nur wieder ausgegeben werden. Im Programm kann auf diesen Text nicht über eine Variable bzw. ein Feld zugegriffen werden; deshalb kann hiermit auch keine Textverarbeitung betrieben werden. Für Textverarbeitung ist das Arbeiten mit dem H-Format nicht sinnvoll.

### 8.3.4. Zuweisung von Hollerith-Konstanten an Variable bzw. Feldelemente

Einige Compiler lassen die Zuweisung einer Hollerith-Konstanten an eine einfache Variable bzw. ein Feldelement zu. Natürlich kann die Hollerith-Konstante maximal nur soviele Zeichen enthalten, wie in einem Wort untergebracht werden können.

**Beispiele:**

```
IDA (3) = 3HICH
BLANK = 1H␣          (leer)
IENDE  = 4HENDE
```

Eine solche Zuweisung ist im ASA-Standard nicht erlaubt. Es ist aber wohl erlaubt, eine Hollerith-Konstante als aktuellen Parameter anzuführen. Infolgedessen kann man sich leicht helfen, um doch eine Zuweisung zu erreichen.

```
      SUBROUTINE HZUW (I, K)
C UP ZUR HOLLERITH-ZUWEISUNG.
C DIE HOLLERITH-KONSTANTE K WIRD DER
C VARIABLEN I ZUGEWIESEN
      I = K
      RETURN
      END
```

Durch die Anweisung

```
CALL HZUW (IEND, 4HENDE)
```

wird der Variablen IEND der TEXT "ENDE" zugewiesen.

Ebenfalls gute Dienste leistet eine FUNCTION

```
      FUNCTION IH (I)
C DER HOLLERITH-WERT I WIRD DEM FUNKTIONS-
C WERT IH ZUGEWIESEN
      IH = I
      RETURN
      END
```

Mit Hilfe dieser Funktion ist es leicht möglich, Variable und Feldelemente mit einem vorgegebenen Text zu vergleichen.

```
        .
        .
        .
      READ (5, 10) (KART (I), I = 20)
   10 FORMAT (20A4)
        .
        .
      IF (KART (1) EQ. IH (4HENDE)) STOP
        .
        .
        .
```

Man beachte aber, daß der Aufruf der Funktion I H bzw. der Subroutine HZUW wesentlich mehr Zeit erfordert als eine Vorbesetzung durch DATA. Soll zeitoptimal programmiert werden, so ist die Zuweisung sowohl direkt als auch durch Unterprogramme zu vermeiden; statt dessen sind alle Hollerith-Konstanten durch DATA in das Programm einzutragen.

## 8.4. Textverarbeitung

### 8.4.1 Vergleichen von Text

Beim Vergleich zweier Variablen bzw. Feldelemente, die Text enthalten, ist darauf zu achten, daß diese beiden Größen vom gleichen Typ sind.

Werden eine INTEGER- und eine REAL-Größe miteinander verglichen, so wird, vorausgesetzt, daß MIXED-MODE erlaubt ist, zunächst die INTEGER-Größe in eine REAL-Größe des gleichen Wertes umgewandelt und dann der Vergleich durchgeführt. Bei der Umwandlung bleibt zwar der Wert erhalten, aber die Bit-Darstellung hat sich geändert, und da ein Zeichen durch eine Bit-Gruppe dargestellt wird, wird bei dieser Umwandlung das Zeichen selber geändert.

Außer dem einheitliche Typ ist auch die einheitliche Länge zu beachten. So führt der Vergleich einer INTEGER * 2-Größe mit einer INTEGER * 4-Größe immer zu einem Mißerfolg, da bei der Umwandlung der INTEGER * 2-Größe in eine INTEGER * 4-Größe die führenden Bit mit binären Nullen besetzt werden, bei der INTEGER * 4-Größe aber die führenden Bit die signifikanten Zeichen enthalten und evtl. der Rest des Wortes mit der Verschlüsselung von ␣ (blank) besetzt ist. Beim Vergleich selbst werden nicht einzelne Zeichen miteinander verglichen, sondern Worte, die prinzipiell 4 Zeichen enthalten. Wieviel Zeichen von diesen 4 signifikant sind, hängt von der Eingabe ab. Wird z.B. mit A1 eingelesen oder ein Zeichen mit 1H über DATA einer Variablen zugewiesen, so enthält die Variable 4 Zeichen, von denen eine signifikant ist und die restlichen mit blank besetzt sind. Der Variablen ist aber selber nicht anzusehen, wieviele der in ihr stehenden Zeichen signifikant sind. Es werden alle 4 Zeichen gleichwertig behandelt.

Zwei Größen, von denen die eine mit DATA besetzt wurde und die andere durch Einlesen im A-Format ihren Wert erhielt, können miteinander verglichen werden, da die Ablage der Zeichen im Wort in beiden Fällen gleich organisiert ist.

Generell können bei der IF-Abfrage nur 2 Worte miteinander verglichen werden. Soll ein längerer Text bearbeitet werden, so steht dieser in einem Feld, das elementweise bearbeitet werden muß.

Bei der Abfrage hat nicht nur die Frage auf Gleichheit bzw. Ungleichheit, sondern auch die auf größer und kleiner ihre Berechtigung, denn hiermit kann man

Bereiche abfragen. Angenommen, die Internverschlüsselung der Buchstaben ergibt eine fortlaufende Folge, wie das bei den Codes von CDC 6400 und TR 440 (siehe Abb. 8.1 und Abb. 8.2) der Fall ist, dann kann ein Zeichen I Z, eingelesen im A1-Format, auf folgende Art leicht überprüft werden, ob es ein Buchstabe ist.

```
      INTEGER IZ (80)
      DATA JA, JZ/1HA, 1HZ/
         .
         .
         .
      READ (5, 10) IZ
   10 FORMAT (80 A1)
      DO 100 I = 1, 80
      K = IZ (I)
      IF (K. GE. JA.AND.K.LE.JZ) GO TO 100
         .
         .
         .
  100 CONTINUE
         .
         .
         .
```

Mit der Abfrage wird überprüft, ob die eingelesenen Zeichen zwischen „A" und „Z" liegen.

### 8.4.2 Umwandlungen

**A4-A1-Umwandlungen**

Für die Verarbeitung wäre ein Abspeichern des Textes im A1-Format sinnvoll, für die Optimierung des Speicherplatzbedarfs dagegen ein Abspeichern im A4-Format. Wie kann man diese beiden Wünsche koordinieren?

Am sinnvollsten wäre es, den Text im A4-Format abzuspeichern, für die Verarbeitung aber die betroffenen Zeichen ins A1-Format umzuwandeln. So kombiniert man die Vorteile des einfachen Verarbeitens mit denen des platzsparenden Speicherns.

Wie kann die A4-A1-Umwandlung geschehen?

- Speicherdatei
- Codeprozedur Zeichentransport ZTRANS
- arithmetische Operationen
- Masking-Operationen

Die Speicherdatei haben wir schon in Kap. 6 behandelt. Der Hauptgedanke ist hier, den im A4-Format eingelesenen Text mit A4 in die Speicherdatei zu schreiben und von dort im A1 wieder zu lesen.

```
      INTEGER TEXT (20), ZEICH (4)
         .
         .
         .
C     EINLESEN IM A4-FORMAT
      READ (5, 10) TEXT
   10 FORMAT (20 A4)
C     BEARBEITUNG DES TEXTES
      DO 100 I = 1, 20
C     UMWANDLUNG A4 - A1
      WRITE (90, 10) TEXT (I)
      READ (90, 20) ZEICH
   20 FORMAT (4A1)
C     VERARBEITUNG IM A1-FORMAT
         .
         .
         .
  100 CONTINUE
```

Die Speicherdatei habe die Gerätenummer 90. Durch den WRITE-Befehl werden 4 Zeichen in diese Datei geschrieben, die dann nach ZEICH gelesen werden, wobei pro Wort nur noch 1 Zeichen signifikant ist.

Die Codeprozedur Zeichentransport ZTRANS (I, J, K, L) soll das I. Zeichen des Wortes J an die K. Stelle des Wortes L transportieren. Das Wort J und die restlichen Zeichen des Wortes L bleiben unverändert. Eine solche oder ähnliche Codeprozedur gibt es sicher an den verschiedenen Rechenanlagen. Wenn nicht, kann man sie notfalls in FORTRAN selber bauen.

```
      SUBROUTINE ZTRANS (I, J, K, L)
      INTEGER M, N
      LOGICAL * 1 LJ (4), LL (4)
      EQUIVALENCE (M, LJ (1)), (N, LL (1))
      M = J
      N = L
      LL (K) = LJ (I)
      L = N
      RETURN
      END
```

In dieser Prozedur wird ausgenutzt, daß LOGICAL * 1 ein Byte belegt und ein Wort aus 4 Byte besteht. Eine Codeprozedur wäre sicher schneller. Mit dieser Prozedur ist es möglich, die einzelnen Zeichen eines Wortes auf mehrere Worte aufzuteilen. Die Umwandlung A4–A1 würde nun lauten:

```
            INTEGER TEXT (20), ZEICH (4)
            DATA ZEICH /4* 1H␣/
```

```
              .
              .
              .
C     EINLESEN IM A4-FORMAT
      READ (5, 10) TEXT
   10 FORMAT (20 A4  )
              .
              .
              .
C     BEARBEITUNG DES TEXTES
      DO 100 I = 1, 20
C     UMWANDLUNG A4–A1
      DO 110 J = 1, 4
  110 CALL ZTRANS (J, TEXT (I), 1, ZEICH (J))
C     VERARBEITUNG IM A1-FORMAT
              .
              .
              .
  100 CONTINUE
```

Die Umwandlung von A4 nach A1 mittels arithmetischer Operationen ist sehr zeitaufwendig und sollte nur benutzt werden, wenn keine anderen Hilfsmittel zur Verfügung stehen. Der Hauptgedanke hierbei ist es, mit Divisionen und Multiplikationen die einzelnen Zeichen zu separieren.

Umwandlung A4–A1

| | 32-25 | 24-17 | 16-9 | 8-1 |
|---|---|---|---|---|
| K = TEXT (I) | 1.Z. | 2.Z. | 3.Z. | 4.Z. |
| J = K/(2**24) | 0 | 0 | 0 | 1.Z. |
| L = J* (2**24) | 1.Z. | 0 | 0 | 0 |
| ZEICH (1) = L + IB | 1.Z. | ␣ | ␣ | ␣ |
| K = K - L | 0–0 | 2.Z. | 3.Z. | 4.Z. |
| J = K/(2**16) | 0 | 0 | 0 | 2.Z. |
| L = J*(2**24) | 2.Z. | 0 | 0 | 0 |
| ZEICH (2) = L + IB | 2.Z. | ␣ | ␣ | ␣ |
| K = K - (J* (2**16)) | 0 | 0 | 3.Z. | 4.Z. |

⋮

IB errechnet sich auf folgende Weise:

| | | | | |
|---|---|---|---|---|
| DATA IB/1HA/ | A | ␣ | ␣ | ␣ |
| IK = IB/(2**24) | 0 | 0 | 0 | A |
| IK = IK*(2**24) | A | 0 | 0 | 0 |
| IB = IB - IK | 0–0 | ␣ | ␣ | ␣ |

oder einfacher:

DATA IB/1HA/

IB = MOD (IB, (2**24)

| | | | |
|---|---|---|---|
| A | ␣ | ␣ | ␣ |
| 0 | ␣ | ␣ | ␣ |

Die Masking-Operationen gehören bei der CDC 6000 Serie zum FORTRAN-Sprachumfang, andere Rechnerhersteller liefern diese Leistungen durch zusätzliche Codeprozeduren. Hiermit ist ein bit-weises logisches Verknüpfen gemeint. Die Operationen .AND. .OR. und .NOT. können beim Masking auf beliebige Bitkombinationen angewandt werden, die nicht vom Typ LOGICAL zu sein brauchen. Es werden dann die Worte bitweise miteinander verknüpft. Um ein sauberes Besetzen der Worte mit Bit zu gestatten, gibt es die O-Eingabe und die O-(Oktaden)Konstanten. Mit diesen O-Konstanten ist es möglich, Masken zu bilden, mit denen man aus einem Wort nur bestimmte Bit herausfiltern kann. Die Umwandlung A4 → A1 besteht dann aus den Elementen:

1. das n. Zeichen aus dem Wort herauslösen
2. es an die 1. Stelle im Wort verschieben
3. den Rest mit Leerzeichen besetzen.

**A1-Wert-Umwandlung**

Eine andere Umwandlung, die man recht gut gebrauchen kann, ist die A1-Wert-Umwandlung, bei der aus dem A1-Zeichen der Zahlenwert berechnet wird, den das Zeichen repräsentiert. Im Grunde besteht diese Umwandlung nur aus einer Verschiebung, so daß das Zeichen nachher nicht mehr linksbündig gefolgt von Leerzeichen im Wort steht, sondern rechtsbündig mit führenden Nullen. Diese Verschiebung kann einmal durch eine Division erreicht werden; das ist aber nicht empfehlenswert, da die Division sehr viel Zeit benötigt. Wesentlich besser ist es, wenn vom System eine Verschieben-Routine (SHIFT) zur Verfügung gestellt wird, die schneller arbeitet.

### 8.4.3. Sortieren

Worte zu sortieren bedeutet, sie alphabetisch anzuordnen. Die lexikographische Ordnung lautet:

␣ (Leerzeichen), 0, 1, . . . 9, A, B, . . . , Z

d.H. A␣ steht vor A0
A0 steht vor A1 usw.
A9 steht vor AA
AA steht vor AB usw.

Bei dieser Sortierung beachte man, daß eine Ziffernfolge als Text und nicht als Zahl aufgefaßt wird.

Es seien folgende Namen zu sortieren:

N1, N2, N3, N10, N11, N12, N20, N21, N22,

Das Ergebnis einer Sortierung ist nicht die vorgegebene Reihenfolge, sondern:

N1, N10, N11, N12, N2, N20, N21, N22, N3

Ist der Interncode entsprechend der o.a. lexikographischen Ordnung aufgebaut, so kann man auch im A4-Format eingelesenen Text direkt sortieren. Dies ist für die Sortierung der einfachste Fall. Die Sortierung besteht aus dem Vergleich zweier Größen und evtl. einem Vertauschen, genau wie bei arithmetischen Werten.

Wenn der Interncode dagegen nicht der lexikographischen Ordnung entspricht, wird es schwieriger. In diesem Fall muß jedes Zeichen einzeln untersucht werden. Deshalb muß der Text im A1 vorliegen. Die Maßnahmen, die man in einem solchen Fall ergreift, hängen sehr stark vom Aufbau des Interncodes ab. Nehmen wir zunächst nur eine kleine Abweichung von der lexikographischen Ordnung an, z.B. daß das Leerzeichen nicht die geringste Ordnungszahl, sondern eine die größer als die für das „Z" ist, haben soll. In einem solchen Fall würde eine einfache Sortierung zur Folge haben, daß das Wort „A" hinter dem Wort „AZ" eingereiht würde. In diesem Fall würde es ausreichen, wenn vor dem Vergleich eine spezielle Abfrage auf 1H␣ steht, die diesen Fall gesondert behandelt.

Wesentlich schwieriger liegen die Verhältnisse, wenn der Interncode so angelegt ist, daß Buchstaben, Ziffern und Sonderzeichen sich beliebig abwechseln. Auch in diesem Fall muß der Text im A1-Format vorliegen. Allerdings können nicht 2 Werte, die Text enthalten, direkt miteinander verglichen werden, da die Verschlüsselung des Textes nicht als Ordnungswert angesehen werden kann.

In einer Tabelle wird jedem Zeichen ein Ordnungswert zugewiesen. Ausgehend von dem Text im A1-Format wird eine A1-Wert-Umwandlung durchgeführt. Dieser Wert wird als Index benutzt, um aus der Tabelle gezielt den Ordnungswert zu erfahren. So wird über die Kette Zeichen–Wert–Index–Ordnungswert jedem Zeichen ein Ordnungswert zugeordnet, und diese Ordnungswerte werden dann miteinander verglichen. Die Sortierung richtet sich nach diesen Ordnungswerten.

## 8.5. Regeln

▷ Bevor man in FORTRAN Textverarbeitung macht, orientiere man sich über den Interncode der entsprechenden Anlage. Außerdem erkundige man sich, welche Systemdienste für bitweises Arbeiten vom System zur Verfügung gestellt werden.

▷ Die Ablage im A4-Format ist speicherplatzsparend. Zeichen, die im A1-Format abgelegt sind, lassen sich besser verarbeiten.

▷ Da es keinen Typ HOLLERITH gibt, sollte Text prinzipiell in Größen vom Typ INTEGER abgelegt sein.

▷ Soll Text in einem mehrdimensionalen Feld abgelegt werden, so lege man zusammengehörige Information spaltenweise ab. Im Fall eines Speicherabzugs (DUMP) kann man dann diesen Text besser lesen, da Felder spaltenweise ausgegeben werden.

**Beispiel:**

```
      INTEGER FEHLER (4, 3)
      DATA FEHLER/ 16H WARNUNG ␣␣␣␣␣␣␣␣␣ ,
                   16H EINFACHER ␣ FEHLER,
                   16H SCHWERER ␣ FEHLER ␣ /
```

# 9. Die Kunst, große Programme zu schreiben

## 9.1. Einführung

Dieses Buch will dem FORTRAN-Programmierer in erster Linie sagen, wie er die FORTRAN-Statements benutzen soll und weniger, was das einzelne Statement macht. Infolgedessen soll im folgenden aufgezeigt werden, wie man große Programme konzipiert und programmiert, denn gerade bei größeren Programmen zeigt sich die „höhere“ Programmierkunst. Beim Besuch eines Programmierkurses bzw. bei der Durcharbeitung der entsprechenden Lehrbücher lernt man zwar die Sprache kennen und übt auch an kleinen Beispielen das Programmieren. In der Praxis sind aber die anstehenden Programmieraufgaben wesentlich größer und wenn man nicht gelernt hat, wie solche Aufgaben anzugehen sind, macht zunächst jeder Programmierer hierbei Fehler. Das Schlimme ist nur, daß diese Fehler erst viel zu spät erkannt werden und dann kommt die Besinnung: „Wenn ich die gleiche Aufgabe heute nochmal bekäme, würde ich es ganz anders machen.“ Man halte sich bei den folgenden Ausführungen vor Augen, daß es sich hier um allgemeine Vorgehensweisen bei der Programmierung handelt und daß diese nicht an eine Programmiersprache gebunden sind.

Zunächst wollen wir uns die Probleme ansehen, die beim Aufbau großer Programme auftreten können, wobei unter einem großen Programm eine Aufgabe verstanden wird, die einen Aufwand von mindestens 2 Mannjahren erfordert. Anschließend werden Methoden und Techniken vorgeschlagen, um diesen nachteiligen Faktoren entgegenzuwirken.

### 9.1.1. Probleme

#### 9.1.1.1. Bei der Definition der Aufgabe

**Kommunikationsschwierigkeiten**

Schon bei der Definition der Aufgabe beginnen die Schwierigkeiten. Wer definiert diese Aufgabe? Die Fachabteilung oder die Programmierabteilung? Die Fachabteilung wirft der Programmierabteilung vor, sie die Programmierer, könnten nur in ihrem EDV-chinesisch reden, das keiner versteht.

Außerdem hätten die Programmierer keine Ahnung, was eigentlich in der Fachabteilung geschieht. Das, was die Programmierer der Fachabteilung anbietet, wäre häufig gar nicht das, was die Fachabteilung benötigt. Die Programmierer würden am Bedarf der Fachabteilung vorbei produzieren.

Dem halten die Programmierer entgegen, daß die Fachabteilung meistens nicht weiß, was sie will, bzw. immer erst hinterher sagt, daß sie das, was man ihr anbietet, nicht will. Das andere Extrem ist, daß die Fachabteilung zuwenig von der EDV versteht und deshalb Forderungen stellt, die nicht realisierbar sind.

Um dieses Problem zu beseitigen, ist es notwendig, stärker zwischen der Dokumentation die für die Fachabteilung geeignet ist und der Dokumentation die für den Programmierer gedacht ist, zu unterscheiden.

**Aufgaben-Komplexität**

Hat aber erst einmal die Fachabteilung erkannt, was ein Rechner alles liefern kann, so kommen ständig neue Wünsche, und die zu erfüllenden Aufgaben werden ständig komplexer. Früher konnte man unliebsame Forderungen mit dem Hinweis auf die zur Verfügung stehende Hardware abblocken. Jetzt aber sind die Rechner immer leistungsfähiger (d. h. schneller und mit einem größeren Speicher versehen) geworden, so daß der Programmierer es lernen muß, komplexe Aufgaben zu bewältigen.

**Integration**

Nicht nur die Programme werden komplexer, sondern es entstehen an vielen Stellen im Betrieb Programme. Das einzelne Programm kann noch so schön für sich arbeiten, es gibt immer Ärger, wenn die Ein- und Ausgabedaten bei den anderen Programmen, die diese Daten ebenfalls benutzen, nicht direkt verwendet werden können. Programme dürfen keine Insellösungen sein, die nur für sich alleine bestehen, sondern müssen sich in die bestehende Programm- und Datei-Organisation einfügen.

**Rechtsverordnungen**

Jeder Programmierer, der Programme zum Verwalten von persönlichen Daten schreibt, muß die Bedingungen zum Datenschutz und gegebenenfalls die Grundsätze ordnungsgemäßer Buchführung beachten. Diese Regeln enthalten Bestimmungen hinsichtlich der Nachvollziehbarkeit, der Kontrolle, der Verträglichkeit, der Auskunftsbereitschaft und der Löschung dieser Daten bzw. wie sie entstanden sind. Im wesentlichen sind es Bestimmungen, die eine aktuelle, überschaubare Dokumentation verlangen.

#### 9.1.1.2. Bei der Erstellung des Programms

**Einzelgänger-Team**

Immer wieder begegnet man unter den Programmierern Einzelgängern, die meist Hervorragendes leisten. Es sind Spezialisten, die verbissen um optimale Lösungen ringen und bei der Programmierung mit allen Tricks arbeiten. Sie reden nur wenig mit anderen Mitarbeitern, machen sich nur ein paar Skizzen über das Programm, das sie gerade bearbeiten, schreiben dafür aber sehr viele Anweisungen, so daß die Programme ihnen nur so aus der Feder fließen. Solange diese Programmierer greifbar sind, um Fragen zu klären und Modifikationen an den Programmen vorzunehmen, kann diese Technik funktionieren.

Wächst aber die Größe des Programms, so ist bald ein Punkt erreicht, wo es nötig ist, einen weiteren Programmierer zu dieser Aufgabe hinzuzuziehen. Zwei gleich gute Programmierer sind normalerweise nicht imstande, doppelt soviel zu produzieren, wie ein Programmierer allein. Kommt noch ein dritter Programmierer zu dem Team dazu, so wird er zu dem Gesamtergebnis weniger beitragen, als durch den zweiten Programmierer hinzugefügt wurde. Das Resultat dieses Phänomens: Ein Programmierer, der als Mitglied eines Teams arbeitet, leistet weniger, als wenn er alleine arbeiten würde.

Arbeitet ein Team an einer Aufgabe, so muß diese Aufgabe geplant werden, und das entstehende Programm muß in Teilaufgaben mit sauber definierten Schnittstellen zerlegt werden, damit die einzelnen Aufgaben unabhängig voneinander erledigt werden können.

**Personeller Wechsel**

Jeder, der ein Projekt durchgezogen hat, ist mit dem Problem des personellen Wechsels konfrontiert worden. Bei der Planung eines großen Projektes, das sich über längere Zeit hinzieht, muß man einen personellen Wechsel von grob geschätzt 20% einkalkulieren. Diese Zahl stammt aus den USA, wo eine stärkere Fluktuation zu beobachten ist als in Deutschland; aber man sollte auch berücksichtigen, daß das Durchschnittsalter bei den Programmierern niedriger liegt als in anderen Bereichen, und junge Mitarbeiter neigen eher zu einem Wechsel als ältere.

**Relativ unerfahrene Programmierer**

Bei der Entwickung eines großen Programmsystems steht normalerweise kein eingespieltes Team erfahrener Programmierer zur Verfügung. Während der Entwicklungsphase arbeiten wenige, erfahrene Mitarbeiter an dem Projekt. Sind aber die einzelnen Teile des Systems mit ihren Leistungen voneinander abgegrenzt und die Schnittstellen festgelegt, so wird die Gruppe weiter ausgebaut, um das Projekt zu realisieren. Dabei muß man unerfahrene Programmierer einstellen, die eingearbeitet werden müssen. Diese Einarbeitung kann aber nur durch die wenigen erfahrenen Mitarbeiter geschehen, die bisher an dem Projekt gearbeitet haben. Infolgedessen stehen diese Mitarbeiter nicht mit ihrer vollen Leistung für das Projekt zur Verfügung.

**Keiner kennt alles**

Bei einem großen Programmsystem wird keiner alle Details des gesamten Programms kennen noch ständig auf dem laufenden sein. Ja es kann sogar passieren, daß ein Programmierer sich in dem Programm, das er vor 1 Jahr erstellt hat, nicht mehr zurechtfindet.

#### 9.1.1.3. Bei der Wartung eines Programms

**Hardware/Software-Wechsel**

Unter Hardware-Wechsel wollen wir die ständige Verbesserung bzw. den Austausch von Hardware eines Rechners verstehen. Hierunter fällt z.B. der Anschluß größerer und schnellerer Plattenspeicher, der zusätzliche Anschluß von Terminals oder sogar der Austausch der Rechenanlage gegen eine größere und schnellere.

Normalerweise wird der FORTRAN-Programmierer durch Änderungen der Peripherie nicht zu einer Änderung seines Programms gezwungen, da im allgemeinen darauf geachtet wird, daß sich die Software-Schnittstellen nicht ändern. Allerdings werden Systemroutinen angesprochen, die infolge einer Hardwareänderung u.U. modifiziert wurden und zunächst noch nicht fehlerfrei laufen. Wenn auch die Rechenzentren bemüht sind, die Auswirkungen auf den Benutzer so klein wie möglich zu halten, im Fall eines Hardware- oder Software-(System)Wechsels sind Terminverzögerungen kaum zu vermeiden.

**Große Ideen, nachträglich eingebaut**

Häufig soll ein geschriebenes und fast fertig ausgetestetes Programm durch neue Ideen in wesentlichen Teilen geändert werden. Dies kann durch geänderte Anforderungen erforderlich geworden sein, es kann aber auch sein, daß der Programmierer einen besseren Algorithmus ausgeknobelt hat. Wenn man bei der Planung zur Zeit des Programmentwurfs nur die bekannten Fakten berücksichtigt, dann wird die Zeit, die benötigt wird, um das Projekt zu beenden, gewöhnlich beträchtlich unterschätzt. Hier hat das Management die Aufgabe, diese Änderungen unter Kontrolle zu halten und Änderungen um so mehr zu erschweren, je näher der Fertigstellungstermin gerückt ist.

**Programm-Maintenance**

Immer wieder tritt es auf, daß Programme geändert werden müssen. Dies kann auf einer Leistungserweiterung beruhen, oder aber eine Datenschnittstelle ändert sich im Laufe der Zeit. Dann muß das Programm erneut durchgesehen und auf den neuesten Stand gebracht werden. Diese Arbeit wird normalerweise nicht von denen durchgeführt, die das Programm ursprünglich geschrieben haben, sondern von anderen Programmierern.

Dieser Aspekt kann nicht deutlich genug hervorgehoben werden, denn der Anteil an Programmierern, die nur noch Wartung machen, wächst ständig und bei einzelnen Firmen ist es abzusehen, wann keine Neuentwicklungen mehr stattfinden können, weil das gesamte Programmierpersonal mit Wartungsarbeiten überlastet ist.

Bei der Erstellung des Programms ist also unbedingt darauf zu achten, daß der spätere Aufwand an Maintenance-Arbeiten so gering wie möglich gehalten werden kann. Ein Programm muß in erster Linie übersichtlich und ausreichend dokumentiert sein.

## 9.1.2. Hilfen bei der Erstellung und Wartung

### 9.1.2.1. Die Phasen der Programmierung

Der Aufbau eines Programms vollzieht sich in mehreren Phasen. Die Abb. 9.1. zeigt eine Übersicht.

In der Phase der Programm-Anforderungen (PA) werden die Leistungen und die Ein-Ausgabe (Benutzerschnittstelle) definiert. Im wesentlichen wird festgelegt, was das Programm verarbeiten und was es leisten soll.

Erst wenn die Programm-Anforderungen festliegen, wird die Programm-Konstruktion (PK) durchgeführt. Dabei wird das Programm in Komponenten unterteilt, die wiederum in Komponenten der nächsten Ebene zerlegt werden. Es wird festgelegt, wie ein Programm zu organisieren ist, um die gewünschte Leistung zu erbringen. Bei der Festlegung der Komponenten einer Ebene werden die Anforderungen an die Komponenten der nächsten Ebene formuliert und ihre Schnittstellen untereinander festgelegt. Die Komponenten der untersten Ebene sind überschaubare Einheiten, deren weitere Unterteilung zu fein würde.

Die Komponenten sind logische Einheiten, denen physikalische Einheiten (Module, UP's) zugeordnet werden können, die aus Statements bestehen. Im allgemeinen wird einer Komponenten auch ein Modul zugeordnet sein.

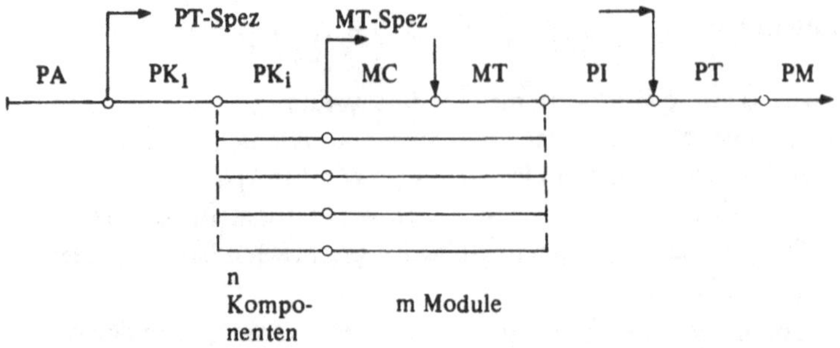


| | | | |
|---|---|---|---|
| PA | Programm-Anforderungen | MT-Spez | Modul-Test-Spezifikationen |
| $PK_1$ | Programm-Konstruktion 1. Stufe | MT | Modul-Test |
| $PK_i$ | Programm-Konstruktion i. Stufe | PI | Programm-Integration |
| PT-Spez | Programm-Test-Spezifikationen | PT | Programm-Test |
| MC | Modul Codierung | PM | Programm-Maintenance |

Abb. 9.1 Die Phasen bei der Entwicklung eines Programms.

Liegen die Anforderungen an ein Programm fest, dann kann ein Testplan erstellt werden, der angibt, welche Tests bei der Programmabnahme vorzunehmen sind. Die Phase Programmtest-Spezifikation (PT-Spez) beinhaltet die Ausarbeitung eines solchen Testplans.

In der Phase der Modulcodierung (MC) wird der Modul codiert. Es wird das in der Phase der Modulkonstruktion erarbeitete Verfahren codiert und abgelocht. Diese Phase ist beendet, wenn ein syntaktisch richtiges Quell-Protokoll vorliegt.

Nach dem Vorliegen der Anforderungen an jeden Modul kann parallel zur Modulkonstruktion und zur Modulcodierung ein Testplan aufgestellt werden, in dem steht, welche Tests der Modul erfüllen muß. Diese Phase wollen wir Modul-Test-Spezifikation (MT-Spez) nennen.

Nach dem Vorliegen der Modul-Test-Spezifikationen und des Quellcodes kann der Modul-Test (MT) durchgeführt werden. In dieser Phase wird der Modul überprüft, ob er die geforderten Leistungen erbringt.

In der Phase der Programm-Integration (PI) werden alle Module eines Programms zusammengeschlossen und ihr einwandfreies Zusammenarbeiten an den Schnittstellen überprüft.

Nach der Durchführung der Programm-Integration und dem Vorliegen der Programm-Test-Spezifikationen kann der Programm-Test (PT) selbst erfolgen. Hier wird überprüft, ob das Programm die gestellten Anforderungen erfüllt.

Damit ist das Programm freigegeben und unterliegt der Programm-Maintenance (PM), die während der gesamten Lebensdauer des Programms anfallen kann.

#### 9.1.2.2. Projekt-Management

Für die Organisation und Kontrolle eines Projektes wird ein Projektleiter ernannt, dessen Aufgabe darin besteht, die Tätigkeiten, die bei der Durchführung eines Projektes anfallen, zu planen, zu koordinieren und zu überwachen.

Die Basis, an der sich der Projektleiter orientiert, ist die Phaseneinteilung des Projektes. Das Hilfsmittel zum Planen und Koordinieren von Tätigkeiten ist der Netzplan. Zusätzlich ist dann noch ein Personaleinsatzplan und ein Maschinenbelegungsplan zu erstellen, um sicherzustellen, daß für die durchzuführenden Tätigkeiten auch das erforderliche Personal und die benötigte Rechenzeit zur Verfügung stehen.

#### 9.1.2.3. Überlegungen bei der Programmierung

Die folgenden Anregungen und Überlegungen sollten bei der Programmierung berücksichtigt werden.

**Korrektheit**

Unter Korrektheit wird verstanden, daß ein Programm den Anforderungen entspricht. Die Aussage, daß ein Programm richtig läuft, ist nicht ausreichend. Denn das wichtigste ist nicht, daß ein Programm fehlerfrei läuft, sondern daß es auch das leistet, was von ihm verlangt wird. Um dieser Maxime genügen zu können, ist es notwendig, daß die Anforderungen an ein Programm vollständig und eindeutig definiert sind. Man kann ein Programm nicht auf Korrektheit prüfen, wenn die Anforderungen an das Programm ungenau und unvollständig definiert sind.

**Stabilität**

Ein Programm ist stabil, wenn es auf jede beliebige sinnvolle und unsinnige Kombination von Eingabedaten sowie auf jeden im Programm auftretenden Fehler z. B. Division durch 0 gezielt reagiert und nicht undefiniert abbricht. Dazu gehören:

- Überprüfung der eingelesenen und errechneten Daten (soweit möglich) zu einem möglichst frühen Zeitpunkt auf Richtigkeit und Vollständigkeit. Prüfung auf Gültigkeit, Abhängigkeit, Grenzwerte.
- Überprüfung des Verfahrens durch Abfrage von Kenngrößen, deren Wertebereich vom Verfahren vorgegeben ist.
- Schreiben von Stützstellen durch das Programm, d.h. Retten des bisher Gerechneten, damit z.B. bei Zeitlimit ein definierter Weiterstart möglich ist.

### Die Übersichtlichkeit

Auch große Programme sollen für den Uneingeweihten überschaubar sein, denn jeder Programmierer steht seinem eigenen Programm ein halbes Jahr später als Uneingeweihter gegenüber. Folgende Punkte sind hierbei zu beachten:

- Gliederung der Aufgabe
- Sinnvolle Abgrenzung der einzelnen Komponenten
- Saubere Datenschnittstellen
- Überschaubare Komponentengröße
- Dokumentation der Konstruktion
- Namenssystematik bei der Benennung der Unterprogramme
- Optische Gliederung bei der Codierung
- Beschreibung der Unterprogramme in der Quelle
- Einfügen von Kommentaren in die Quelle
- Verbot der Programmiertricks
- Übersichtlichkeit bei der Dokumentation durch klare Gliederung, Möglichkeit zum Austausch einzelner Blätter, graphische Darstellungen
- Verwendung eines geradlinigen Codes
- Vermeidung von komplizierten Steuerungen

### Die Flexibilität

Mit Flexibilität bezeichnet man die Möglichkeit, ein Programm leicht an geänderte Anforderungen anzupassen. Das bedeutet, daß das Programm parametrisiert bzw. änderungsfreundlich ist.

Bei der Parametrisierung werden drei Fälle unterschieden:

- Verändern von Daten-Werten
- Verändern des Daten-Umfangs
- Beeinflussung des Programm-Ablaufs.

Ein Daten-Parameter ist eine Größe, die von außen vorgegeben werden kann und mit der im Programm gerechnet wird bzw. die abgefragt wird. Beispiele für solche Parameter sind: Maßstabsfaktoren, Suchkriterien, Grenzwerte usw.

Diese Art der Parametrisierung sollte weitgehend im Programm verwendet werden. Das bedeutet, daß möglichst wenig mit fest eingebauten Werten (Konstanten) gearbeitet wird, sondern Variable zu benutzen sind.
Der Umfang-Parameter gibt den Datenumfang an. Da bei der Verwendung von FORTRAN dynamische Feldvereinbarungen nicht möglich sind und die Felder fest dimensioniert sein müssen, kann dieser Parameterwert nicht von außen dem Programm eingegeben werden. Es handelt sich um eine intern auftretende Größe. Es gibt zwei verschiedene Typen von Umfangs-Parametern. Zum einen die Maxi-

mallänge eines Feldes und zum anderen die aktuell besetzte Länge. Die Anweisung

DIMENSION FELD (100)

definiert ein Feld FELD mit der Maximallänge 100. Die aktuelle Länge kann ein Wert zwischen 0 und 100 sein.

Soll ein allgemeingültiges UP für eine Bibliothek geschrieben werden, so ist es sinnvoll, in diesem UP keine festen Felddimensionierungen vorzunehmen, sondern die aktuelle Länge als Parameter (Variable) zu übernehmen. Dieser Vorgang ist sicher jedem FORTRAN-Programmierer vertraut.

Die aktuelle Länge tritt außerdem bei der Behandlung offener Mengen als Umfangsparameter auf. Eine offene Menge ist eine Datenmenge, deren Umfang in den Anforderungen nicht festgelegt werden konnte. Normalerweise wird der Programmierer Maximalwerte annehmen, um damit seine Felder zu dimensionieren. Treten mehrere Datentypen als offene Mengen auf, so sind mehrere Felder einzurichten, was zur Folge haben kann, daß ein großer Verschnitt auftritt. In dem Fall ist es sinnvoll, die Organisation der Daten selber zu verwalten. Alle anfallenden Daten werden in einem einzigen Feld sequentiell abgelegt. Ein Verweisvektor enthält die Anfangsadresse pro Datentyp, über die auf das N. Element zugegriffen werden kann. Auf die Art wird der Verschnitt klein gehalten, da die Speicherzellen, die ein Datentyp nicht benötigt, für die anderen zur Verfügung stehen.

Auch die Maximalgröße eines Feldes sollte zusätzlich als Umfangs-Parameter (Variable) im Programm auftreten und nicht als Konstante. Bei der Abfrage auf Erreichen der Feldgrenze und bei der Übergabe als Parameter an Unterprogramme sollte die Variable und nicht eine Konstante benutzt werden. Falls man ein Feld erweitern muß, benötigt man außer der Ersetzung der Vereinbarungen in den beteiligten Unterprogrammen nur eine Anweisung, in der die Maximalgröße neu gesetzt wird.

Ein Ablauf-Parameter soll den Ablauf des Programms steuern. Die Forderung, ein Verfahren in Abhängigkeit von einer Kenngröße zu modifizieren, wird häufig gestellt. In diesem Fall ist zu beachten, daß durch einen Parameter nicht das Verfahren geändert wird, sondern daß aus allen möglichen Abläufen der gewünschte ausgewählt wird. Wie schon in Kapitel 2 bemerkt wurde, erlaubt FORTRAN es nicht, daß ein Programm seine eigene Befehlsfolge ändert. Infolgedessen müssen alle möglichen Verfahren programmiert sein; die Auswahl geschieht durch den Ablauf-Parameter.

Ein Vergleich zeigt:

- Die Daten-Parameter sind am flexibelsten.
- Die Programm-Parameter können von außen gesetzt werden; ihr Wertebereich ist jedoch beschränkt.
- Ablauf-Parameter sind für den Anwender gar nicht zu manipulieren.

Bei der Wahl des Verfahrens untersuche man die Parameter genau. Es kann durchaus auftreten, daß durch eine Modifikation des Verfahrens bei gleicher Leistung aus einem Ablauf-Parameter ein Daten-Parameter wird. Dadurch wird das Verfahren allgemeiner, was einer Leistungssteigerung gleichkommt.

Hier tritt aber ein Hemmnis auf:
Je allgemeiner ein Programm ist, um so mehr Rechenzeit erfordert es.

Das klassische Beispiel ist die Simulation eines Vorgangs, die ein Vielfaches der Zeit benötigt, die der Vorgang selber braucht. Hier gilt es, einen goldenen Mittelweg zu finden, der von der Änderungshäufigkeit des Problems abhängt. Sicher ist es falsch, einen FORTRAN-Compiler so zu konzipieren, daß er sehr leicht Änderungen im Sprachumfang zuläßt, infolgedessen aber sehr langsam abläuft. Das andere Extrem wäre ein technologieabhängiges Problem, das durch ein auf eine bestimmte Technologie zugeschnittenes Programm bearbeitet wird. In unserer schnellebigen Zeit ändern sich gerade die Technologien sehr rasch, was zur Folge hat, daß das Programm nie richtig eingesetzt werden kann. Denn jedesmal, wenn es gerade fertiggestellt ist, hat sich ein Wandel in der Technologie vollzogen, und das Programm, das auf die alte Technologie spezialisiert ist, kann weggeworfen und neu gemacht werden, da es nicht allgemein genug entwickelt wurde.

Zur Flexibilität gehört also außer der Parametrisierung auch, daß das Programm änderungsfreundlich aufgebaut wurde. Stets werden an den Leistungen und Datenschnittstellen des Programms Modifizierungen gewünscht, die eine Änderung erforderlich machen. Hierauf muß der Programmierer sich einrichten, und er tut gut daran, sein Programm so zu entwerfen, daß es leicht zu ändern ist. Dazu gehört insbesondere die Übersichtlichkeit, auf die schon hingewiesen wurde.

#### 9.1.2.4. Bei der Wartung

**Die Sicherheit**

Es gibt viele Arten von Sicherheit, die zu berücksichtigen sind:

- Eine sichere Aufbewahrung des Programms
- Eine sichere Handhabung
- Datensicherheit
- Sicherheit beim Ablauf

**Aufbewahrung**

Eine sichere Aufbewahrung des Programms ist ein organisatorisches Problem und hat wenig mit Programmieren direkt zu tun. Trotzdem hat ein Programmierer peinlich auf eine sichere Aufbewahrung zu achten, denn es nützt die beste Programmierung nichts, wenn das Programm zerstört ist.

Hierzu gehören:

- Sichern der Quelle auf einem Magnetband oder einem anderen langfristigen Datenträger. Eine Systemleistung zum Manipulieren von Text in Dateien (Löschen, Einfügen, Ersetzen usw.) wird vorausgesetzt.
- Genaue Buchführung über den Zustand des Programms, d.h. aus welchen Unterprogrammen (Versionen) es besteht (Konfigurationskontrolle).
- Beim Ändern von einzelnen Unterprogrammen ist darauf zu achten, daß das Quellprotokoll auf den neuesten Stand gebracht wird.
- Beim Ändern der Quelle (auf Magnetband) soll das neue Quellprogramm auf ein neues Magnetband geschrieben werden und nicht auf das alte, damit evtl. der Lauf wiederholt werden kann.
- Existieren mehrere Magnetbänder, auf denen die Quelle in verschiedenen Versionen steht, dann muß eine Unterlage existieren, die jeder Version das entsprechende Magnetband zuordnet, wobei es sich als sinnvoll erwiesen hat, wenn auch die Unterschiede zwischen den Versionen aufbewahrt werden.

**Handhabung**

Hantierungssicherheit bedeutet, daß bei der Handhabung des Programms keine Fehler gemacht werden können. Allgemein gilt in diesem Fall, je weniger Hantierungen nötig sind, um so größer ist die Sicherheit. Dies ist besonders zu beachten, wenn mehrere Programme in einem Abschnitt (Job) nacheinander laufen, die untereinander Daten austauschen. Es ist anzustreben, daß der Operateur nicht eingreifen muß.

**Datensicherheit**

Bei der Sicherung der Daten treten die gleichen Aspekte wie bei der Sicherung des Programms auf. Allerdings gewinnt dieser Punkt erst dann an Bedeutung, wenn umfangreiche Datenbestände vorliegen, die zu verarbeiten sind. Hierzu gehören:

- Das Drei-Generationenprinzip
- eindeutige Kennzeichnung
- Wiederholungsläufe müssen möglich sein, deshalb nicht auf das gleiche Band schreiben, von dem gelesen wurde.
- Die Daten, die in einer Datei stehen, sollten durch Systemroutinen manipulierbar sein.
- Verhindern einer Doppelverarbeitung bei bereits verarbeiteten Daten.

**Änderungskontrolle**

Der Normalfall ist, daß die Änderungen an einem Programm beginnen, bevor es ausgetestet und der Produktion übergeben ist. Hier ist es Aufgabe des Projektleiters, ab einem bestimmten Grad der Fertigstellung, den er selber bestimmt, jeden Änderungswunsch abzublocken, denn sonst wird sein Projekt nie fertig.

Ist dann das Programm an die Produktion übergeben, so muß eine andere Kontrollinstanz darüber wachen, daß Änderungen nicht unkontrolliert vorgenommen werden. Zunächst ist der zu erwartende Aufwand abzuschätzen, wobei an

- Änderung der Anforderungen
- Änderung der Programm-Dokumentation
- Ändern des Programm-Codes
- Erstellen von passenden Testdaten
- Testen der Änderung

zu denken ist. Sodann ist die Notwendigkeit der Änderung zu prüfen. Aufgrund der Beziehung zwischen Notwendigkeit und Aufwand werden dann pro Änderung Prioritäten vergeben. Einige Änderungen werden sofort realisiert, andere werden als Block gesammelt und werden insgesamt in eine neue Programmversion eingebaut.

Eine Konfigurationskontrolle hält dabei fest:

- wann welches Modul geändert wurde
  (was, Änderungsnummer, Autor)
- wann das Programm mit den geänderten Moduln der Produktion zur Verfügung gestellt wurde.

Damit ist es jederzeit möglich, der Revision nachzuweisen, welche Änderungswünsche bereits zu einem bestimmten Zeitpunkt realisiert waren und welche nicht.

## 9.2. Die Planung der Programmierung

### 9.2.1. Einleitung

Ein Programm besteht aus vielen Komponenten, so wie sich ein Flugzeug oder ein Schiff aus vielen Funktionseinheiten zusammensetzt. Den Bau von Flugzeugen und Schiffen kann man planen. Warum sollte man dann den Aufbau eines Programms nicht auch planen können und müssen, zumal ein Programm durchaus so teuer werden kann wie ein Flugzeug. Das Planungsinstrument ist die Netzplantechnik, die Grundsätze, Regeln und Methoden festlegt, mit deren Hilfe das

Projektmanagement die Projekttermine, die Projektkosten und die benötigte Kapazität systematisch planen, steuern und überwachen kann. Sollten diese Planungen nicht von dem Projektleiter gefordert sein, so sollte der Programmierer sie doch zur eigenen Kontrolle und Übersicht vornehmen. Insbesondere sind sie eine gute Hilfe bei der Analyse und bei der Angabe von Endterminen für komplexe Aufgaben.
Das System umfaßt im einzelnen:

- einen Projektstrukturplan
- einen Netzplan
- einen Meilensteinplan
- Zeitschätzungen für Vorgangsdauer und Abstände
- die Berechnung der Projektdauer, die Berechnung der gesamten und freien Pufferzeiten und die Bestimmung des kritischen Weges
- Kostenschätzungen
- Berechnung der Kapazitätsbelastung
- die periodische Erfassung der Ist-Daten zur ständigen Steuerung und Überwachung des Projektablaufs.

Auf dieses ganze System soll hier nicht im Detail eingegangen werden, da es über den Rahmen dieses Buches hinausführen würde. Wir wollen hier nur auf die Punkte: Strukturplan, Netzplan und Erfassung der Ist-Daten eingehen, da diese Information dem Programmierer eine Hilfestellung gibt.

Die Vorteile, die sich aus einer konsequenten Anwendung ergeben, sind:

- gründliches Durchdenken der Projektstruktur
- vollständige Erfassung der anstehenden Arbeiten
- Aufzeigen der Abhängigkeiten bei Zulieferungen von anderen Abteilungen
- Durch die Erfassung der Ist-Daten werden Abweichungen von dem Plan frühzeitig erkannt, und das Management kann rechtzeitig auf den weiteren Ablauf steuernd eingreifen.
- Der Leiter eines Teams hat ständig einen Überblick wie stark seine einzelnen Mitarbeiter ausgelastet sind und ob er weitere Programmieraufgaben innerhalb eines realistischen Termins ausführen kann.

### 9.2.2. Der Projektstrukturplan

Die Planung beginnt mit dem Aufbau eines Projektstrukturplans. Dieser Plan ist ein hierarchisches Schema. An der Spitze steht das Projekt und in den Ebenen die Teilprojekte. Der Plan zeigt die Beziehungen jedes Teilprojektes zu den übergeordneten und den untergeordneten Aufgaben. Der Plan wird von oben nach unten entwickelt.

Der Projektstrukturplan kann sein:

- erzeugnisorientiert; dabei wird ein Produkt und die zu diesem Produkt gehörenden Baugruppen, Untergruppen usw. definiert.
- funktionsorientiert; dabei wird ein Produkt und die zur Produktrealisierung erforderlichen Funktionen und Unterfunktionen usw. definiert.

Mischformen sind möglich.

Abb. 9.2 zeigt ein Beispiel für einen erzeugnisorientierten Strukturplan.

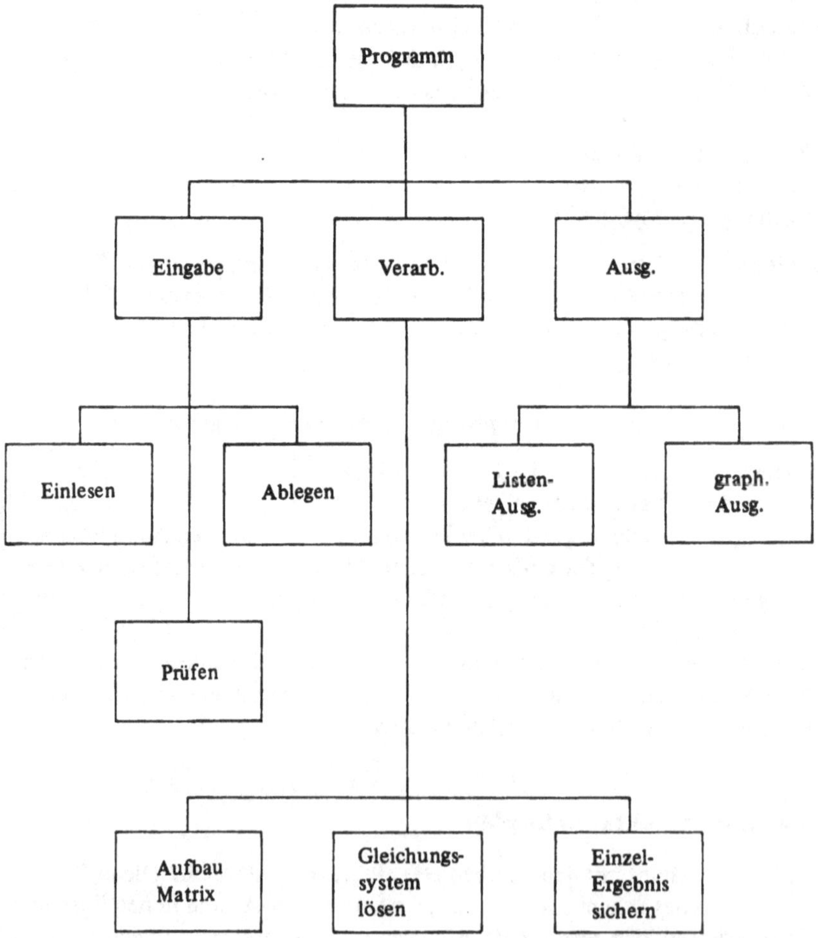


Abb. 9.2 Erzeugnisorientierter Strukturplan

Das Programm dient zur Berechnung elektrischer Netzwerke. Es besteht aus Eingabe, Verarbeitung und Ausgabe. Die Eingabe liest die Datenkarte, prüft sie und legt die eingelesenen Werte in den dafür vorgesehenen Feldern ab. Die Verarbeitung baut pro vorgegebenen Parameter eine Matrix auf, löst das dazugehörige Gleichungssystem und sichert das gefundene Ergebnis. Stehen alle Ergebniswerte zur Verfügung, so werden eine Liste und ein graphisches Bild ausgegeben. Der erzeugnisorientierte Strukturplan zeigt, was zum Projekt gehört.

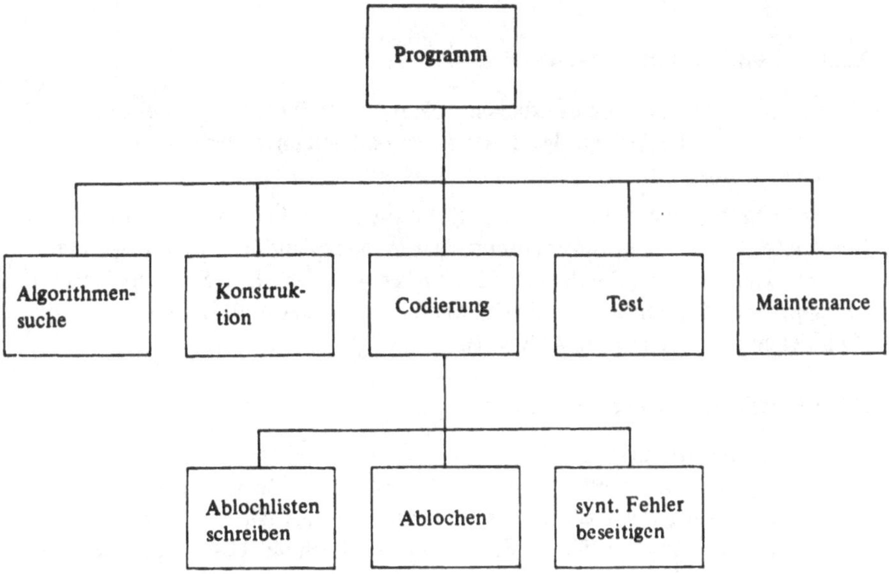


Abb. 9.3 Funktionsorientierter Strukturplan

Die Abb. 9.3 zeigt das gleiche Beispiel als funktionsorientierten Strukturplan. Aus dieser Darstellung ist zu erkennen, welche Arbeiten zu machen sind, um das Programm zu generieren. Dieser Plan zeigt das Wie.

Der erzeugnisorientierte Strukturplan zeigt, aus welchen Teilen sich ein Produkt zusammensetzt, der funktionsorientierte dagegen, welche Arbeiten dabei anfallen. Der Netzplan, den wir im folgenden Paragraphen behandeln wollen, zeigt auf, wie die anstehenden Arbeiten voneinander abhängen.

Form und Umfang des Projektstrukturplans sind von Projekt zu Projekt verschieden und hängen u.a. ab von:

- der Größe und Komplexität eines Projekts
- der Organisationsstruktur der Abteilung, die sich mit dem Projekt befaßt
- den Unsicherheiten, die dem Projekt zum Zeitpunkt der Planung anhaften.

Der Projektstrukturplan bildet den Rahmen, innerhalb dessen sich die gesamte Planung, Überwachung und Steuerung eines Projektes vollzieht. Den Teilaufgaben im Plan wird eine Nummer zugeordnet; auf den Aufbau dieses Nummernschlüssels soll aber hier nicht weiter eingegangen werden. Der Interessierte sei an die entsprechende Fachliteratur verwiesen.

### 9.2.3. Der Netzplan

#### 9.2.3.1. Begriffe und Funktion

Der Netzplan beschreibt den zeitlichen Ablauf (die Reihenfolge) der einzelnen Projektarbeiten. Die Reihenfolge dieser Arbeiten kann entweder logisch oder kapazitätsbedingt sein.

Ein Netzplan ist ein gerichteter Graph. Seine Elemente sind Knoten und Kanten. Der Knoten ist der Hauptinformationsträger im Netzplan. Jeder Teilprozeß eines Projekts wird eindeutig durch einen Knoten repräsentiert. Jede Kante im Netzplan verknüpft zwei Knoten und beschreibt die Existenz einer Anordnungsbeziehung (Beispiel eines Netzplans vgl. Abb. 9.5).

Der Netzplan hat folgende Funktion:

- Er bildet die Grundlage für die Berechnung des Projektes.
- Er ist eine visuelle Entscheidungshilfe für das Projekt-Management.
- Aus der Vorgangsfolge läßt sich der zeitliche Kostenanfall ermitteln.
- Er bildet die Grundlage für die Ermittlung der Kapazitätsbeanspruchung durch das Projekt.

#### 9.2.3.2. Elemente des Netzplans

**Vorgang**

Ein Vorgang ist ein definierter Teilprozeß eines Projekts. Er erfordert im allgemeinen Zeit, Arbeit und Betriebsmittel und verursacht Kosten.

Beispiele für Vorgänge: Codieren eines Programmteils, Testdaten erstellen, Dokumentation usw. Jeder Vorgang eines Projekts ist durch ein Rechteck dargestellt.

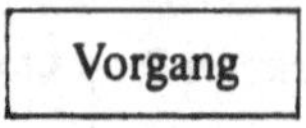


**Meilenstein**

Meilensteine kennzeichnen Ereignisse, d.h. sie geben Zeitpunkte an, wann diese Ereignisse eintreten. Ein Meilenstein besitzt im Gegensatz zum Vorgang keine

Dauer. Die Endzustände von Vorgängen, die im Projektablauf besonders wichtige Ereignisse darstellen, werden über der rechten Ecke des Vorgangssymbols dargestellt.

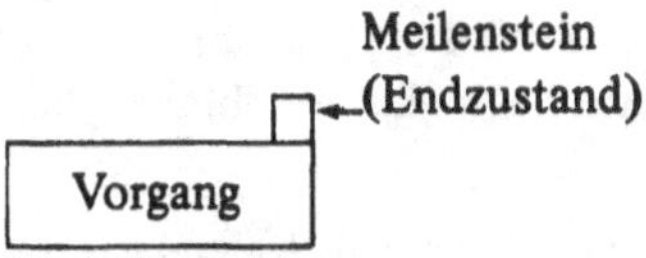


**Verbindung**

Eine Verbindung repräsentiert eine Anordnungsbeziehung, d.h. einen unmittelbaren logischen und zeitlichen Zusammenhang zwischen einem Vorgangspaar (i. j). Im Netzplan wird die Verbindung durch einen zwischen i und j gelegten Pfeil dargestellt. Der Pfeil ist auf den abhängigen Vorgang gerichtet.

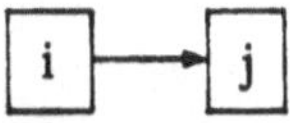


### 9.2.3.3. Zeitplanung

Die Grundlage der Zeit- und Terminplanung ist der Vorgang. Aus den Vorgangsdauern und den Abhängigkeiten zwischen den Vorgängen wird der voraussichtliche zeitliche Ablauf des Projekts ermittelt.

Die wichtigsten Aufgaben der Zeitplanung sind:

- Erfassung aller für die Projektdurchführung erforderlichen Tätigkeiten, die als Vorgänge im Netzplan erscheinen.
- Schätzung der einzelnen Vorgangsdauern
- Aufbau der Netzplanstruktur unter Berücksichtigung der Abhängigkeiten zwischen den Vorgängen.

**Erfassung der Tätigkeiten**

Die Erfassung der Tätigkeiten geschieht durch eine Beschreibung des Vorgangs (Aktivitätsbeschreibung). Es wird angegeben, welche Arbeiten zu diesem Vorgang gehören und welche Meilensteine dieser Aktivität zugeordnet sind. Besonders wichtig ist die Angabe eines eindeutigen Fertigstellungskriteriums.

Die Vorgangsdauer ist die Zeitspanne, die zwischen dem Anfang und dem Ende des Vorgangs liegt; diese Angabe ist unbedingt erforderlich und muß geschätzt werden.

Ein Anhaltspunkt für die Schätzung von Vorgangsdauern bei FORTRAN-Programmen ist folgender Erfahrungswert:

Konstruktion – Codierung – Test
40% – 20% – 40%

Einen Vorgang i, von dem eine Verbindung zum Vorgang j wegführt, bezeichnet man als bedingenden Vorgang des Vorgangs j; der Vorgang j ist dann ein bedingter Vorgang. Ein Anfangsvorgang ist ein Vorgang, zu dem keine Verbindung hinführt, ein Endvorgang ein Vorgang, von dem keine Verbindung wegführt. Einen Vorgang, zu dem weder eine Verbindung hinführt, noch eine von ihm wegführt, bezeichnet man als isolierten Vorgang.

Mindestens einem Anfangsvorgang muß ein Starttermin als Kalendertermin vorgegeben werden.

**Netzplanstruktur**

Eine Anordnungsbeziehung ist die Beziehung zwischen Vorgangsereignissen (Start oder Ende). Das System kennt folgende Typen:

Ende – Start Beziehung
Start – Start Beziehung
Ende – Ende Beziehung
Start – Ende Beziehung

Bei der Frage, welche Art von Beziehung vorliegt, muß überlegt werden, ob der Start oder das Ende des Vorgangs j von dem Start oder dem Ende des bedingenden Vorgangs i abhängt.

**Ende-Start-Beziehung**

Bei einer Ende-Start-Beziehung (auch Normal-Folge genannt) zwischen den Vorgängen i und j ist das Ende des Vorgangs i Bedingung für den Start des Vorgangs j

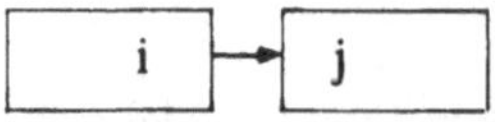


**Beispiel:**

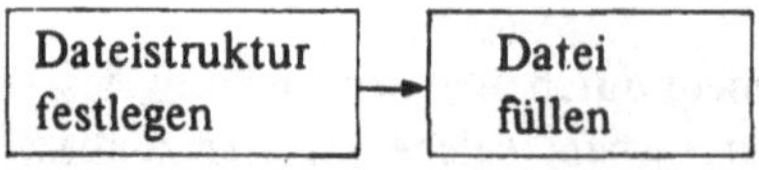


Erst nachdem die Struktur der Datei festliegt, kann sie mit Daten gefüllt werden.

**Start-Start-Beziehung**

Bei einer Start-Start-Beziehung zwischen den Vorgängen i und j ist der Start des Vorgangs i Bedingung für den Start des Vorgangs j.

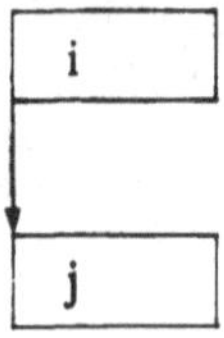

**Beispiel:**

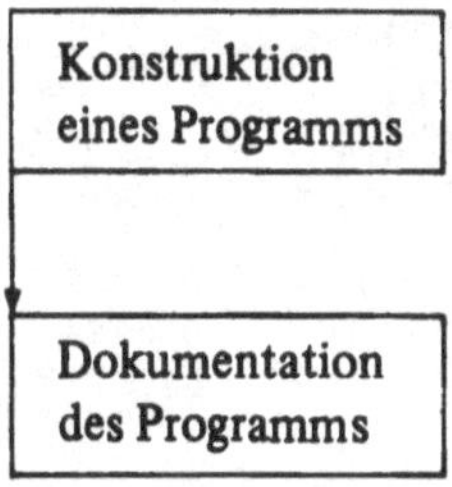


Mit der Dokumentation der Konstruktion kann erst begonnen werden, wenn mit der Konstruktion bereits begonnen wurde.

**Ende-Ende-Beziehung**
Bei einer Ende-Ende-Beziehung zwischen den Vorgängen i und j ist das Ende des Vorgangs i Bedingung für das Ende des Vorgangs j.

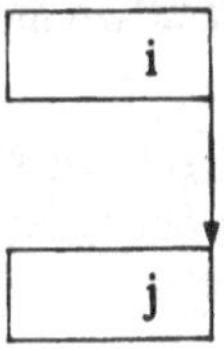


**Beispiel:**

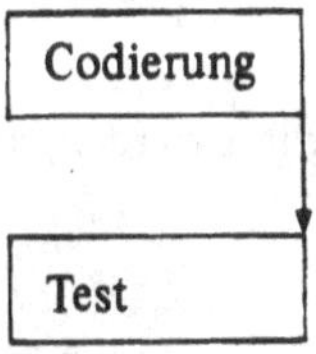


Der Test eines Programmteils kann erst abgeschlossen sein, wenn die Codierung beendet ist.

**Start-Ende-Beziehung**
Bei einer Start-Ende-Beziehung zwischen den Vorgängen i und j ist der Start des Vorgangs i Bedingung für das Ende des Vorgangs j.

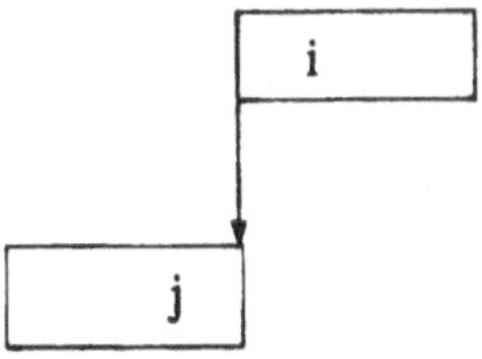

**Beispiel:**

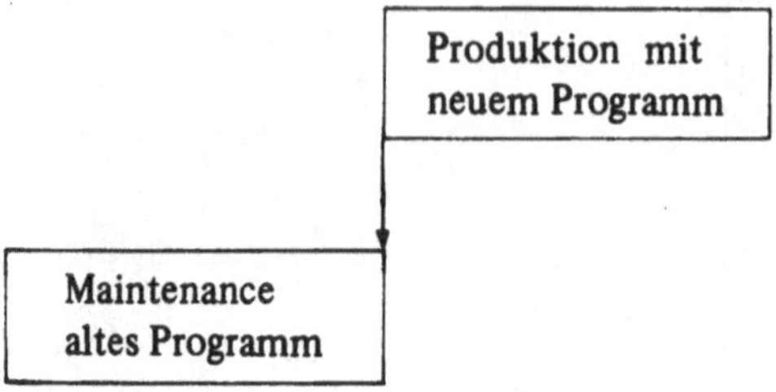


Die Maintenance des alten Programms kann erst beendet werden, wenn die Produktion mit dem neuen Programm begonnen hat.

**Abstände**

Jedem Verbindungstyp können Abstände zugeordnet werden. Durch Abstände werden die durch Verbindungen charakterisierten Vorgangsfolgen zeitlich modifiziert.

Durch einen positiven Abstand wird eine Wartezeit, durch einen negativen Abstand eine Vorziehzeit gegenüber dem bedingenden Ereignis (Start oder Ende) ausgedrückt. Die Abstände zwischen den Vorgängen werden geschätzt.

Es sei V (i, j) die der jeweiligen Anordnungsbeziehung zwischen den Vorgängen i und j zugeordnete Minimalabstand. Die Abb. 9.4 zeigt die zeitliche Wirkung der Minimalabstandsangaben bei den verschiedenen Verbindungstypen.

Es können für die Abstände auch Maximalabstände gefordert werden, auf die aber hier nicht weiter eingegangen werden soll.

**Konstruktionsregeln**

Der Aufbau eines Netzplans erfolgt unter Berücksichtigung folgender Regeln:

- In einem Netzplan sind beliebig viele Anfangs- und Endvorgänge zugelassen.
- Zwischen zwei Vorgängen sind mehrere Verbindungen verschiedenen Typs erlaubt, jedoch nur in einer Richtung.

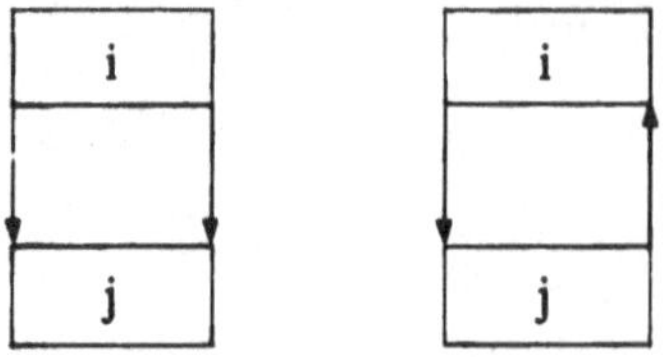


erlaubt verboten

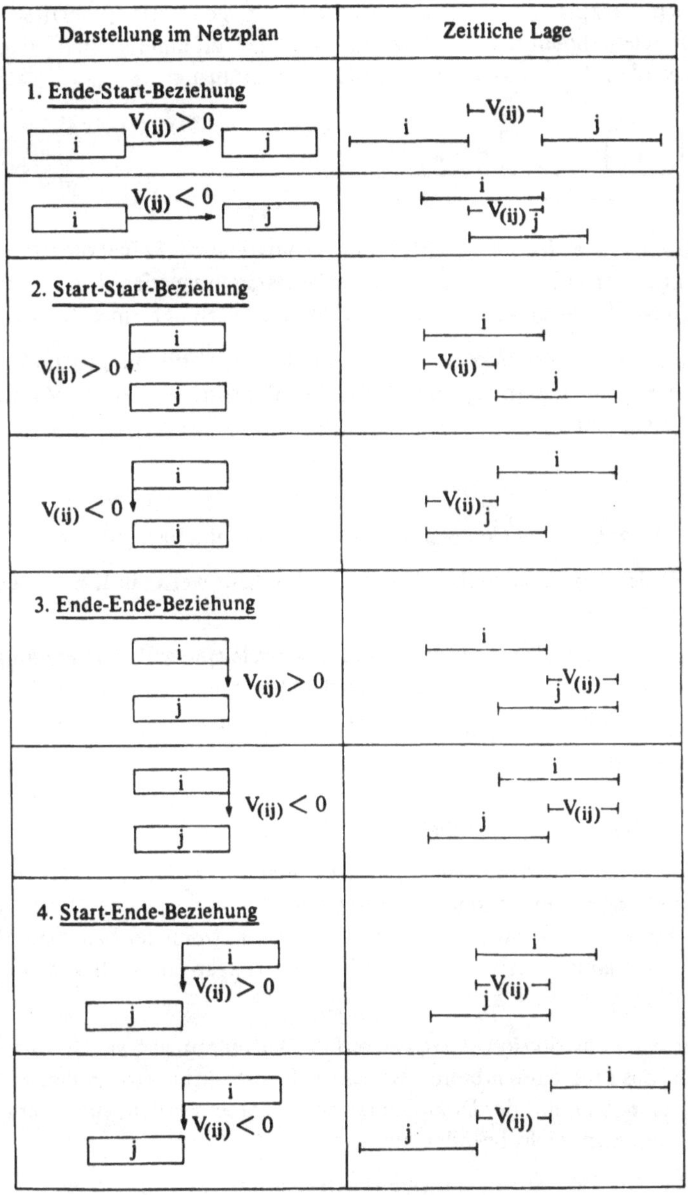


Abb. 9.4 Wirkung der Abstandsangaben

- In einem Netzplan dürfen keine strukturellen Rückverweise (Schleifen) auftreten. Wiederholen sich Vorgänge im Projektablauf, dann müssen sie neu definiert werden. Eine Darstellung folgender Art ist unzulässig:

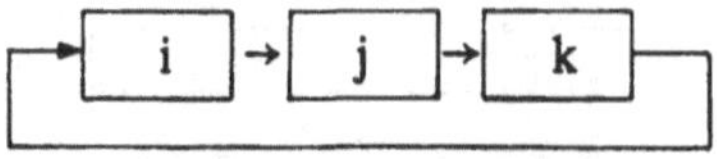


Es ist üblich, einen Netzplan rechtsorientiert aufzubauen. Pfeile, die Start-Ende-Beziehungen herstellen, weisen, soweit es die Darstellung erlaubt, nach rechts. Weiterhin ist es zweckmäßig, eine standardisierte Netzplanform zu verwenden.

Zur Kennzeichnung des Verbindungstyps werden die Verbindungen am sinnvollsten so gezeichnet, daß ihr Typ aus den Anknüpfungsstellen bei den Vorgängen optisch hervorgeht.

**Beispiel:**

Die Abb. 9.5 zeigt einen Netzplan für die Erstellung eines Programms.

Es handelt sich um ein einfaches Programm, das nicht weiter in Komponenten unterteilt ist.

Die Aufgabenstellung legt fest, was das Programm leisten soll; eine Planung stellt die Kosten fest, und eine Wirtschaftlichkeitsprüfung ergibt den Bedarf.

Anhand der Aufgabenstellung wird der Algorithmus definiert, nach dem das Programm arbeiten soll.

Die Aufstellung der Anforderungen beinhaltet:

- Beschreibung der Struktur der Ein-Ausgabedaten
- Beschreibung der Funktionen des Programms.
  Diese Funktionen kann man erst dann definieren, wenn der benutzte Algorithmus bekannt ist. Also können die Anforderungen erst vorliegen, wenn der Algorithmus definiert ist.

Die Programmkonstruktion stützt sich auf die Anforderungen ab. Hier wird festgelegt, wie das Programm arbeitet. Ist bei der Konstruktion eine Anlaufzeit verstrichen, dann kann mit der Dokumentation begonnen werden, auch wenn die Konstruktion noch nicht beendet ist.

Nach der Definition der Ein-Ausgabe-Daten (Anforderungen) können die Test-Daten unabhängig von der Programmkonstruktion erstellt werden.

Mit der Codierung sollte erst begonnen werden, wenn die Konstruktion abgeschlossen ist. Der häufigste Fehler bei der Programmierung besteht darin, daß mit der Codierung begonnen wird, bevor die Konstruktion abgeschlossen ist.

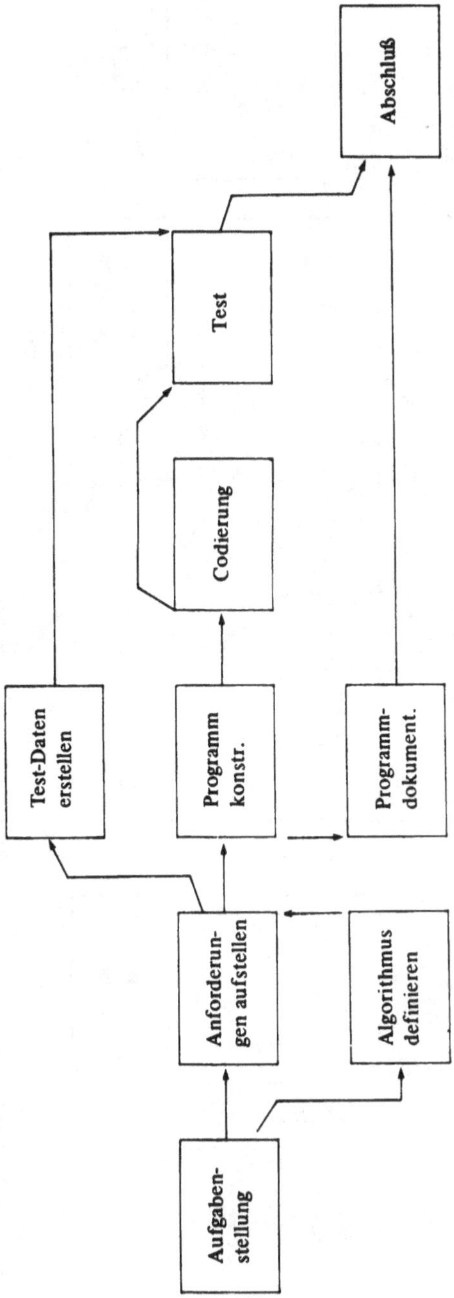


Abb. 9.5 Beispiel für einen Netzplan (logische Abhängigkeiten)

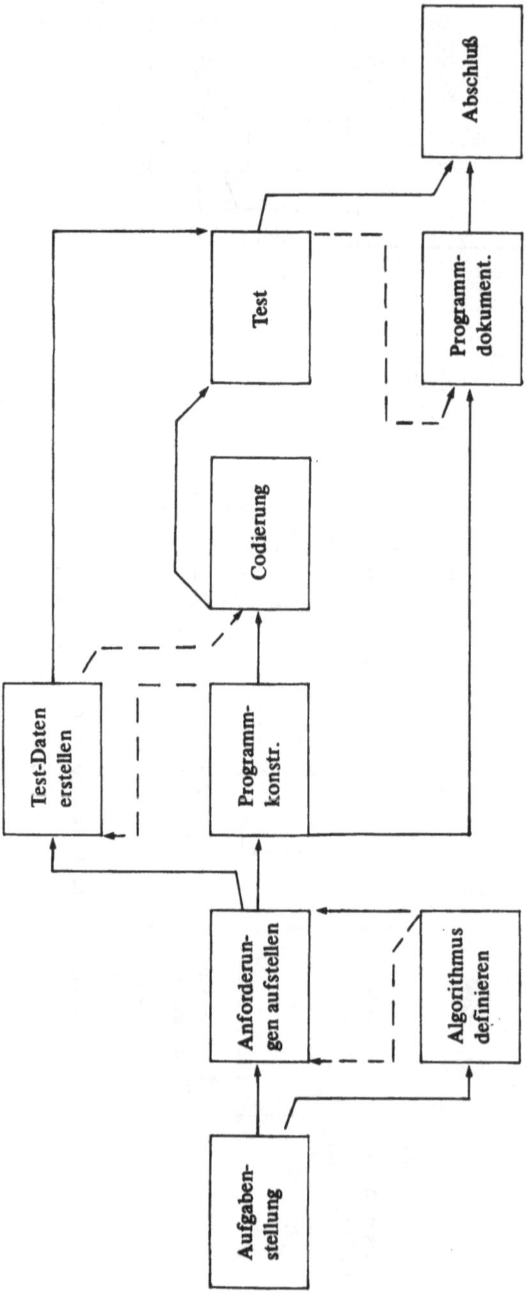


Abb. 9.6 Beispiel für einen Netzplan (mit kapazitätsbedingten Abhängigkeiten)

Nach einer Anlaufzeit bei der Codierung kann bereits mit dem Test begonnen werden. Die Test-Daten brauchen dazu noch nicht vorzuliegen, da zunächst der Test aus der reinen Syntax-Prüfung besteht. Dann allerdings müssen Test-Daten zur Verfügung stehen. Der Test kann aber erst beendet werden, wenn alle Test-Daten geliefert wurden.

Das Programm ist abgeschlossen, wenn die Testphase beendet ist und die Dokumentation vorliegt.

Dieser Netzplan zeigt die logischen Abhängigkeiten der Aktivitäten voneinander. Würde bei den einzelnen Vorgängen eine Dauer eingetragen werden und der 1. Aktivität ein Anfangsdatum gegeben werden, dann kann man aus diesem Plan ersehen, wieviele Mitarbeiter parallel eingesetzt werden könnten und wann das Programm zur Verfügung steht.

Soll aber nur ein Programmierer dieses Programm erstellen, dann wird er Arbeiten, die logisch parallel liegen, nacheinander ausführen. Dies drückt man so aus, daß in den Netzplan zu den logischen Abhängigkeiten der Vorgänge noch weitere kapazitätsbedingte Abhängigkeiten eingebaut werden. Abb. 9.6 zeigt den gleichen Netzplan wie Abb. 9.5, jedoch mit zusätzlichen kapazitätsbedingten Abhängigkeiten.

### 9.2.4. Die Ist-Überprüfung

Der zu Beginn eines Projekts entworfene Plan ist im allgemeinen zu ungenau, da erst nach Beendigung der Konstruktion das Projekt überschaubar ist. Deshalb ist eine Überprüfung in bestimmten Zeiträumen unbedingt erforderlich. Das wichtigste Hilfsmittel für die Überprüfung ist die Aufzeichnung des Erreichten (Ist-Zustand) bzw. die Abgabe neuer Schätztermine.

Zur Festlegung des Erreichten wird aufgezählt, welche Meilensteine wann erreicht wurden. Außerdem ist anzugeben, welche Probleme bei den Arbeiten auftraten, um daraus Rückschlüsse auf die noch anstehenden Arbeiten zu ziehen.

Das Nichterreichte wird durch die Angabe der Meilensteine, die entgegen der Planung nicht erreicht wurden, aufgezeigt. Hierfür sind die Gründe und neue Termine anzugeben.

Zur Darstellung von Trends dient die Meilensteintrendanalyse (Abb. 9.7).
Die Koordinaten des Diagramms sind der Meilensteintermin und der Berichtszeitpunkt. Zu jedem Berichtszeitpunkt wird für einen Meilenstein der geschätzte Termin eingetragen. Die entstehenden Streckenzüge stellen die Bewegung des Meilensteintermins im Verlauf des fortschreitenden Projekts dar. Wenn eine Linie horizontal verläuft, ist die Planung eingehalten, wenn sie abwärts verläuft, wird

der Meilensteintermin vorverlegt, wenn sie aufwärts verläuft, verzögert sich der Termin gegenüber der Planung.

Bei einer perfekten Planung würden alle Linien horizontal über das Diagramm laufen. In Wirklichkeit gibt es keine perfekte Planung, und so wird es immer eine Verschiebung von geplanten Meilensteinterminen geben. Kritisch ist es, wenn ein Termin kurz vor seiner Fertigstellung parallel zur Datumslinie verläuft.

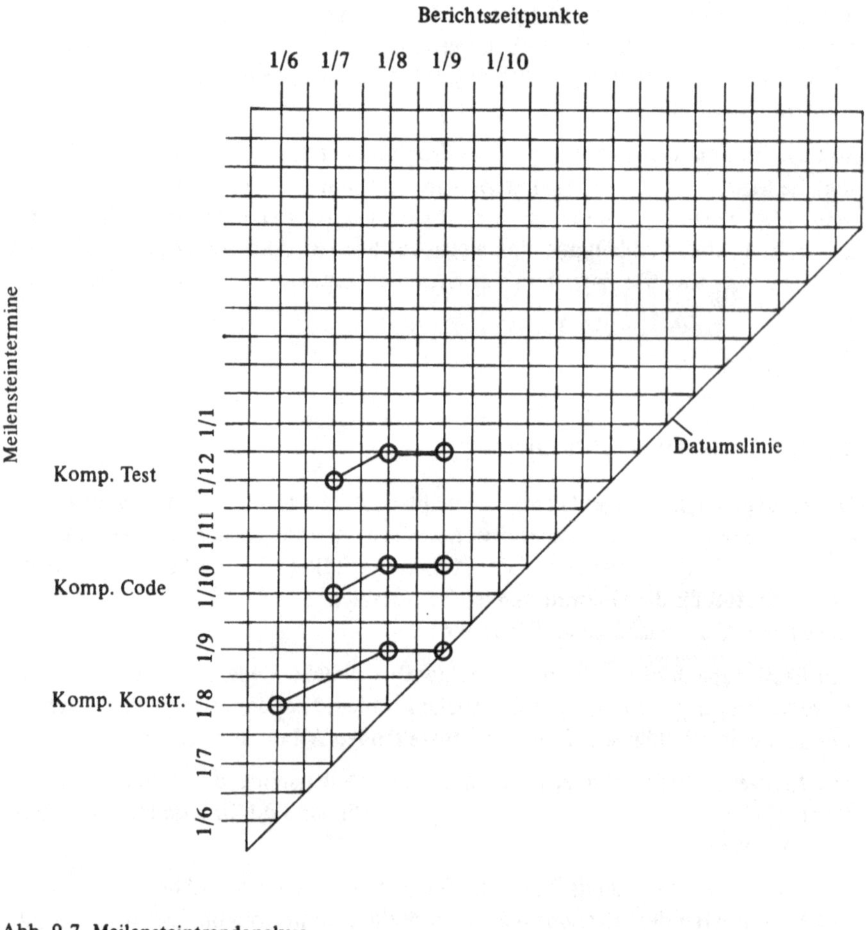


Abb. 9.7 Meilensteintrendanalyse

# 9.3. Die Anforderungen

## 9.3.1. Voraussetzungen

Um den Rahmen dieses Kapitels nicht zu sprengen, sei hier nur die Programmierung eines Programms betrachtet. D. h., daß die Anforderungen, die gestellt wurden, durch ein Programm abgedeckt werden sollen, und daß die Datenschnittstellen des Programms bereits in ihrer physischen Form vorgegeben sind. Ausgeklammert wird also

- wie unterteilt man ein Programmsystem in einzelne Programme
- wie ordnet man den einzelnen Programmen ihre spezifische Aufgabe zu
- wie überprüft man ein Programmsystem, um sicherzustellen, daß es allen Anforderungen, die daran gestellt wurden, auch gerecht wird
- wie findet man aus logischen Datenstrukturen, wie sie in den Anforderungen ggf. definiert sind, den physischen Satzaufbau
- wie organisiert man den Datenfluß zwischen den einzelnen Programmen des Systems

Diese Schritte müssen ablaufen, wenn die Anforderungen nicht durch ein einzelnes Programm abgedeckt werden können.

## 9.3.2. Allgemeines

Bevor ein Programmierer mit dem Programmieren beginnt, muß die Aufgabe schriftlich festgelegt sein. Bei größeren Programmieraufgaben ist es unverantwortlich, wenn diese auf Zuruf programmiert werden und keine schriftliche Fixierung existiert. Ein Pflichtenheft soll klar die Aufgabe des Programmierers beschreiben. Da die Anforderungen die für den Programmbenutzer notwendige externe Information enthalten, kann das Pflichtenheft als vorläufige Benutzerbeschreibung dienen.

Erstrebenswert ist es, daß die das Programm anfordernde Stelle diese Anforderungen formuliert und sie dann mit dem Programmierer durchspricht. Leider ist das in der Praxis nicht überall gegeben, insbesondere wenn der Benutzer keine Programmiererfahrung hat. In diesem Fall, wenn also der Benutzer keine konkreten Forderungen stellt, sollte der Programmierer die mündlich an ihn herangetragenen Anforderungen schriftlich fixieren und genauer spezifizieren. Auch sollte er das von ihm erstellte Pflichtenheft genehmigen lassen, bevor er mit der Konstruktion des Programms beginnt. Die Anforderungen dienen zugleich als Grundlage für die Spezifikation des Programmtests und für die Erstellung der Programmkonstruktion.

Das Pflichtenheft muß klar die Aufgabe beschreiben. Folgende Punkte muß es enthalten, wobei die Art der Darstellung flexibel sein kann.

- Einordnen in das System
- Beschreibung der Eingabe- und Ausgabedaten
- Zweck und Funktion des Verfahrens
- Randbedingungen.

### 9.3.3. Einordnung in das System

Zunächst muß die Umgebung beschrieben werden, in der das Programm später arbeiten soll. Es ist aufzuzeigen, woher die Eingabedaten kommen – ob sie per Hand oder durch andere Programme erzeugt werden – und was mit den Ausgabedaten geschieht. Eventuell sind Modifikationen an anderen Programmen nötig, um den Datenfluß optimal zu gestalten. Zur Darstellung bedient man sich am besten eines Datenflußplanes.

### 9.3.4. Beschreibung der Eingabe- und Ausgabedaten

Die Eingabedaten werden nach Aufbau und Inhalt beschrieben. Das bedeutet, daß bei formatierten Daten das genaue Format und die Art der Darstellung (Zeichen oder Werte) angegeben sein müssen. Bei formatfreier Eingabe muß die Syntax der Eingabesprache beschrieben werden. Handelt es sich bei den einzulesenden Daten um Steuerdaten, die das Verfahren des Programms beeinflussen, so sind die auftretenden Werte exakt anzuführen.

Des weiteren müssen alle Dateien, von denen Daten gelesen werden, beschrieben oder auf ihre Beschreibung verwiesen werden.

Ist der Wertebereich der Daten begrenzt, dann sollte hierauf hingewiesen werden, z.B. ob negative Werte auftreten dürfen. Dabei sollte vermerkt sein, ob eine Überprüfung der Daten auf Richtigkeit zu geschehen hat.
Die Beschreibung der Ausgabedaten gibt an, was das Programm als Ausgabe erzeugt und wie diese Daten aussehen.

Bei Ausgabe auf den Drucker ist das genaue Listenbild anzugeben und bei der Ausgabe auf eine Datei ist der Satzaufbau exakt zu beschreiben.

### 9.3.5. Zweck und Funktion des Verfahrens

Unter diesem Punkt ist anzugeben, was mit den eingelesenen Daten geschieht. Im wesentlichen kommt es dabei auf den Zweck und die Funktion des Verfahrens an und nicht auf das Verfahren selber. In den Anfordlerungen muß stehen „Was" ein Programm machen soll und nicht „Wie", denn das wird erst bei der Konstruktion festgelegt. Zu große Ausführlichkeit in diesem Punkt deutet auf Programmkonstruktion hin und schränkt den Programmierer ein. Treten bei den Eingabewerten Steuergrößen auf, die die Funktion des Verfahrens beeinflussen, dann sind hier die einzelnen Wirkungen zu beschreiben.

Bei der Beschreibung wird das Programm als ein schwarzer Kasten angesehen, der eine Ein- und Ausgabe hat, und es wird beschrieben, wie die Ausgabe von der Eingabe abhängt. Die Aufteilung des schwarzen Kastens in mehrere Funktionseinheiten gehört in die Programmkonstruktion.

### 9.3.6. Randbedingungen

Unter diesem Punkt sind die Beschränkungen angeführt, die bei der Programmkonstruktion zu beachten sind.

Dazu gehören:

- Hardware-Konfiguration, d.h. maximaler Kernspeicherbedarf, maximaler Hintergrundspeicherbedarf, maximale Anzahl Bandgeräte usw.
- Quellsprache
- Betriebssystemleistungen
- Kompatibilität
- Ausbaufähigkeit des Programms
- Wartungsfreundlichkeit
- Fehlerbehandlung, d.h. wie das Programm auf Fehler zu reagieren hat
- Restart
- Manuelle Eingriffe durch den Operateur
- Kosten- und Termin-Randbedingungen

## 9.4. Die Programm-Konstruktion

### 9.4.1. Allgemeines

Ein Programmierer, der einen zweiwöchigen FORTRAN-Kurs besucht hat, hat normalerweise keine Hilfestellungen bzw. Anleitungen bekommen, wie man ein Programm konstruiert. Das Manual, das man ihm in die Hand gedrückt hat, sagt ihm zwar, wann eine Anweisung syntaktisch richtig ist, aber mehr auch nicht. Bekommt er eineAufgabe, so wird er sich hinsetzen und, so wie er es gelernt hat, anfangen, Flußdiagramme zu zeichnen. Das ist aber keine Programmkonstruktion. Diesem Vorgehen würde der Bau eines Hauses entsprechen, für das kein Bauplan existiert; nur mit dem Unterschied, daß das Haus nie bewohnt werden würde und die Mängel dieses Hauses jedem in die Augen springen. Schlecht konstruierte Programme werden dagegen zum Laufen gebracht und nur der, der sich intensiv damit beschäftigen muß, erkennt ihre Mängel und Fehler.

Warum soll man Programme erst durchkonstruieren und erst dann codieren?

Je länger ein Programm leben soll, um so besser muß es konstruiert sein, sonst erfordert es während seiner langen Lebensdauer einen zu großen Wartungsaufwand.

Je größer, d.h. umfangreicher ein Programm ist, um so mehr Mitarbeiter arbeiten an diesem Programm und um so genauer muß es durchdacht sein, damit jeder einzelne effektiv seine Arbeit erledigen kann.

Jeder, der mit einer größeren Anzahl an langlebigen Programmen hat arbeiten müssen, wird zustimmen, daß durchkonstruierte Programme leichter zu schreiben, zu dokumentieren, zu überblicken, zu ändern, zu verstehen, zu überprüfen, zu testen und zu pflegen sind.

Das Konzept ist das Herz einer effektiven Programmkonstruktion. In der Software spricht man viel vom Entwurf, dem Konzept der Modularität, Universalität, Flexibilität und Änderungsfreundlichkeit; aber viele Programme sind schlecht entworfen und andere nicht konsequent bis zum Ende, obwohl der Programmierer meint, sie wären durchkonstruiert.

### 9.4.2. Zerlegung in Komponenten

Programmkonstruktion bedeutet:

- Suchen der logischen Struktur des Problems
- Beschreiben der Teile dieser Struktur in Form von Komponenten.

Unsere erste Frage gilt der logischen Struktur des Problems. Wie sieht so eine Struktur aus? Böhm und Jacopini haben nachgewiesen, daß man jedes Problem mit drei Grundelementen beschreiben kann. Diese drei Strukturelemente sind die Folge, die Entscheidung und die Schleife. Diese drei Elemente kann man beliebig kombinieren und verschachteln. Das wesentliche ist, daß jedes Element nur einen Eingangspunkt und einen Ausgangspunkt hat. Bei der Suche nach der logischen Struktur eines Problems versucht man nun, das Problem stufenweise mit diesen drei Elementen zu beschreiben. Zur Beschreibung einzelner Teilaufgaben benutzen wir den Begriff der Komponente. Eine Komponente beschreibt eine Funktion durch:

- Beschreibung der Eingangsdaten
- Beschreibung der Funktion durch die Angabe, was diese Funktion leistet und nicht, wie diese Funktion ausgeführt wird
- Beschreibung der Ausgangsdaten

Die Eingangsdaten sind alle Daten, die eine Funktion benötigt, unabhängig, ob in dieser Funktion die Daten von außen eingelesen werden oder ob die Daten über eine interne Datenschnittstelle für die Funktion bereitgestellt werden. Entsprechend gehören zu den Ausgangsdaten alle Daten, die von dieser Funktion erzeugt oder verändert werden, unabhängig, ob die Daten direkt ausgegeben werden oder ob sie intern weitergereicht werden.

Die Programmkonstruktion läuft wie folgt ab:

Schritt 1: Das Problem wird als Komponente beschrieben. D. h., es werden alle Ein- und Ausgabe-Daten aufgeführt und die Gesamtfunktion als ein schwarzer Kasten insgesamt beschrieben.

Schritt 2: Wir sehen in den schwarzen Kasten hinein und prüfen, welches Strukturelement wir als nächstes finden, Folge, Entscheidung oder Schleife.

Schritt 3: Beschreiben jeder Teilfunktion in Form einer Komponente, d. h., mit Eingangs-, Ausgangs-Daten und Angabe, was diese Teilfunktion leisten soll.

Schritt 4: Definition der neuen Daten. Wurde in Schritt 2 eine Folge gefunden, so ist zu untersuchen, ob zwischen den einzelnen Teilkomponenten Daten übergeben werden, die nur innerhalb dieser Funktion auftreten. Diese Daten (meistens Zwischenwerte oder Schalter) sind zu definieren und zu beschreiben. Außerdem müssen sie bei den entsprechenden Teilfunktionen zusätzlich als Ein- bzw. Ausgangsdaten aufgeführt werden (s. Schritt 3).

Schritt 5: Kontrolle

a) Da die Reihenfolge, in der die einzelnen Teilfunktionen ablaufen, aus Schritt 2 bekannt ist, können wir prüfen, ob die neu definierten Daten aus Schritt 4 erst als Ausgangsdaten bei einer Teilfunktion auftreten, bevor sie bei einer späteren Teilfunktion als Eingangsdaten angeführt sind.
(Horizontale Datenkontrolle).

b) Ist im Schritt 2 eine Entscheidung bestehend aus zwei Teilfunktionen gefunden worden, so muß jedes Ausgangsdatenelement der Teilfunktion 1, das nicht als Eingangsdatenelement angeführt ist, auch in der Teilfunktion 2 als Ausgangsdatenelement angeführt sein.

c) Für jede Teilfunktion ist zu überprüfen:
– Eingangsdaten der Teilfunktion dürfen nur sein entweder Eingangsdaten der übergeordneten Funktion oder in Schritt 4 definierte neue Daten der Funktion.

- Ausgangsdaten der Teilfunktion dürfen nur sein entweder Ausgangsdaten der übergeordneten Funktion oder in Schritt 4 definierte neue Daten.
  (Vertikale Datenkontrolle).
- Jedes Eingangsdatenelement einer Funktion muß entweder als steuerndes bzw. benötigtes Datenelement dieser Funktion benutzt werden oder als Eingangsdatenelement einer Teilfunktion aufgeführt sein.
- Jedes Ausgangsdatenelement einer Funktion muß entweder in dieser Funktion erzeugt oder verändert werden oder aber als Ausgangsdatenelement bei einer Teilfunktion auftreten.

Die so gefundenen Teilfunktionen werden jede für sich als Funktion aufgefaßt, die ebenfalls weiter zu strukturieren ist (s. Schritt 2). Der Prozeß endet, wenn die weitere Strukturierung einer Teilfunktion nicht mehr erforderlich erscheint. Das Ergebnis der Programmkonstruktion ist eine hierarchische Gliederung des Problems, beschrieben durch Komponenten, die in Form einer Baumstruktur dargestellt werden kann. (Beispiel siehe Abb. 9.8).

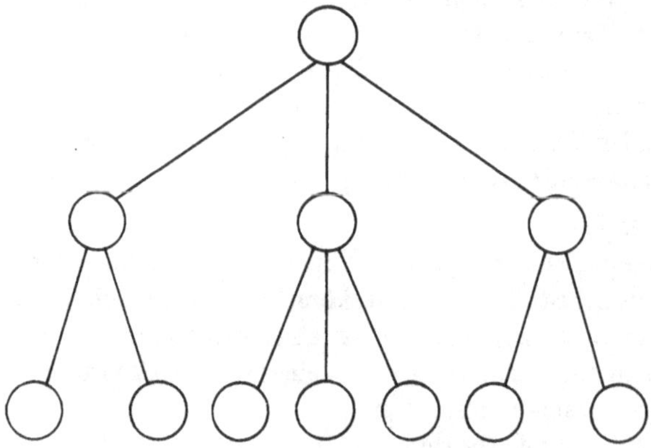

Abb. 9.8 Hierarchische Gliederung der Komponenten

Die hier geschilderte Vorgehensweise läßt den Verdacht aufkommen, man könne nach diesem Verfahren ein Problem sozusagen linear strukturieren. Dem ist leider meistens nicht so. Die Strukturierung ist als iterativer Prozeß anzusehen, bei dem man durchaus falsch strukturieren oder in die Irre laufen kann. Durch die vorgesehene Kontrolle (Schritt 5) ist es aber möglich, dies festzustellen und muß dann auf einer höheren Stufe das bisher Strukturierte erneut durchdenken.

Hat man bereits mehr Erfahrung im Konstruieren von Programmen, so wird man im Schritt 2 sich nicht mit einem Strukturelement begnügen, sondern den Ablauf innerhalb einer Funktion als Kopplung verschiedener Strukturelemente beschreiben.

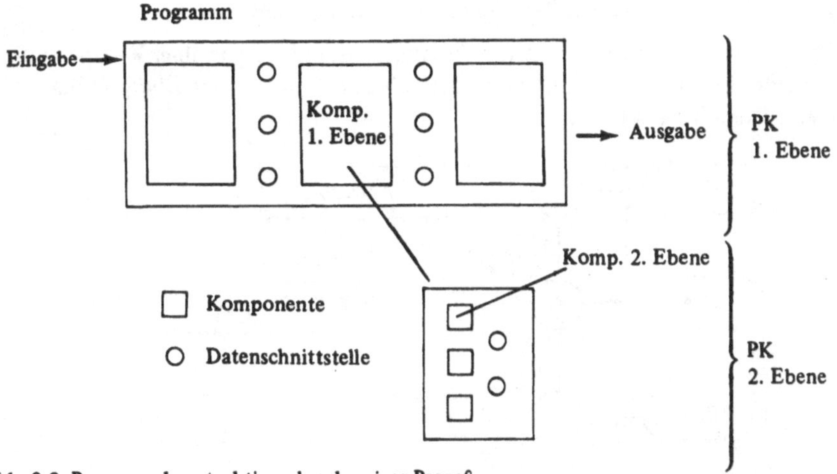


Abb. 9.9 Programmkonstruktion als rekursiver Prozeß

Bei der Aufteilung einer Funktion in Teilfunktionen ist darauf zu achten, daß möglichst wenig Daten von einer Teilfunktion an die nächste zu übergeben sind.

Bei der Zuweisung der Aufgabe an eine Komponente ist eine saubere Aufgabenanalyse notwendig. Die Aufgabe, die eine Komponente ausführt, soll der Stellung der Komponente in der Gesamtstruktur angepaßt sein.

**Beispiel**: Eine Komponente (100) steuert das Einlesen der Daten. Sie besteht aus den beiden untergeordneten Komponenten

- Einlesen eines Datensatzes (101)
- Prüfen und Ablegen der Daten (102)

Die Frage ist: Wie soll das Unterprogramm für das Einlesen eines Datensatzes reagieren, wenn keine Daten mehr da sind?

Es gibt zwei Möglichkeiten:

- Das UP behandelt den Fehler und springt in das aufrufende Programm zurück.
- Es wird ein Zeiger gesetzt und ins aufrufende Programm zurückgekehrt. Dort wirt der Zeiger ausgewertet und evtl. die Fehlerroutine angesprungen.

Der zweiten Methode ist der Vorzug zu geben, da die Bearbeitung des Fehlers nicht zum Aufgabenbereich der Komponente 101 gehört, sondern mit der Verarbeitung der Daten (102) auf gleicher Stufe steht. Also muß die Komponente 100 entscheiden, wie dieser Fehler weiterzuverarbeiten ist. Zum Aufgabenbereich der Komponente 101 gehört u.a. nur die Meldung, daß keine Daten vorhanden sind. Aus dem gleichen Grunde besteht die Forderung, daß nur das Hauptprogramm das Programm beenden soll und nicht ein Unterprogramm.

Tritt in der Baumstruktur eine Kombination auf, bei der von einer Komponente nur eine abhängt und von dieser wiederum nur eine, so ist eine Überprüfung dieser Kombination anzuraten (Abb. 9.10).

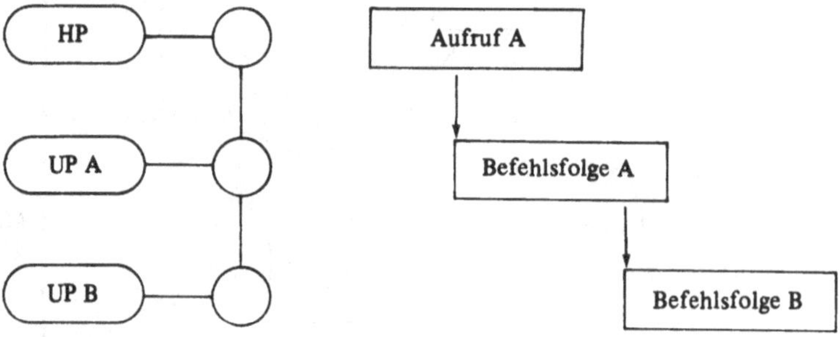


Abb. 9.10 Falsche Aufrufreihenfolge

Diese Kombination tritt auf, wenn ein UP aus einer Befehlsfolge für die Funktion A besteht, gefolgt von dem Aufruf eines Unterprogramms mit der Befehlsfolge für die Funktion B. Es ist zu überprüfen, ob nicht die Funktionen A und B gleichwertig sind und deshalb im aufrufenden Programm besser zwei aufeinanderfolgende Aufrufe erscheinen sollten (Abb. 9.11).

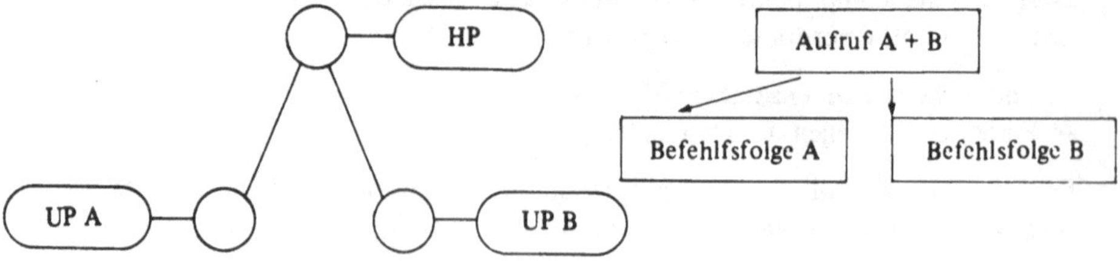


Abb. 9.11 Richtige Aufrufreihenfolge

Beide Konstruktionen ergeben beim Ablauf die gleiche Wirkung; trotzdem ist die zweite Konstruktion vorzuziehen, da sie übersichtlicher ist.

Um eine Konstruktion zu beurteilen, lege man sich folgende Fragen vor:

- Kann jede Komponente von einem anderen Mitarbeiter programmiert werden, (dies ist nicht empfehlenswert, kann aber notwendig sein), wenn er die Anforderungen an die Komponente vorgelegt bekommt?
- Kann jede Komponente überblickt und in weitere Komponenten bzw. im Detail zerlegt werden, ohne daß auf andere Komponenten zurückgegriffen werden muß?

Tritt innerhalb eines Problems eine Funktion an mehreren Stellen auf, so wird sie als Komponente auf der höchsten gemeinsamen Ebene beschrieben.

### 9.4.3. Die Module

Ein Modul ist ein Unterprogramm, das einer Komponente zugeordnet werden kann und die für diese Komponente geforderte Leistung erbringt. Dies geschieht entweder durch den Aufruf weiterer Unterprogramme und die Steuerung des Ablaufs oder durch das Unterprogramm selbst. Wir unterscheiden somit zwischen Steuer- und Arbeitsunterprogrammen. Es ist aber zu beachten, daß nicht jeder Komponente ein Modul zugeordnet sein muß. (siehe Abb. 9.12)

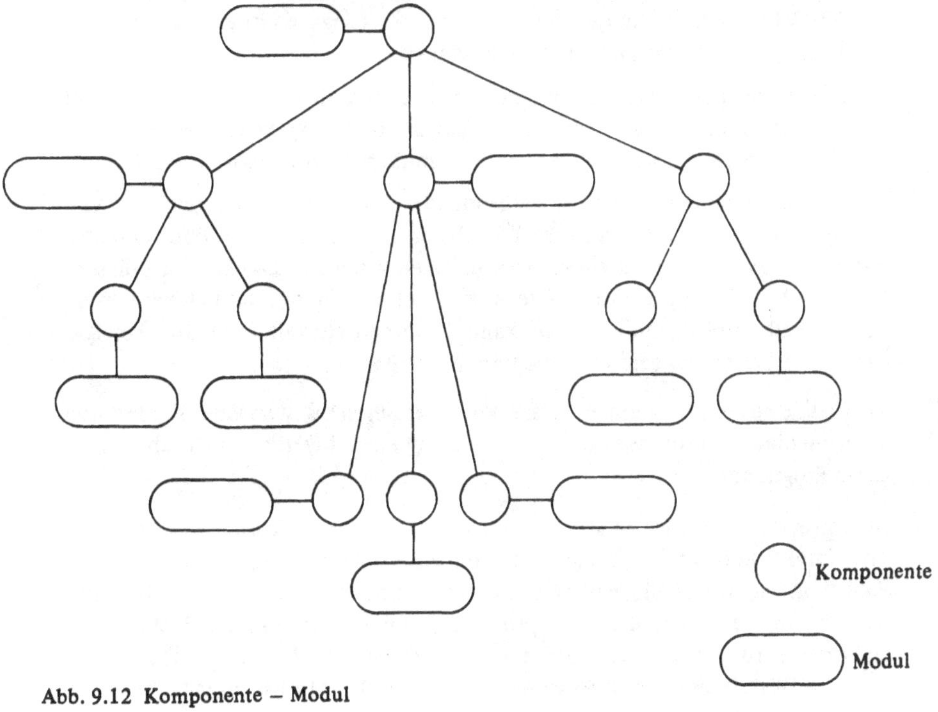


Abb. 9.12 Komponente – Modul

Ein Steuer-Unterprogramm besteht im wesentlichen aus Steueranweisungen und UP-Aufrufen (IF, GO TO, CALL) und ist meist sehr kurz. Das Arbeits-Unterprogramm erledigt eine Teilfunktion der Aufgabe eines Programms, während die Steuer-Unterprogramme den Kitt zwischen den einzelnen Arbeits-Unterprogrammen bilden.

Steuer-Unterprogramme sind nur den Komponenten zugeordnet, die untergeordnete Komponenten besitzen. Unterprogramme sollten keine Unterprogramme von der gleichen oder einer höheren Ebene aufrufen.

Die Unterprogrammbenutzung kann übertrieben werden. Insbesondere, wenn wichtige Steuerfunktionen in Arbeits-Unterprogrammen auftreten und nicht in dem Steuer-Unterprogramm, wo sie logischerweise hingehören, oder wenn Unterprogramme für zu kleine Aufgaben geschrieben werden.

Es ist falsch zu glauben, daß jede Benutzung von Unterprogrammen gut ist, weil es Modularität bedeutet. Ein Programm, das Unterprogramme überbenutzt und dadurch die Steuerung auf untergeordnete Ebenen drückt, ist genau so schlecht wie ein nicht konstruiertes Programm, das alle Steuerungen und Arbeiten in einer einzigen Komponente einschließt.

Bei der Programmkonstruktion werden bereits die Namen der Unterprogramme, der COMMON-Blöcke und der globalen Daten festgelegt. Es ist empfehlenswert, hierfür sich eine Namenssystematik auszudenken.

Da die Unterprogramme in sich geschlossene übersichtliche Einheiten sind, sollte man logische Funktionen, wenn sie eine bestimmte Komplexität überschreiten, als UP auslegen, auch wenn dieses UP nur einmal aufgerufen wird.

Da die Komponenten einer Ebene voneinander unabhängig sind, hängt die Ausgabe einer Funktion einzig von der Eingabe und der Ausgabe der Funktion ab und nicht von dem, was in anderen Funktionen geschieht. Das Ergebnis dieser logischen Unabhängigkeit ist, daß jeder Programmfehler auf das Fehlverhalten eines Moduls zurückgeführt werden kann. Die Korrektur dieses Moduls korrigiert das Fehlverhalten des gesamten Programms.

Da Module getrennt voneinander übersetzt werden, muß nach einer Fehlerkorrektur in einem Modul nur dieser Modul neu übersetzt werden, nicht aber das ganze Programm.

Unterprogramme sollten in sich geschlossene Funktionen bearbeiten. Der Begriff einer Funktion ist aber dehnbar, denn eine READ-Anweisung ist genau so eine Funktion, wie die Lösung eines Gleichungssystems. Anzustreben sind aber Module, die untereinander alle gleich groß sind, nämlich 100 bis max. 300 Zeilen, die Vereinbarungen und Kommentare mit eingerechnet. Zu wenige, aber dafür zu große Module sind genau so schlecht, wie zu viele „Mini-Module“.

# 9.5. Codierung

In der Programmkonstruktion werden die Anforderungen pro Modul festgelegt. Bei der Codierung werden die Unterprogramme (Module) aus Anweisungen aufgebaut. Da keine Konstruktion vollkommen ist, sollte der Konstrukteur auch die Codierung durchführen. Es treten immer wieder bei der Codierung Fragen auf, die Fehler in der Konstruktion aufdecken. Die Codierung zeigt u.a. die Qualität einer Konstruktion.

Im folgenden sollen Anregungen für eine gute Codierung gegeben werden. Es sei aber darauf hingewiesen, daß alle Regeln, die in den vorherigen Kapiteln angegeben wurden, sinngemäß zu diesem Thema gehören, auch wenn sie hier nicht wieder aufgeführt werden.

Das oberste Gebot für die Codierung ist die Übersichtlichkeit.

**Der Aufbau**

Ein Unterprogramm besteht aus

- Kopf
- Vereinbarungen
- Anweisungen

Zwischen diesen Teilen sollte eine optische Trennung bestehen, z.B. durch

```
C       leer
C    ********...
C       leer
```

Der Kopf besteht aus der SUBROUTINE- oder FUNCTION-Anweisung, gefolgt von einer

```
C ====================...
```

Karte. Auf die Art hebt sich der Unterprogramm-Beginn deutlich ab.

Es folgt dann eine verbale Beschreibung der Leistungen des Unterprogramms. Eventuell vorhandene Parameter werden erklärt, und es werden alle in diesem Modul aufgerufenen Routinen aufgelistet. Eine Auflistung aller möglichen Einsprünge ist ebenfalls hier abzulegen.

Die Vereinbarungen werden aufgeteilt in globale und lokale Daten. Eine Trennug durch leere C-Karten ist sinnvoll.

Die Anweisungen werden durch Kommentarkarten erläutert.

Eine Numerierung der Lochkarten in den Spalten 72 bis 80 wird im allgemeinen erst nach Beendigung des Tests vor der Auslieferung generiert. Hierfür setzt man sinnvollerweise ein Programm ein.

**Kommentare**
Der Codierer sollte alle seine Ideen, die er zu dem Modul hat, in Form von Kommentarkarten direkt in die Quelle aufnehmen. Da eine nachträgliche Dokumentation des Moduls im allgemeinen infolge des Zeitdrucks unterbleibt, ist es am besten, wenn diese Information beim Codieren bereits niedergeschrieben wird. Ein Programmierer, der seine Quelle nicht kommentiert, hat seine Aufgabe nicht erfüllt.

Ein Kommentar erläutert die Aufgabe einer Gruppe von Anweisungen. Darauf folgende Anweisungen sind wiederum durch einen Kommentar zu erläutern.

Ein Kommentar beschreibt die Bedeutung einer Anweisung und nicht die Anweisung.

**Beispiel:**

```
          ZZ = ZZ + 1
nicht:    C ZZ FORTSCHALTEN
sondern:C ZEILENZAHLER FORTSCHALTEN.
```

**Anweisungen**
Bei der Codierung ist auf folgendes zu achten:

- Geradliniger Code
- Möglichst wenig Sprünge zurück
- Keine Trickprogrammierung
- Nicht zu große DO-Schleifen, die übermehrere Seiten Protokoll gehen.
- Arithmetische Operationen und IF-Abfragen nicht so überladen, daß die Anweisung über mehrere Karten geht.

- Nach Möglichkeit ASA-FORTRAN verwenden und keine Maschinenabhängigkeiten ausnutzen.
- Kein UP sollte ein Programm beenden; dies ist Aufgabe des HP.
- Die Übergabe der globalen Daten durch COMMON ist der Parameterübergabe vorzuziehen.
- Rücksprünge ins aufrufende Programm nur zentral von einer Stelle aus.

Im übrigen sei hier besonders auf die Regeln der früheren Kapitel verwiesen.

**Testhilfen**

Auf den Test und den Einbau von Anweisungen zum Ausgeben von Zwischenwerten wird im folgenden Abschnitt noch eingegangen. Hier sollen die Testhilfen genannt werden, die während der Lebensdauer des Programms erhalten bleiben.

Der Codierer sollte vorsehen, daß bestimmte Kenngrößen, die vom Programm errechnet werden, auf ihren Gültigkeitsbereich überprüft werden und ggf. eine Fehlermeldung absetzen (z.B. die Steuergröße eines computed GO TO). Hiermit läßt sich das einwandfreie Arbeiten eines Algorithmus überprüfen. Insbesondere sind solche Abfragen für alle die Algorithmen angebracht, die datenabhängig sind, denn für einen nicht datenabhängigen Algorithmus reicht ein einmaliger Testlauf aus.

Des weiteren sind Testausdruckvariable vorzusehen. Diese Größen werden durch Eingabe-Daten gesetzt und steuern im Programm über eine IF-Abfrage die Ausgabe von Zwischengrößen in übersichtlicher Form (Tabelle, gemeinsame Ausgabe von logisch zusammengehörigen Größen, zusätzlicher Ausdruck von erklärendem Text). Diese Ausgabe erfolgt entweder direkt durch einen entsprechenden WRITE-Befehl oder durch eine spezielles UP und ist im allgemeinen wesentlich übersichtlicher als die Ausgabe eines Kernspeicherabzuges durch einen DUMP. Die Programmierung dieser Ausgabe-Anweisungen kann mit einem recht erheblichen Aufwand verbunden sein, und deshalb sollten diese Anweisungen, falls nicht Speicherplatzgründe dagegen sprechen im Programm verbleiben. In dem Fall ist der Testausdruck auch bei späteren Produktionsläufen, die aus irgendeinem Grund fehlerhaft verlaufen, reproduzierbar. Bei den fehlerfreien Produktionsläufen wird nur die Zeit für ein paar zusätzliche Abfragen benötigt, die im allgemeinen vernachlässigbar ist.

Eine weitere Testhilfe ist die Abspeicherung von Kennwerten, die Auskunft darüber geben, welcher Teil des Programms gerade ausgeführt wird. Dies sollte zumindest bei höheren Komponentenebenen vorgesehen werden.

## 9.6. Testen

Sind alle Anweisungen eines Programms syntaktisch einwandfrei, so folgt die Testphase, in der das Programm überprüft wird, ob es die gewünschte Leistung erbringt.

Die am meisten verbreitete Form der Betriebsweise eines Rechners ist der closed job-Stapelbetrieb, wobei der Programmierer keinen Zugang zur Rechenanlage hat. Unter Stapelbetrieb (batch processing) versteht man die Betriebsweise eines Rechensystems, bei der eine Aufgabe vollständig gestellt sein muß, bevor mit ihrer Abwicklung begonnen werden kann und vollständig abgewickelt sein muß, bevor eine neue Aufgabe gestellt werden kann. Bei dieser Betriebsweise muß der Test komplett vorher geplant sein; Entscheidungen während des Programmlaufs sind nicht möglich.

### 9.6.1. Testdefinition

Beim Festlegen der Leistungen ist der Test zu definieren, da auf diese Art eine weitgehende Übereinstimmung von Test und Anforderungen zu erreichen ist. Beim Erstellen der Anforderungen an das Programm wird der Abschlußtest festgelegt und während der Phase der Programmkonstruktion der Modultest.

Die Definition der Tests besteht im Aufstellen eines Testplans, der angibt, was getestet wird und in welcher Reihenfolge die Tests durchzuführen sind. Normalerweise sind die Tests voneinander abhängig, wodurch sich eine Reihenfolge von selbst ergibt. Pro Test sind festzulegen:

- Testaufgabe
- Testrahmen
- erforderliche Daten
- erwartete Ergebnisse.

Der Plan muß so ausgelegt sein, daß für ungeplante Tests keim Raum vorhanden ist. Treten während der Testphase Schwächen im Testplan auf, so sollte der Plan geändert werden.

Jeder Test hat eine genau definierte Aufgabe. Infolgedessen kann für jeden Testlauf angegeben werden, welche Maßnahme in Abhängigkeit vom Ergebnis (positiv oder negativ) zu ergreifen ist. Man sollte bestrebt sein, in einem Lauf möglichst viele voneinander unabhängige Fehler zu finden.

Häufig wird zur Erstellung der Eingabe-Daten ein spezielles Programm erforderlich, Testrahmen genannt. Da diese Hilfsprogramme recht umfangreich sein können, ist zu überlegen, ob die bereits getesteten Module zur Erzeugung der Eingabe-Daten herangezogen werden können. Wenn ja, wird hierdurch die Reihenfolge der zu testenden Module festgelegt.

Die Erstellung der erforderlichen Daten ist ebenfalls zu planen. Sind diese Daten die Eingangsdaten des Moduls, dann ist die Kopplung zwischen den Eingabedaten und der zu prüfenden Funktion noch zu erkennen. Werden aber bereits ausgetestete Module zur Erzeugung der Eingangsdaten benutzt, dann sind die erforderlichen Daten genau zu überlegen, da sie durch die zunächst durchlaufenen Module modifiziert werden. Diese Daten werden in Testdateien gesammelt und aufbewahrt.

Die erwarteten Ergebnisse sind zu fixieren, da sie die Testauswertung beschleunigen. Bei sehr umfangreichen Testergebnissen ist es sinnvoll, zur automatischen Testauswertung überzugehen. Die meisten Tests verlaufen während ihrer Lebensdauer positiv. Würde man die erwarteten Ergebnisse in einer Datei speichern und beim Testlauf die anfallenden Ergebnisse nicht ausdrucken, sondern auch in einer Datei ablegen, dann kann durch ein Auswertprogramm ein Vergleich zwischen den Soll- und den Ist-Ergebnissen durchgeführt werden. In dem Fall würde die Angabe, daß ein bestimmter Test positiv verlaufen ist, ausreichen, und nur bei negativem Ausgang würden die Ist-Daten zur Erleichterung der Fehlersuche ausgedruckt.

### 9.6.2. Testdurchführung

In einem Programm gibt es einen Datenfluß und einen Kontrollfluß. Gemäß dieser Definition ist zum einen der Kontrollfluß zu überprüfen und zum anderen die Datenschnittstellen zwischen den Modulen.

Die Prüfung einer Datenschnittstelle zwischen zwei Modulen sollte auf der gleichen Ebene geschehen, auf der diese Module aufgerufen werden.

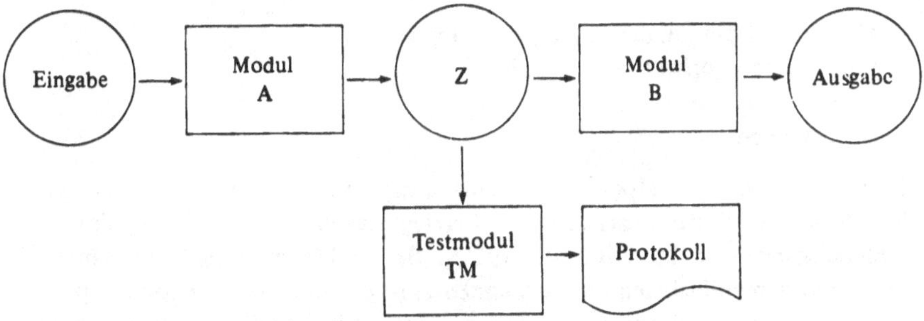


Abb. 9.13 Test der Datenschnittstelle Z

Die Abb. 9.13 zeigt eine Datenschnittstelle Z zwischen den beiden Modulen A und B. Der Test dieser Daten erfolgt über die Ausgabe mit Hilfe eines Testmoduls TM. Dieser Testmodul sollte im gleichen Modul wie die Unterprogramme A und B aufgerufen werden.

```
:
CALL A
IF (T1) CALL TM
CALL B
```

Wie im Abschnitt über die Codierung schon ausgeführt, sollte der Aufruf abschaltbar sein und nach erfolgreichem Test nicht entfernt werden, sondern im Programm verbleiben.

Bei der Prüfung eines Moduls besteht die Aufgabe im Überprüfen des Kontrollflusses.

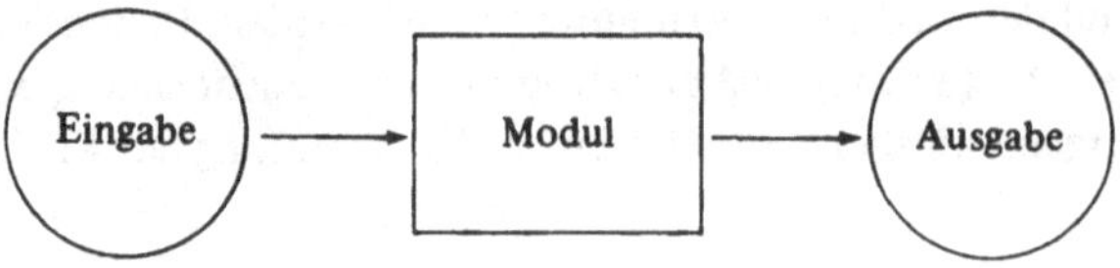


Abb. 9.14 Modultest

Die Eingabe-Daten für den Modul werden als richtig, d.h. gewollt vorausgesetzt. Ein Funktionstest des Moduls besteht in der Überprüfung, welche Anweisungen ausgeführt werden. Der Test bezieht sich auf den Algorithmus, den Zeitbedarf und den Speicherbedarf.

An den Ausgabe-Daten ist zu erkennen, ob der Modul die gewünschte Leistung erbringt. Bei der Kontrolle der Daten ist auf folgendes zu achten:

- Ablage der Daten in den richtigen Feldern
- Kein Informationsverlust
- Ablage im richtigen Typ
- Wertebereich

Zur Überprüfung eines Moduls gehört, daß auch Eingabe-Daten verwendet werden, die außerhalb des zulässigen Wertebereichs liegen. Außerdem sind alle Fehlerausgänge eines Moduls zu überprüfen. Bei der Überprüfung fängt man zunächst mit den einfachsten Punkten an, z.B. mit der Kontrolle, ob die Hauptverzweigungspunkte durchlaufen werden. Dann prüft man die einzelnen parallelen Zweige des Programms.

In einem Logbuch wird jeder Lauf mit seinem Ergebnis eingetragen. Dadurch hat man ständig einen Überblick, was bereits getestet ist, wodurch ein möglicher Fehler besser eingekreist werden kann. Nach beendetem Test werden die ins Programm aufgenommenen Testausdrucke wieder entfernt.

### 9.6.3. Fehlersuche

Beim Testen werden Fehler gemeldet bzw. erkannt, die behoben werden müssen. Für das Suchen dieser Fehler sind folgende Listen nützlich, die vom Compiler bzw. Montierer (loader, linkage editor) ausgegeben werden:

- Protokoll des Quellprogramms
- Adressenbuch aller auftretenden Namen und Statementnummern
- Reference-Liste, die angibt, wo welche Namen benutzt werden.
- Montage-Protokoll einschl. einer Liste, welche Unterprogramme fehlen.

Ein Protokoll des erzeugten Maschinencodes ist zwar recht interessant, wenn man sich orientieren will, wie der Compiler arbeitet, bei der Fehlersuche nützt es wenig.

Anhand des Adreßbuches werden alle Namen überprüft, ob sie gültig sind. Hierbei erkennt man sehr schnell, ob sich durch Lochungsfehler falsche Namen eingeschlichen haben. Eine solche Kontrolle anhand des Quellprogramms wäre weitaus mühsamer.

Der Einbau von zusätzlichen Ausgabe-Anweisungen an markanten Stellen des Programm erleichtert die Lokalisierung eines Fehlers. Solche Punkte sind:

- Vor und nach Unterprogrammsprüngen
- Vor und nach Verzweigungen

Eine wichtige Rolle spielen die Hilfsprogramme, die vom Betriebssystem als Testhilfe angeboten werden. Es handelt sich um die DUMP- und die TRACE-Routine.

Die DUMP-Routine gestattet das Ausdrucken der Inhalte von Speicherbereichen. Die Ausgabe erfolgt oktal oder hexadezimal, alphanumerisch oder als Festpunkt- bzw. Gleitpunktzahl. Der Normalfall ist die Ausgabe eines Kernspeicherbereichs, manche Routinen gestatten auch die Ausgabe von Hintergrundspeicherbereichen.

Die TRACE-Routine gestattet eine Verfolgung der durchlaufenen Anweisungen. Sie meldet die Ausführung

- eines Sprungbefehls
- eines Unterprogrammsprungs

- einer Wertzuweisung
- einer Abfrage.

Außerdem meldet das Betriebssystem folgende Fehler, die meist zu einem Abbruch des Programms führen:

- Überschreiten des Kernspeicherbereichs
- Verbotener Operationscode
- Werteüberlauf
- Division durch Null.

Immer wieder passiert es selbst erfahrenen Programmierern, daß sie einen Fehler trotz aller Bemühungen nicht finden. Dann wird man zunächst weitere Zwischenwerte ausdrucken. Hilft auch das nicht weiter, so ist das Problem mit Kollegen zu diskutieren. Ein unvoreingenommener Mitarbeiter erkennt häufig den Fehler eher als der, der das Problem bearbeitet.

## 9.7. Dokumentation

**Allgemeines**
In vielen Fällen entsteht die Dokumentation erst, nachdem das Programm codiert und getestet ist. Der Nachteil dieser Vorgehensweise besteht darin, daß der Programmierer während der Entwicklungsphase nicht auf die bestehende Dokumentation zugreifen kann und deshalb mit allen seinen Fragen zum Projektleiter und zu anderen Mitarbeitern gehen muß, die dadurch in ihrer kontinuierlichen Arbeit gestört werden.

Es erhebt sich die Frage, ob die Programmierer bereit sind, ihre Programme nach vorgegebenen Regeln zu dokumentieren. Eine in den USA durchgeführte Umfrage bei 13 verschiedenen Programmier-Organisationen, denen Fragebogen über die Notwendigkeit der Dokumentation vorgelegt wurden, ergab überraschenderweise, daß die Programmierer durchaus bereit sind, die benötigte Programm-Dokumentation zu liefern. Als größtes Problem wurde die Definition realistischer Dokumentations-Richtlinien angesehen. Außerdem muß eine Überwachungsstelle vorhanden sein, die die Befolgung dieser Richtlinien überprüft, denn es hat keinen Sinn, Regeln aufzustellen, wenn auf die Befolgung nicht geachtet wird. Von der Qualität dieser Überwachungsstelle hängt es weitgehend ab, wie gut die Dokumentation wird.

Folgende Information sollte als Programm-Dokumentation vorliegen:

- Management-Information, d.h. die Planungsunterlagen für die Erstellung des Programms.
- Anforderungen

- Voruntersuchungen
- Programmkonstruktion bis auf UP-Ebene
- Kommentare innerhalb der Quelle
- Testplan.

Ein Programmierer sollte sich vergegenwärtigen, daß nur die Dokumentation das Ergebnis seiner Überlegungen widerspiegelt. Aus einer guten Dokumentation läßt sich jederzeit ein Programm erstellen, dagegen ist ein vorliegendes Programm ohne Dokumentation zum Sterben verurteilt.

**Management-Information**
Die Planungsunterlagen bilden die Management-Information. Diese Information wird im wesentlichen während der Erstellung des Projektes benötigt, um einen Überblick über das Projekt zu haben und um den Fortschritt der Arbeiten unter Kontrolle zu halten.

Die Information besteht aus:

- Projektstrukturplan
- Aktivitätsbeschreibungen
- Netzplan
- Meilensteinplan
- Personalplan
- Fortschrittsberichte.

Die Unterlagen werden am Anfang des Projektes in der Planungsphase erarbeitet und im Laufe des Projektes in regelmäßigen Abständen überarbeitet. Verantwortlich ist der Projektleiter.

**Die Anforderungen**
Die Anforderungen werden zu Beginn des Projektes von Auftraggeber und Auftragnehmer erarbeitet.

Im Laufe der Programmentwicklung können Änderungswünsche anfallen, die einer Zustimmung aller Beteiligten bedürfen.

Die Anforderungen sollen aufzeigen, was das Programm leisten soll.

**Voruntersuchungen**
Bei komplizierten Aufgabenstellungen ist es notwendig, zunächst theoretische Untersuchungen über das anzuwendende Verfahren durchzuführen. Die hierbei entstehende Dokumentation besteht aus Untersuchungsberichten, Literaturstudien u.a.m.
Ein abschließender Projektbericht soll die empfohlene Vorgehensweise beschreiben.

**Die Konstruktion**
Während der Programm-Konstruktion wird die Aufgabe in Komponenten und Module zerlegt. Die hier anfallende Information ist die Arbeitsgrundlage für den Programmierer.

Im Rahmen dieser Konstruktion wird für jede Komponente festgelegt:

- Aufgabe und Beschreibung der Eingangsgrößen bzw. Verweis auf die Beschreibung
- Funktionsweise
- Datenstruktur
- Anforderungen an untergeordnete Komponenten und an Module.

Für jede Komponente existieren Anforderungen, in denen die Aufgabe und die Ein-Ausgabegrößen beschrieben sind. Da eine Komponente in sich geschlossen beschrieben werden soll, sind zunächst diese Aufgaben anzuführen und die Ein-Ausgabegrößen zu beschreiben oder, falls die Anforderungen exakt genug sind, auf diese Beschreibung zu verweisen. Auf die Art hat man einen Überblick, ob alle benötigte Information vorliegt.

Bei der Beschreibung der Komponentenfunktion wird aufgezeigt, aus welchen Teilfunktionen (Komponenten) sie sich zusammensetzt und wie diese untereinander zusammenarbeiten. Als Beschreibungsmittel sind Flußdiagramme und Datenflußpläne sehr zu empfehlen, da sie leichter zu überblicken sind als eine verbale Beschreibung.

In der Datenbeschreibung werden alle die Daten beschrieben, über die diese Teilfunktionen (untergeordnete Komponenten der nächsten Ebene) Information austauschen. Es sind nicht die Daten zu beschreiben, die innerhalb von Teilfunktionen auftreten.

Die Anforderungen an die untergeordneten Komponenten geben für jede Komponente bzw. Modul an:

- Aufgabe
- Eingabedaten
- Ausgabedaten
- Randbedingungen

Bei Änderungen in der Programm-Konstruktion muß auch die Dokumentation geändert werden. Infolgedessen ist auf leichte Austauschbarkeit zu achten.

Diese Dokumentation ist die Hauptarbeitsgrundlage bei der Pflege des Programms.

**Das Quellprogramm**

Eine Beschreibung der Quelle ist bei der Programmierung in einer höheren Programmiersprache nicht notwendig, da diese selbstdokumentierend ist. Trotzdem muß der Programmierer, um diese Selbstdokumentation zu erreichen, sein Programm ausreichend mit Kommentarkarten versehen.

**Der Testplan**

Der Testplan ist der am meisten vernachlässigte Teil einer Dokumentation, obwohl die Zeit zum Testen eines Programms durchaus mit der Zeit für die Konstruktion vergleichbar ist. Der Testplan ist die Arbeitsgrundlage für den Test und wird außerdem bei der Überprüfung des Programms nach Änderungen benötigt. Er hat also für die gesamte Lebensdauer des Programms Gültigkeit.

# Literaturverzeichnis


## FORTRAN

American Standard FORTRAN, ASA X 3.9–1966. New York 1966

Heising, W.P.: History and Summary of FORTRAN Standardization Development for the ASA. In: Communications of the ACM, Vol. 7, Nr. 10, Oktober 1964

Mc Cracken, Daniel D.: A Guide to FORTRAN IV Programming. New York – London – Sidney 1965

Gritsch, Rüdiger und Anna: Das Programmieren von Computern. München 1972

Müller, Dieter: Programmierung elektronischer Rechenanlagen. 2. erw. Auflage, Mannheim 1966

Müller, K.H. und I. Strecker: FORTRAN IV, Programmierungsanleitung. Mannheim/Zürich, 1967

Spiess, W.E. und F.G. Rheingans: Einführung in das Programmieren in FORTRAN. 3., verb. Aufl. Berlin-New York 1972

## Programmierung

Flores, I.: Programmiertechnik. Stuttgart, 1969

Komarnicki, O.: Programmiermethodik. Berlin-Heidelberg-New York 1971

Steinbuch, K. (Herausgeber): Taschenbuch der Nachrichtenverarbeitung. Berlin-Heidelberg-New York, 2. Aufl.

Wegner, P.: Programming Languages, Information Structures and Machine Organisation. New York 1968

Knuth, D.E.: The Art of Computer Programming, Vol. 1–8, Addison-Wesley Pub. Co., 1968

Rosen, S. (Herausgeber): Programming Systems and Languages, New York 1967

Dworatschek, S.: Einführung in die Datenverarbeitung. 5. Aufl. Berlin-New York 1973

## Normblätter

Informationsverarbeitung; Begriffe. DIN 44 300, Entwurf, August 1968

Informationsverarbeitung; Sinnbilder für Datenfluß- und Programmablaufpläne. DIN 66 001, Sept. 1966

Informationsverarbeitung; Darstellung von ALGOL-Symbolen auf 5-Spur-Lochstreifen und 80spaltigen Lochkarten. DIN 66 006, Juni 1965

**Zeitschriften, die regelmäßig über Programmierung berichten**

Computer Praxis, München
Computing, Wien
Datamation
Elektronische Datenverarbeitung, Braunschweig
Elektronische Rechenanlagen, München
Communications of the ACM, New York
The Computer Journal, London
IBM SYSTEM Journal, New York

Eine umfassende Zusammenstellung von Veröffentlichungen über maschinenorientierte und problemorientierte Programmiersprachen erschien in „Elektronische Datenverarbeitung", Heft 5, 7, 8/1969.

Berger, Seibt, Stunz: Bibliographie des Betriebswirtschaftlichen Institutes für Organisation und Automation an der Universität zu Köln zum Thema „Programmiersprachen".

Beim Abfassen des 1. Kapitels wurde auf folgenden Artikel zurückgegriffen:

„Zum Programmiersystem des Telefunken-Rechensystems TR 440" von Enno Schmidt, Norbert Linn, Andreas Schwald und Hanno Krainer aus DATENVERARBEITUNG AEG-TELEFUNKEN 3 (1970), Seite 124–131

# Stichwortverzeichnis